백선엽의 6.25전쟁 징비록

제1권 軍은 어떤 존재인가

백선엽 저

유광종 정리

백선엽의 6.25전쟁 징비록

제1권 軍은 어떤 존재인가

2016년 7월 26일 초판 1쇄
2016년 8월 22일   2쇄
2018년 7월 16일   3쇄
2020년 7월 20일   4쇄
2024년 12월 26일   5쇄

글 백선엽 **펴낸곳** 책밭 **펴낸이** 유광종 **책임편집** 최효준 **디자인** 전혜영
출판등록 2011년 5월 17일 제2024-000006호 **주소** 서울특별시 양천구 목동로 19길 11, 4층 214호(신정동)
전화 02-2275-5326 **팩스** 02-2275-5327 **이메일** go5326@naver.com **홈페이지** www.npplus.co.kr

ISBN(세트) 979-11-85720-28-9 04900
ISBN 979-11-85720-29-6 04900 정가 16,000원
ⓒ 백선엽, 2016

이 책은 방일영문화재단 저술 지원을 받아 펴냈습니다.

내가 이미 펴낸 회고록은 6권이 넘는다. 모두 1950년 벌어졌던 6.25 전쟁을 다루고 있다. 그럼에도 나는 이 책을 다시 펴내기로 했다. 그 때의 전쟁을 돌아본다는 점에서는 같지만, 성격은 매우 달라서다.

이 책은 6.25전쟁의 연대기 식 서술이 아니다. 당시 전쟁에 뛰어들었던 사람들이 전쟁을 어떻게 생각하고, 어떻게 다뤘으며, 끝내 그 전쟁에서 왜 승勝과 부負로 명암이 갈렸느냐를 살펴보기 위한 내용이다. 굳이 한 마디 덧붙이자면 전쟁 철학에 가까운 책이다.

전쟁터에서의 승부란 무엇일까. 말 그대로 이기고 지는 것이다. 그렇다면 누가 이기고, 누가 질까. 대단히 어려운 문제다. 66년 전의 전쟁에서도 승부는 늘 엇갈렸다. 승세를 이뤘던 쪽이 이기다가도 곧장 그 결과가 뒤집히는 경우가 비일비재했다.

맥아더 장군이 이끄는 미군 주축의 유엔군, 한반도에 뛰어들었던 중공군의 승부가 그랬다. 둘 사이의 승부는 일정한 흐름을 타고 바뀌기를 반복했다. 그럼에도 미군은 우직한 힘을 바탕으로 상대를 압도했고, 중공군은 빈약한 전력을 뛰어난 전법으로 극복했다.

그러나 정작 문제는 한국군이었다. 한국군은 당시 전쟁터에서 가장 취약했다. 아군인 미국의 전력에는 턱없이 부족한 체력이 우선 문제였다. 뒤이어 나타난 중공군에게는 '먹잇감'이었다. 내세울 게 없던 전투력에다가 정신력마저 크게 떨어졌다.

나라를 지켜보겠다고 나섰던 사병들보다는 이들을 이끌었던 일선의 지휘관들이 문제였다. 사병들보다 먼저 두려워하고, 먼저 등을 보이며 달아났던 지휘관도 없지 않다. 긴장과 초려焦慮를 다듬으며 전투 채비에 나섰어야 할 지휘관이 그 반대의 방종과 일탈을 보인 경우도 없지 않다.

당시 막 출범한 한국군의 수준이 현격하게 떨어졌던 까닭에 우리의 패배를 가혹하게 다룰 수 없는 측면도 분명히 있다. 그럼에도 우리가 이룬 패전의 기록은 때로 허망할 적이 많다. 너무 쉽게 나섰다가 너무 쉽게 물러서는 일을 반복했던 까닭이다.

이 책은 그런 우리의 어이없는 패전敗戰의 과정을 제대로 적기 위해 마련했다. 우리가 적 앞에서 허망하게 등을 보인 이유와 배경 등을 제대로 적지 않는다면 우리는 미래의 싸움에서 같은 일을 되풀이할 수 있기 때문이다.

그럼에도 불과 60여 년 전의 전쟁을 우리는 많이 잊고 있다. 그 점에서 나는 이 책의 제목으로 380년 전 출간한 유성룡 선생의 『징비록 懲毖錄』을 떠올렸다. 6.25전쟁 당시 우리가 보였던 진짜 모습을 바로 적어 다스리고(懲), 후대가 이를 참고함으로써 스스로의 결점을 극복 해 후환을 경계토록(毖)하기 위해서다.

우리는 60여 년 전의 전쟁에 용감히 나섰다. 그러나 스스로 드러낸 단점도 적지 않았다. 전쟁 이후의 고단한 역정에서도 그 점은 마찬가지였다. 전쟁을 직접 지휘한 야전의 경험자로서 내 눈에 비친 한반도 사람들의 싸움 기질을 여기에 적는다. 노병이 적는 이 '징'과 '비'의 기록이 앞으로 우리가 헤쳐가야 할 많은 싸움의 과정에서 튼튼한 초석의 역할로 작용한다면 더 이상의 바람이 없겠다.

　1권은 전쟁터 막전막후에 섰던 실제 지휘관들의 리더십을 위주로 전개했고, 2권은 밴 플리트 장군의 한국 육군 육성과정을 중점적으로 다룬다. 3권은 우리 국군을 포함한 아군이 중공군 등과의 격전에서 실제 무엇을 잃고 무엇을 얻었는가에 관한 실전 차원의 교훈을 담기로 한다.

　나를 10여 년 보좌하고 있는 이왕우 예비역 대령, 2009년부터 지금까지 나를 7년 동안 인터뷰 한 유광종 작가가 노령의 내 구술을 받아 이 기록을 적으며 다듬었다. 이들의 노고를 여기에 적는다.

2016년 7월　백선엽

_____ 목차

제1장 軍은 어떤 존재인가

제2장 싸움에 목숨 걸 수 있어야 군인

제5장 중공군은 강했다

제6장 김일성은 전쟁에 무지했다

제1장

軍은 어떤 존재인가

대한민국 운명이 걸린 1950년 8월 중순
낙동강 전선의 다부동 전투를 막 끝낸 국군 1사단 지휘부가
신성모 당시 국방장관의 훈시를 듣고 있다.

CIA 지국장이 문을 두드렸다

남산 자락의 1960년 4월

일찍 피어났던 꽃은 시간의 무게를 이기지 못하고 떨어졌다. 그보다 늦게 피어난 꽃들은 혹심했던 겨울을 견뎌낸 남산의 북사면 자락을 조금씩 채워가고 있었다. 나는 4.19가 벌어지던 1960년 4월의 봄을 그렇게 지켜보고 있었다.

6.25전쟁 3년 동안 분주히 야전의 싸움터를 오갔고, 그 이후 줄곧 대한민국 육군의 전력 증강에 쉴 틈이 없었던 나는 1960년에 접어들어서는 이미 '현장'으로부터 비켜 서 있던 군인이었다. 지금의 합동참모본부(합참) 격이기는 하지만 당시에는 별로 할 일이 없었던 연합참모본부의 총장이었다.

내가 출근하던 연합참모본부의 사무실은 1970년대 중앙정보부가 들어섰던 자리에 있었다. 당시에는 높은 건물이 거의 없어서 남산 북녘 자락의 내 4층 사무실에서는 경무대 쪽의 광경이 눈에 잘 들어왔다. 학생들의 데모는 늘 이어졌고, 그를 막으려는 경찰들 역시 분주히 시내를 오갔다.

'서브 로자(Sub Rosa)'라는 단어가 있다. 라틴어라고 한다. 영어로 번역하자면 'Under the Rose', 즉 '장미 밑에서'라는 뜻이다. 한국어로 옮기자면 '은밀하게' '비밀스럽게'다. 그 라틴어를 제목으로 사용해

1960년 4.19 정국 당시
미 CIA 한국 지국장 피어 드 실바

1978년에 출간한 책이 있다. 책의 저자는 피어 드 실바(Peer de Silva)라는 사람이다.

그는 1959년 한국에 부임한 미 중앙 정보국(CIA)의 지국 책임자였다. 강인한 인상의 사람이었다. 길고 넓은 이마에 움푹 들어가 있는 눈매가 처음 보는 사람으로 하여금 '냉정한 정보통'이라는 인상을 지니게끔 만드는 이였다. 그는 한국에 부임한 뒤 꽤 열심히 한국의 정가를 누비고 다녔다.

'장미'의 그늘을 헤치며 문을 노크한 사람

나중에 드러난 여러 기록들에 따르면, 피어 드 실바는 요동치는 한국의 정계 판도에서 이승만의 반대편에 서 있었으나 당시 정국에선 제대로 힘을 발휘하지 못하고 있던 장면張勉 부통령에 크게 주목했던 인물이다. 그는 장면 부통령과 자주 만나면서 깊은 유대를 맺기도 했다. 장면 부통령에게 힘을 실어줌으로써 이승만 대통령 말년에 거대한 소용돌이에 휩싸이고 있던 한국의 정치판을 안정시키려는 의도를 지녔던 것으로 보인다.

아울러 이듬해 벌어진 5.16의 여러 과정에도 깊숙이 개입했다고 알려져 있다. 거사를 주도한 5.16 진영의 의도를 미국에 전달했다는 얘기도 있다. 그러나 이는 그로부터 한참 세월이 지난 뒤 조금씩 알려진 내용들이다. 그는 어쨌든 1960년 3.15선거가 부정의 의혹에 휩싸이다가 4월 11일 마산 앞바다에서 왼쪽 눈에 최루탄이 박혀 사망한 김주열 군의 시신이 떠오르자 걷잡을 수 없는 소용돌이로 빠져들던 한국 정가의 구석구석을 집요하게 누비고 다녔다.

저 산 멀리에 조금씩 모여들던 구름은 이제 점점 짙은 색깔을 띠어가면서 거센 비를 내릴 먹구름으로 변했다. 그에 앞서 거대한 소나기를 예고하던 바람은 이미 경무대와 남산 자락을 넘어 서울, 아니 대한민국의 모든 지역을 가득 채우던 무렵이었다. 나는 '이 혼란이 언제 막을 내릴까'라는 우려 때문에 연합참모본부 내 사무실의 창가와 책상 사이를 서성이고 있었다.

피어 드 실바 지국장은 그런 무렵 나를 몇 차례 찾아왔다. 그는 여러 소식을 정탐하려는 눈치였다. 그러나 나는 연합참모본부에 부임한 이래 한국의 정가와 군부가 어떻게 움직이는가에 관심을 둘 수가 없

피어 드 실바의 1950년대 모습(지프 운전석).
미국의 원자탄 개발, 베트남 군사 쿠데타 등 주요 계획에 참여했던 것으로 알려진 인물이다.

었다. 워낙 한직이었던 데다가, 정국政局이 일으키는 소용돌이 자체가 내 호기심을 생래적으로 자극하는 주제가 아니었기 때문이다. 나는 그저 속히 안정을 되찾아야 한다는 우려만을 품고 있었다.

피어 드 실바는 그런 내게 정국의 동향과 주변에 관한 소식을 자주 묻곤 했지만 나는 달리 그에게 전할 말이 없었다. 그러나 그는 집요하다 싶을 정도로 내 사무실의 문을 몇 차례 노크했다. 오는 사람 굳이 막을 필요는 없는 법이다. 나도 그를 맞아 여러 가지 주제의 대화를 나누면서 정국을 걱정하고 있었다.

CIA 지국장이 불쑥 던진 제안

그러던 어느 날, 다시 사무실을 찾아온 피어 드 실바가 무겁게 입을 열었다. 4.19가 벌어지기 며칠 전쯤으로 기억한다. 그의 입에서 나온 말은 내 의표를 찔렀다.

"백 장군…, 나서지 않으시겠느냐?"

나는 즉답을 피했다. 그는 분명히 의미심장한 제안을 내게 꺼냈던 것이다. 창군의 멤버로서 미증유의 동족상잔이었던 6.25전쟁을 치르며 군문軍門에서만 14년의 풍상을 겪어 왔던 나는 그 의미를 잘 알았다. 그의 발언은 '군사적 개입'을 통해 난국을 풀어보자는 의도를 담고 있었다.

미군이 한국 군대의 작전 지휘권을 행사하고 있던 때였다. 그런 미군이 한국군의 누군가를 내세워 정국에 개입하려 마음을 먹는다면 그 일의 성사는 그리 어렵지 않았다. 미군은 당시 서울 북방의 의정부 라인을 포함해 수도권 일원을 모두 통제하고 있었다. 병력의 이동을 장악하고 있던 상황이라 전선 또는 후방의 한국 군대가 서울에 드나드는 길목을 마음껏 막거나 열 수 있기 때문이었다.

그가 겨냥한 것은 '군사 개입'임이 분명했다. 그러나 나는 거부감이 앞섰다. 한국의 정치에 군부가 파고드는 일이 바람직하지 않다고 생각했기 때문이다. '군은 정치의 바람을 타서는 안 된다'는 내 평소의 원칙도 그에 한몫했다. 그러나 나는 착잡하기만 했다.

내가 그의 말이 '의표를 찔렀다'고 표현한 데에는 다 이유가 있다. 나는 1기 육군참모총장 때 전쟁을 휴전으로 마감한 뒤 1954년 병력 40만 명을 거느리는 제1야전군 사령관으로 부임했다. 이어 다시 육군참모총장에 오른 때는 1957년이었다. 당시의 집권 자유당은 말기적 증세를 아주 짙게 드리웠다.

나는 군복을 몸에 걸친 사람이었다. 따라서 이승만 대통령의 자유당이 어떻게 부패하고, 부정을 저지르는지 세심하게 관찰할 이유가 없었다. 그러나 자유당 말기의 증상은 매우 심각했다. 누구라도 '이대로 가다가는⋯' 식의 우려를 품지 않을 수 없는 상황이었다.

나 또한 대한민국 국민의 한 사람으로서 그런 걱정이 들지 않았다면 거짓일 것이다. 그러나 대한민국 육군을 이끄는 참모총장으로서 그런 생각을 구체화한다면 군의 정치 개입이라는 선례를 남기는, 그래서 대한민국 안보의 초석을 송두리째 뒤흔들었다는 씻을 수 없는 죄를 짓는 것이라고 생각했다. 그럼에도 머릿속으로 그저 스쳐 지나갔던 상념은 있었다.

'군대가 나서서 장택상 박사, 조병옥 박사 등 명망 있는 이들로 하여금 이 나라의 정치를 바로잡을 수 있도록 한 다음 물러나면 좋지 않을까'라는 마음이었다. 그렇게 내 머릿속으로 떠올랐다 사라진 가느다란 생각의 한 줄기를 피어 드 실바라는 미 CIA의 지국장이 건드리며 다가선 것이다.

봄날의 따사로운 햇볕은 오래 머물지 않는다. 이제 곧 흘러 지나 갈 1960년의 봄이었다. 남산 북사면의 응달 깊숙한 곳 여기저기에 자 줏빛 진달래는 마치 산속의 복병伏兵처럼 고개를 쳐들고 있었다.

1960년의 어지러운 봄은 그 진달래의 자줏빛 그늘 깊은 곳 어딘가 에 제 진짜 모습을 숨기고 있는 듯했다. 나는 어느덧 피어 드 실바가 불쑥 건넨 "나서지 않겠느냐"는 그 말을 곰곰이 되씹고 있었다.

총소리에 무너진 4.19의 봄

전쟁의 총소리는 1953년 7월 이 땅에서 멈췄다. 나는 1952년 육군 참모총장에 올랐다가 이듬해 7월 27일 휴전 협정이 맺어진 뒤까지 그 자리에 남아 있었다. 이어 1957년 5월 다시 육군참모총장에 취임한다. 앞에서도 언급한 내용이다.

흔히 군대를 국가의 간성干城이라고 부른다. 적이 들이미는 날카로운 창과 칼끝을 막아내는 방패干, 그리고 대규모의 적이 우리를 치며 몰려왔을 때 그를 막아내는 견고한 성채城를 일컫는 말이다. 우리의 간성은 그 당시 어떤 모습이었을까.

돌이켜보면 우리는 아무것도 없이 시작한 군대였다. 적이 어떤 모습인지, 그들이 어떤 힘을 갖췄는지를 우선 몰랐다. 아울러 적의 정체를 알았더라도 제대로 그들을 막아 세울 힘이 우리에게는 부족했다. 군 병력의 일부가 새로 상륙한 미군으로부터 M1 개런드와 카빈 소총을 받아 무장을 했을 뿐이지, 나머지는 일본군이 남기고 갔던 38식과 99식 소총에 그들이 종아리에 맸던 '각반脚絆'을 두르고 출범했다.

그러나 김일성이 일으킨 6.25전쟁을 거치면서 우리 군은 몰라볼 정도로 성장했다. 특히 전쟁 중에 시작한 전력 증강 사업으로 미군의 무기를 대량으로 넘겨받아 강력한 화력을 지닌 60만 대군으로 성장했다. 그러나 물리적 토대를 갖춘다고 해서 강군强軍의 꿈이 절로 이루

1953년 육군참모총장에 올랐을 때(가운데)

어질 수는 없는 법이다.

1950년대 후반에 이르면서 우리 군대는 이미 불과 몇 년 전에 벌어진 참혹한 전쟁을 기억 속에서 지우고 있었다. 내가 두 번째로 육군참모총장을 맡았을 때 집권 자유당은 여러 문제점을 드러내고 있었다. 경무대의 이승만 대통령과는 별도로 이기붕 당시 민정의원 의장(지금의 국회의장)이 권력의 핵을 형성하고 있었다.

권력자의 부엌에 모여든 장군의 아내들

이기붕 의장이 살고 있던 서울의 서대문은 그런 권력의 향기를 맡으며 몰려든 여러 타입의 사람들로 문전성시門前成市를 이루고 있었다. 정치는 정치인이 한다. 그 정치인이 어떤 행태를 보이든 나와는 그리 큰 상관이 없다. 거기에 내가 무어라 말을 보탠다면 군더더기에 지나지 않을 것이다. 그러나 군이 그런 권력의 향배를 좇는다면 큰일이 아닐 수 없다.

나라와 민족, 사회를 지키는 방패는 그런 부나비와 같은 정치적 군인들에 의해 좀이 슨다. 아울러 나라를 적의 공격으로부터 지키는 성채는 그 틈새를 파고든 정치적인 군인의 준동으로 인해 조금씩 틈을 넓히다가 무너지고 만다. 그런 점에서 보면 1957년 이후 대한민국 군대의 움직임은 불길했다.

서대문 이기붕 의장의 집 부엌에는 군 고위 장성 마나님들 발길이 끊이지 않았다. 지금도 그러리라고는 생각지 않지만, 한동안 우리 군대의 고위 장교 부인들은 상급 장교의 부인을 따라 다녔다. '남편의 진급은 그 아내가 하기에 달렸다'는 말은 거저 흘려들을 말이 아니었다. 아마도, 그 원조의 모습은 1957년 이후 서대문 권력 2인자의 주방

참모총장 재직 당시. 왼쪽에서 둘째가 맥스웰 테일러 당시 미 8군 사령관

으로 모여든 부인네들일지도 모른다.

〈밴드 오브 브라더스(Band of Brothers)〉라는 미국 TV 드라마가 몇 년 전 한국에서도 방영해 큰 인기를 모았다. 제2차 세계대전 막바지의 노르망디 상륙작전 등을 다룬 드라마였다. 그 드라마의 주연으로 등장하는 군대가 미 101 공수사단이다. 노르망디 작전에서 101 공수사단을 이끌었던 사단장이 바로 맥스웰 테일러(Maxwell Davenport Taylor)다.

그는 1953년 한국과 인연을 맺었다. 그해 테일러는 미 8군 사령관으로 한국에 부임했다. 일어와 중국어 등 7개 국어를 구사하는 능력을 갖춘 군정가軍政家 스타일의 지휘관이었다. 그는 한국에 주둔하면서 몇 마디 한국어를 익혔다. 그 가운데 한국군 장교들을 모아놓고 늘 그가 강조하던 한국어가 있다. "여러분, 군대는 절대 정치에 개입하면 안 됩니다"였다.

미 사령관의 충고, "정치에 개입 말라"

테일러 이후 부임한 미 8군 사령관들도 별반 다를 게 없었다. 라이만 렘니처(Lyman L. Lemnitzer)는 테일러 직후에 한국 주둔 사령관을 맡은 인물이었다. 그 역시 기회가 있을 때마다 한국 고위 장교들이 모인 자리에서 "정치에 가까이 가지 말라"고 강조하곤 했다.

건국 이래 쉴 틈 없이 전쟁을 벌여 온 군대가 미군이다. 테일러는 한국에서 이임한 뒤 미 육군참모총장, 합참의장을 두루 거치고 주 베트남 대사로까지 활동했다. 렘니처 또한 이력이 화려하다. 대장 출신으로 테일러와 비슷한 직위를 거쳤던 미군의 최고위 장성이다. 끊임없이 전쟁을 수행한 미군, 그중에서도 최고의 엘리트 과정을 거쳤던 그들이 왜 한국 군대에게 늘 '정치개입 불가'를 강조했던 것일까.

우리 한국군의 민감한 정치적 성향에 주목했던 것일까. 우리의 어떤 면모가 그들에게 불안감을 안겼던 것일까. 우리는 실제 그런 움직임을 보였던 것일까. 그 대답은 내가 다 할 수 없는 의문들이다. 그러나 적어도 1950년대 후반에 접어들면서 우리 군대의 고위 장성들이 정치권력에 휩쓸리는 장면은 자주 드러났다.

군령軍令은 제대로 먹히지 않았고, 적지 않은 군 고위 장성들과 그 부인들은 권력자의 저택과 주방을 아슬아슬할 정도로 넘나들었다. 연로한 이승만 대통령 주변을 에워싼 권력 그룹은 그의 어두워진 청력聽力과 시력視力을 더 어둡게 만들었다. 군대의 인사는 그 몇몇의 권력자들이 좌지우지했다.

전쟁은 잊혀진 게 아니라 우리가 잊어가고 있었던 것이다. 아울러 4.19를 앞둔 당시의 정치와 사회적 상황은 무엇인가 일을 내고야 막을 내릴 수 있는 혼란의 극점으로 치닫고 있었다. 남산 연합참모본부 4층 창가로 내다보이는 서울의 풍경은 말이 아니었다. 1960년의 봄은 서울 남산의 북사면에 피어난 진달래의 모습처럼 그렇게 가련하면서도 어두웠다.

"조금 더, 3일만 기다려 보자"

『서브 로자』의 저자이자 당시 미 중앙정보국(CIA) 한국 지부장이었던 피어 드 실바가 던진 말, "나서지 않겠느냐"는 제언은 날카로운 비수와 같았다. 그의 발언은 6.25전쟁에서 3년, 40만 병력의 첫 1야전군 사령관으로 4년을 보냈던 내 마음을 예리하게 파고들었다. 아무것도 없이 맞았던 전쟁의 상처를 극복하고 간신히 적의 침략에 대응할 수 있는 군대를 육성하는 데 청춘을 다 바친 나로서는 이 상황이 아주 심상찮게 보였기 때문이다.

연합참모본부 내 4층 사무실의 창가는 그 무렵 내가 자주 서성이던 곳이다. 참모본부 총장의 비서실장을 맡고 있던 부하 장군이 문을 두드렸다. 피어 드 실바가 그 말을 던지고 돌아간 직후였다. 그는 내 표정을 유심히 살폈다. 몇 마디 말이 오갔고, 어떤 경위에서인지는 잘 기억할 수 없지만 나는 그에게 실바의 제안을 말했던 모양이다.

비서실장은 내 말을 듣더니, "각하, 실바의 제안을 받아들이시죠"라고 했다. 그 역시 당시의 상황을 우려했던 점에서 나와 입장이 같았으리라. 나는 다시 창가를 서성였다. 군이 개입을 한다면 어떨까. 명망 있는 인사들을 정국 혼란의 수습 책임자로 자리 잡게 한 뒤 빠지는 것은 어떨까. 미군이 돕는다면 전혀 불가능한 일은 아니다. 그러나 그게 최선일까. 군이 그렇게 행동하는 것이 과연 옳은 일일까.

창밖을 바라보는 내 뒤에서 비서실장은 줄곧 기다리고 있었다. 그는 내 시원한 답을 기다렸을지 모르겠다. 그러나 내 머릿속으로는 군의 정치개입을 경고했던 미군 사령관들의 얼굴이 떠올랐다. 군은 국가의 간성, 아울러 국가가 지닌 모든 것의 가장 견고한 토대여야 한다. 안보는 군의 엄정한 중립으로 인해 제 틀을 튼튼하게 갖출 수 있다.

그런 생각이 떠오르면서도 나는 비서실장에게 이런 말을 했다. "좀 더 기다려 보자. 3일만 더 기다려 보자…." 그 3일의 대답이 어떻게 나왔던 것일까. 나도 어느새 실바의 제안에 기울었던 것인가. 뚜렷한 그림을 그렸던 것은 아니었다. 그로부터 3일이 지나도 혼란스러운 상황이 멈추지 않는다면, 나는 그 때 어떤 결심을 했을까.

그 날짜를 나는 잘 기억하지 못한다. 실바가 그런 제안을 건넨 게

4월 19일로부터 며칠 전이었을까 싶다. 그렇게 시간이 흘렀던 모양이다. 4.19는 그렇게 내 앞에 왔다. 나는 여느 때와 같이 남산 사무실로 출근했다. 일도 별로 없었지만, 일이 있었다 하더라도 손에 잡힐 리가 없었다.

나는 버릇처럼 사무실 사이를 왔다 갔다 했고, 또 그 며칠 사이의 버릇처럼 창가를 자주 서성였다. 책상의 의자에 앉았는가 싶었는데, 요란한 소리가 들렸다. 창이 조금 흔들렸다. "따다당, 땅, 땅…" 그 소리는 경무대로부터 들려왔다. 이 땅에 동족상잔의 참혹한 비바람을 몰고 왔던 6.25전쟁의 총소리가 다시 내 귀를 울리고 있었다.

나는 벌떡 일어나 창가로 다시 다가섰다. 총소리는 계속 울려댔다. 분명한 발포 소리였다. 장미의 숲을 헤치듯 은밀하게 다가섰던 실바의 모습이 먼저 떠올랐다. 그리고 비서실장에게 무심코 뱉듯이 던졌던 "3일만 기다려 보자…"던 내 말도 생각이 났다. 머릿속이 어지러워졌다. 기다란 탄식이 내 입속으로부터 흘러나왔다.

1980년 정치에 다시 나선 군

하야하던 이승만, "자네, 어디 있었는가"

총을 잡은 쪽은 군대가 아니었다. 경찰이 시위에 나선 대학생들과 시민에게 총격을 가했고, 많은 사람이 목숨을 잃었다. 거대한 혼란의 전주곡前奏曲이었다. 민주주의를 위해 시위에 나선 시민들 덕분에 허정 내각에 이어 장면 총리의 정부가 들어선 점은 다행이었으나, 국가와 사회의 근간을 수호하기 위해 경찰 병력에 쥐어진 총이 마침내 불을 뿜었다는 점은 여간 우려스러운 게 아니었다.

평화적으로 정권을 교체할 방법은 없는가에 대한 고민은 이제 끝이었다. 정국은 더 큰 소용돌이에 빠질 가능성을 보이고 있었다. 그 과정이야 여기에서 새삼 다시 적을 필요는 없을 것이다. 그로부터 1년여 뒤 박정희 소장이 이끈 5.16이 벌어진 것도 마찬가지다.

4.19로부터 1주일 뒤, 12년 동안 집권했던 이승만 대통령의 하야 성명이 있었다. 나는 경무대에서 물러나온 이 대통령이 하와이로 출국할 때 그의 거처였던 이화장을 찾아가 배웅했다. 이화장에서 걸음을 옮겨 내려오던 대통령은 길에 서 있던 나를 보자 "자네, 어디 있었단 말인가?"라고 물었다. 나는 그 말이 무슨 뜻인지 어렴풋이 짐작할 수 있었다.

4.19가 벌어진 지 꽤 지난 뒤였다. 박찬일이라는 인물이 나를 남산

육군참모총장 시절 이승만 대통령과의 만남

사무실로 찾아왔다. 그는 '이기붕의 사람'이었다. 이기붕이 발탁해 이
승만 대통령의 최측근 비서로 기용했던 사람이다. 이기붕의 후원을
받아 그는 자유당 말기에는 이 대통령의 최고 실세 측근 비서라는 평
을 얻었던 인물이었다. 4.19로 인해 사형대에 올랐던 경무대 경호책임
자 곽영주와 쌍벽을 이루는 권력의 실세였다.

　　나보다 몇 살 정도 아래였던 그가 대통령이 하야하고 하와이로 망
명 차 떠난 뒤에 사무실로 찾아온 이유야 별 게 없었다. 권력의 정점
근처에 머물다가 졸지에 그 위상을 잃은 사람이었다. 정국의 전개에
민감했으니, 평소 알던 사람들을 한둘 찾아다니며 이런저런 사정을
탐문하는 게 목적이었을 것이다.

경무대 비서관이 전한 말

그가 자리를 뜨기 전에 내게 이런 말을 꺼냈다. "백 장군님, 왜 가만히 있었습니까. 이승만 대통령께서 하야하실 때 이런 말씀을 하십디다. '백선엽 장군 형제는 도대체 어디 있는 것이야'라고 말입니다. 그 때 동생 백인엽 장군이 포천에 있지 않았습니까. 왜 나서지 않았던 겁니까."

박찬일 비서관이 '그 때'라고 언급한 시기는 4.19 전의 대한민국 정치와 사회적 상황이 큰 혼란으로 치닫던 때였으리라. 그러나 동생 인엽은 1959년 말에 이미 포천의 6군단장 직에서 떠나 있는 상태였다. 어쨌든 이승만 대통령이 나를 찾았다는 사실도 그 때 처음 들었다. 그래서 하와이로 망명을 떠나기 위해 이화장 길을 내려오던 이 대통령이 나를 보자 "자네, 어디 있었단 말인가"라고 했던 모양이다.

박 비서관이 내 동생을 함께 언급했던 대목도 눈길을 끈다. 나와 내 동생 인엽은 6.25 이후 줄곧 '형제 장군'이라는 타이틀을 달고 있었다. 나는 대한민국 최초의 별 넷 대장, 동생 역시 화려한 이력으로 별셋의 중장에 올라 4.19 직전까지 포천에 주둔하는 6군단의 군단장을 맡고 있었다.

박 비서관의 발언에는 '사태가 혼란으로 치달을 때 왜 동생인 백인엽 장군의 6군단 병력을 이끌고 사태 정리에 나서지 않았느냐'는 뜻이 담겨 있었다. 서울 인근인 포천에 동생이 이끄는 6군단이 있었는데, 왜 개입을 피했느냐는 물음이었다.

이는 나름대로 음미해 볼 대목이었다. 이승만 대통령은 집권 말기에 이르면서 주변에 믿을 만한 사람이 없었다. 정치적 바람을 타기 시작한 군대의 일부 장성들도 엉뚱하게 움직이고 있었다. 그 가운데 극히 일부는 쿠데타의 조짐까지 보이면서 정치적인 행동을 가시화하고 있었다. '군부의 실력자'로 자신을 내세우며 권력에의 의지를 보이는 사람도 있었다. 아마 박 비서관은 그 점을 이야기하는 듯했다.

그러나 나는 정치권력에 관심이 없는 편이다. 권력을 손에 거머쥘 마음도 없고, 그를 뒤에서 조종할 만한 배포도 없다. 나는 겁이 많다. 적이 내 앞에 있는 경우가 아니라면, 나는 내가 지닌 몫 이상의 자리와 힘을 먼저 탐내거나 바라지 않는 스타일이다. 따라서 피어 드 실바 지국장의 제안을 들었을 때도 그저 '혼란스러운 정국만 수습한 뒤 빠지면 좋지 않을까'라는 생각만 했을 뿐이다.

군대는 나라와 사회에 어떤 존재일까. 동양에서는 그에 대해 '사느냐 죽느냐를 가르는 갈림길'이라고 했다. 병법의 대가인 손자孫子의 표현대로라면 '사생지지, 존망지도死生之地, 存亡之道'다. 군대가 내뿜는 살기殺氣는 본질이 흉凶하지만, 그런 점 때문에 살의殺意를 품고 다가서는 적을 막을 수 있는 것이다.

따라서 군대가 정치에 개입하는 일은 극도로 삼가야 한다. 나는 그 점을 우려했기 때문에 4.19의 혼란스러운 정국에서 고민을 거듭했다. 피어 드 실바라는 인물이 내게 의미심장한 제안을 꺼냈지만, 그가 나에게만 그리 하지는 않았을 터였다. 그는 정보공작의 일환으로 나 외의 다른 군인에게도 같은 말을 던지며 의중을 탐색했을 것이다.

나는 그런 복잡한 생각 때문에 결국 4.19의 봄 정국에 결단을 내리지 못했다. 이어 이승만 대통령이 하야하고, 정국은 아주 빠른 속도로 소용돌이의 한복판으로 빠져 들어갔다. 결국 이듬해에 5.16이 왔다. 당시의 대한민국 사람 중 아주 많은 사람들은 그를 두고 '올 것이 결국 오고야 말았구나'라고 여기는 분위기였다.

1980년 다시 정치무대에 선 군대

박정희 소장이 이끌었던 5.16과 그 이후의 여러 전개 과정은 잘 알려져 있다. 건군에 참여한 뒤 6.25전쟁의 주요 국면을 대부분 이끌었던 나로서는 그런 군의 정치개입이 왜 성공할 수 있었는가를 헤아릴 수 있다. 대한민국 군은 6.25전쟁 때 연 병력 150만 명이 상륙한 미군으로부터 행정을 배워 효율성으로 무장한 집단이었다. 당시 대한민국 수준에서는 최첨단의 행정능력을 지닌 곳이 군대였다.

5.16은 그런 대한민국 군대의 약진躍進이었다. 더구나 박정희 소장은 5.16에 성공한 뒤 대한민국을 세계적인 산업국가로 도약시켰다. 그 점을 누가 부인할 수 있을까. 아울러 강병强兵의 토대는 부국富國이다. 경제적인 실력을 쌓아야 나라의 군대를 튼튼히 키울 수 있다. 그런 점

육군참모총장 시절 밴 플리트 미 8군 사령관(오른쪽)과 이승만 대통령이 만나는 자리에 배석했다.

에서 박정희 전 대통령의 공로는 결코 부정할 수 없다.

그러나 빛이 있으면 그늘이 드리워지는 법이다. 역시 나라와 국민의 안전을 지키는 군대, 그를 키우며 함께 성장했던 창군의 주역으로서 볼 때는 아쉬움으로 남는 대목이 있다. 박정희 대통령이 군을 엄정하게 정치적인 중립으로 육성했느냐는 점이다.

4.19로부터 한참이 지난 뒤의 일이다. 나는 1960년 군문을 나와 중화민국(당시에는 대만을 이렇게 불렀다) 대사를 역임한 뒤 5.16이 벌어지고서는 다시 주 프랑스 대사를 지낸다. 이어 캐나다 대사를 거쳐 박정희 대통령 정부의 교통부장관을 맡았다가, 역시 박 대통령의 배려로 한국종합화학 사장을 지낸다.

1970년대의 우리 군대는 어느덧 다시 정치적인 기운에 휩싸이고 있었다. 마치 내가 두 번째의 참모총장을 맡았을 때 목격했던 군의 '정치 바람'이 다시 불고 있는 듯했다. 군 내부에 '하나회'라는 모임이 들어서고, 이에 속한 고위 장교들은 정치적 움직임에 분주했다.

하나회라는 군대의 사적인 조직이 들어선 데에는 나름대로 이유가 있을지 모른다. 그러나 그런 사적인 조직이 군의 기강을 흔든다는 점은 반드시 고려해야 했던 대목이다. 군의 기강이 흔들리면 유사시에 제대로 적을 맞아 싸울 수 없음은 분명하다.

박정희 대통령이 흉탄에 서거했다. 그 사건이 10.26이다. 이어 그해 12.12사태가 벌어졌다. 군의 하나회를 통해 성장한 고위 장성 그룹이 육군참모총장을 체포한 일이다. 그 상황 역시 잘 알려져 있어 여기서 새삼 적지 않기로 한다. 이어 이듬해인 1980년에는 소위 '신군부'가 등장했다. 전두환, 노태우 전 대통령이 이끌었던 그룹이다.

군부가 다시 정치 일선에 화려하게 등장하던 시절이었다. 김종필과 김대중, 김영삼 등 이른바 '3김金'은 박정희 대통령의 서거로 생긴 정치적 공백을 향해 열심히 뛰고 있었고, 대학가는 그런 분위기 때문에 들떠 있었다. 그러나 12.12사태 때 잠시 모습을 보였던 군부의 동향은 심상치 않았다.

나는 이미 퇴직한 군의 원로였다. 그럼에도 한국 주둔 미군과의 교류는 지속적으로 이어갔다. 전쟁 때 쌓은 미군과의 우정 때문이었다. 1979년 12.12사태 직후였던 것으로 기억한다. 당시 미 8군을 이끌고 있던 사령관은 존 위컴(John A. Wickham)이었다. 그 무렵 개인적으로 그를 만날 일이 있었다. 위컴은 아주 흥분한 표정으로 '육두문자'를 사용하면서 욕을 하기 시작했다.

"전두환은 정말 나쁜 사람입니다. 더 나쁜 사람은 누군지 아십니까. 노태우 장군입니다."

"이게 어디 군대요?"

흥분한 미 8군 사령관의 욕설

존 위컴 미 8군 사령관은 매우 흥분한 상태였다. 이 자리에서는 다 옮길 수 없지만, 꽤 강한 욕설을 섞어서 군인으로 정치적 행동에 나선 한국군 고위 장성 둘을 비판하고 있었다. 분위기가 매우 험악했다. 그러나 이미 벌어진 일이었다.

지금 생각해 보면 기분이 참 묘하다. 위컴은 30년 전에 벌어진 6.25 전쟁에서 이 땅에 올라와 전선을 지휘한 미군 장성들의 새카만 후배다. 우리식으로 조손祖孫의 관계를 따져 물으면, 위컴 사령관은 맥아더의 손자, 밴 플리트 장군과 테일러 장군으로부터 따지면 아들쯤에 해당하는 군 후배였다.

30년 전 벌어진 참혹한 전쟁의 와중에서 밴 플리트와 맥스웰 테일러 장군 등은 현대적인 군대로 막 걸음을 떼기 시작한 대한민국 군대의 고위 장교들에게 "군은 절대 정치에 개입하면 안 된다"고 강조했다. 그런 밴 플리트와 테일러의 새카만 후배가 30년 뒤의 상황에서도 한국 군대의 정치개입을 성토하는 장면이었다.

그는 특히 사태를 주도한 사람보다, 그를 도와 병력을 전선으로부터 빼낸 장군을 겨냥했다. "주도한 사람은 주도한 사람이라고 칩시다. 전선의 사단을 담당했던 장군을 어떻게 봐야 합니까? 한국군의 이 전선 사단은 유엔군의 전투 서열에 들어있는 군대입니다. 그런 군대가 어떻게 쿠데타 대열에 상부의 명령 없이 나설 수 있는 겁니까?"

그가 지목한 사단은 서울의 북방인 일산 일대에 주둔하는 군대다. 북한의 도발이 있을 경우 전선의 1사단과 25사단을 대체해 개성으로 진공進攻해야 하는, 작전을 지휘하는 입장에서 볼 때 그 중요성이 아주 큰 부대였다. 그런 부대가 작전을 지휘하는 미군의 양해 없이 쿠데타에 나섰다는 점을 도무지 이해할 수 없다는 얘기였다.

그의 흥분은 좀체 가라앉을 줄 몰랐다. 위컴은 이어 "군대가 쿠데타에 나서는 일을 어떻게 상상이나 할 수 있습니까. 미군은 쿠데타를 벌이라고 해도 절대 나서지 못 합니다. 미군은 법이 규정한 엄정한 틀에 따라 나아가고 물러설 뿐입니다."

그의 말이 틀릴 수 없다. 그것이 군대다. 엄정한 법의 틀을 넘어선

5.16을 주도한 박정희 소장(가운데 선글라스)과 박종규 전 경호실장(왼쪽), 차지철 전 경호실장(오른쪽)

다는 일을 미국에서는 상상도 할 수 없다는 말, 위컴이 허세를 부려 꺼내는 내용도 아니었다. 그들은 군대라는 존재를 안다. 함부로 법과 규정의 틀을 넘어서면 그 스스로가 지닌 엄청난 폭력이 무엇을 부르는지 말이다.

나는 아무런 대꾸를 할 수 없었다. 이미 60대의 연령에 들어섰지만, 전쟁의 모질고 험한 풍상을 고스란히 겪은 내가 그 점을 모를 수 없었다. 내가 무안을 넘어, 창피함을 느끼지 않았으면 그 말은 거짓이다. 대한민국 군대 창군의 멤버로 미군의 도움을 힘겹게 얻어가며 북한의 위협을 돌려 세우기 위해 노심초사했던 입장에서는 더욱 그랬다.

"북한에 쏘랬더니, 왜 서울서 총질이냐"

또 그 무렵이었다. 12.12가 벌어진 뒤 얼마 지나지 않은 시점이었다. 나는 그 때 미국 방문길에 올랐다. 미국 워싱턴에 도착했을 때 만난 장성이 존 베시(John W. Vessey) 대장이었다. 그는 존 위컴에 앞서 유엔군 사령관 겸 주한 미 8군 사령관을 역임한 뒤 미국으로 귀국해 육군참모차장을 맡고 있었다.

그는 1978년 지미 카터 행정부가 미군의 철수를 추진할 때 미 의회에 출석해 "북한군의 침략에는 미군의 개입이 반드시 필요하다"고 역설했던 인물이었다. 이런 경력 때문에 그는 대한민국으로부터 미군을 철수하려 했던 지미 카터 행정부와 반목할 수밖에 없었다. 그만큼 그는 미국의 지휘관으로서 북한 김일성 군대의 도발 가능성에 주목했고, 따라서 한국 군대의 역량에 깊은 관심을 기울이던 장성이었다.

그런 그는 12.12를 어떻게 지켜봤을까. 역시 마찬가지였다. 그는 존 위컴 당시 미 8군 사령관 못지않게 한국 군대의 정치개입을 신랄하게 비판하기 시작했다. 함께 자리를 잡고 있던 사람들 모두가 그의 거친 흥분에 숨을 죽여야 할 정도로 분위기는 험악했다.

"도대체, 당신 나라의 군대는 어떻게 굴러가는 곳이냐. 국민들이 모아서 준 돈으로 무기를 사서 위협적 도발을 일삼는 북한을 향해 쏘라고 했는데, 당신 나라 군대는 지금 뭐 하는 것이냐. 어떻게 서울 한복판에서 총질을 하느냐. 이게 말이 되느냐. 이런 군대는 정신이 나간 군대다."

힐난이었다. 아울러 마음 구석구석에 그의 말 한 마디 한 마디가 파편처럼 날아와 박혀드는 아주 날카로운 꾸짖음이자 모욕이기도 했다. 나는 역시 할 말이 없었다. 군은 그렇게 정치와 거리를 떨어뜨린 채 서 있어야 한다. 그 군대가 지닌 제어할 수 없는 힘이 틀 밖으로 마구 번진다면 그것은 자칫 내란內亂을 불러 혼란混亂으로 치닫는다. 자칫 자멸할 수도 있는 그런 상황이다.

존 위컴과 존 베시. 둘은 한국의 안보 상황을 일선의 지휘를 통해 체험한 인물들이다. 그들이 생각한 만큼 당시 한국의 안보 상황은 낙관적이지 않았다. 북한의 김일성, 그가 내뿜는 왕조 식의 방자한 권력 욕심과 대한민국 적화赤化 야욕은 그칠 줄 몰랐다. 그로부터 대한민국을 지켜내야 했던 우리 군대가 지닌 '성역聖域'으로서의 의미를 그 누가 외면할 수 있을까. 나는 그 두 미군 장성의 힐난에 그저 망연할 뿐이었다. 그로부터 불과 30년 전 참혹하기 이를 데 없는 전쟁을 겪은 나로서는 말이다.

군의 정치개입은 5.16만으로 충분했다

내 짧은 소견으로 보자면, 대한민국
군대의 역사에서 군인의 정치적 개
입은 5.16 한 번으로 충분했다. 당시
의 5.16은 나름대로 명분이 있었다.
4.19로 이승만 대통령의 자유당이
무너진 뒤 우리에게 닥쳤던 것은 매
우 심각한 혼란이었다. 정부는 무능
했고, 자유당 말기에 발호했던 인사
들도 주눅 들지 않고 활발한 움직
임을 보였다.

1979년 12.12사태 당시 미 8군 사령관이었던
존 위컴 대장

　　부패와 무능의 정권을 몰아낸 대학생들의 순수한 뜻은 4.19 직전
까지는 훌륭하다는 평가를 받았으나, 불과 10년 전에 한반도를 동족
상잔의 참극으로 몰아넣었던 북한 김일성 정권을 낭만적 시각으로
보는 우를 범하면서 도를 넘어서고 말았다. 모든 게 혼란의 연속이었다.

　　박정희 소장이 나서지 않았다면 혼란스러웠던 정치는 스스로 제
자리를 찾았을까. 나는 그렇게 보지 않는다. 그에 앞서 '거사'를 꿈꿨
던 군인들이 있었다. 겉으로는 명확하게 드러나지 않았지만, 4.19에 뛰
어든 대학생과 시민들의 분위기에 편승하면서 노골적으로 권력을 바
라보던 정치적 군인들이 있었다. 나는 그들의 동태에도 관찰을 멈출
수 없었다.

　　당시 미 8군 사령관은 카터 매그루더(Carter Bowie Magruder)였
다. 그는 대한민국이 극도의 혼란기에 빠지던 4.19에 이어, 군정이 들
어서던 5.16까지 격동의 세월을 지켜보던 미군의 최고 지휘관이었다.

그러나 그의 이력에는 '야전'이라는 항목이 빠져 있었다. 거친 전쟁터를 사납게 오가던 야전의 맹장 스타일이 아니었다는 얘기다. 대신 그는 보급 전문가였다.

나는 4.19 와중에 그를 남산의 내 사무실로 오게 해 의견을 전달한 적이 있다. 사무실에 찾아온 그와 이야기를 나누면서 나는 "정치에 노골적으로 뛰어들려고 하는 군의 움직임이 분명히 있다. 이들이 정치에 개입하지 못하도록 신경을 단단히 써야 한다"고 주문했다. 그가 나의 메시지를 어느 정도 심각하게 받아들였는지는 잘 모르겠다.

그러나 그의 이력 탓인지는 몰라도, 위기가 닥쳐 재빨리 상대를 제압하는 단호함은 그에게 기대할 수 없었다. 군은 따라서 4.19의 이전과 이후에도 역시 정치적 행보를 가시적으로 드러내고 있었다. 그를 통제할 어떤 권력의 중추도 당시에는 존재하지 않았기 때문이다. 박정희 소장이 이끄는 5.16이 아니었더라도, 이 중의 누군가가 나서서 권력 자체를 손에 거머쥘 가능성은 충분히 있었다고 봐야 한다.

그런 와중에서는 누구라도 군부의 움직임을 어느 정도 예견할 수 있었다. 혼란의 상황이 이어지다 보면 결국 마지막에는 힘이 가장 비밀스럽게 뭉쳐져 있는 곳, 즉 군대에 시선을 돌리게 마련이다. 군은 그런 점에서 주목을 받았고, 결국 박정희 소장이 이끄는 일부 그룹이 거사에 나섰던 것이다.

그에 비해 1979년 박정희 대통령의 서거로 인해 생겨난 공백이 군의 개입을 부를 만큼 혼란스러웠는가에 대해서는 많은 사람들이 고개를 가로 젓는다. 박 대통령의 산업화 추진으로 경제적으로는 이미 토대를 닦은 대한민국이었고, 그의 강력한 정책 드라이브 속에 관료의 힘도 크게 성장한 대한민국이었다. 정치권 또한 유신시절의 시련기를 거치면서도 4.19 당시와는 비교할 수 없을 정도로 역량을 키운 시점이었다.

그럼에도 하나회 출신 장성들이 정치 일선에 나섰다. 12.12에 이어 이듬해 5.18이 이어지더니, 급기야 5공화국이 출범하고 말았다. 한국 정치사의 역정을 여기서 다 회고하려는 것은 아니다. 그들이 출범하고 난 뒤 나름대로 결실을 맺은 것도 사실이다. 그러나 나라를 지켜야 하는 군대, 국가의 간성으로 작용해야 할 대한민국 군인의 입장에서 보면 이는 유감천만한 일이 아닐 수 없었다.

12.12 직후 전두환의 초대

낯선 후배, 어색한 만남

1979년의 해도 어느덧 서서히 저물어 가고 있던 무렵이었다. 10.26으로 박정희 전 대통령이 세상을 뜬 뒤로 정국은 잠잠한 가운데 그 무엇인가가 머지않아 닥치리라는 불길한 조짐을 보이고 있었다. 이어 서울 한남동 육군참모총장 공관에서 총격전이 벌어지는 사태가 벌어졌다. 이른바 '12.12사태'였다.

그로부터 1주일이 흘렀던 모양이다. 한국종합화학 사장을 맡고 있던 내게 연락이 왔다. 만나자는 전갈이었다. 12.12사태의 주역인 전두환 소장이 초청한 자리였다. 나는 이미 1960년 옷을 벗고 군문을 떠난 신분이었으나, 우리 군의 창군 멤버로 원로의 자격이 있다고 본 모양이었다.

서울 종로구 견지동 조계사 인근에 있던 한식집으로 기억한다. 나와 군 원로 몇 사람이 초청 대상이었다. 내가 가장 선임이었고, 후배이자 전선을 함께 오갔던 원로 셋이 함께 참석했다. 12.12의 주역이자 당시 정국의 핵으로 부상하고 있던 전두환 소장은 우리 군 원로들을 초청해 자신들이 벌인 사건의 배경을 알리고자 했다.

그와는 사실 일면식도 없는 사이였다. 전 소장은 육사 11기로 군문에 들어선 인물이다. 그가 육사에서 사관생도로 교육을 받고 있을 무렵, 나는 이미 육군참모총장의 자리에 있었다. 한참 차이가 나는 터라 그와는 만날 인연이 전무했던 것이다. 그러나 풍문으로는 그의 됨됨이를 들어 알고 있었다.

그는 차분하며 정중하게 왜 12.12사태를 벌여 정승화 육군참모총장을 체포할 수밖에 없었는가에 대해 설명하기 시작했다. 그의 설명을 내가 알아듣지 못한 것은 아니었다. 박정희 대통령 서거 사건의 진상을 규명하고 혼란한 정국에 대처해야 한다는 게 전두환 소장과 12.12사태 거사를 이끈 그룹이 내건 명분이었다.

그러나 그들의 마음은 정작 정치를 바라보고 있었다. 그 자리에 있던 사람 중, 최소한 나는 그렇게 생각했다. 분위기가 나쁘지만은 않았다. 그들의 설명에 화답하는 동료 원로들이 있었기 때문이다. 서로 주고받는 덕담도 있었다. 그러나 나는 침묵했다. '또 군이 정치에 나선

정규 학과 과정으로 다시 신설해 출발한 육군사관학교 생도들이 최초의 입교 선서식을 하고 있다.
(출처: 육군사관학교)

다'는 생각 때문이었다. 내가 짓는 불쾌한 표정이 그의 예민한 정치적 촉각을 비켜갔을 리는 없었을 것이다.

조금 서글펐다. 자리에 동석했던 후배 원로 둘은 한참이나 아래인 전두환 소장의 행위를 칭찬했다. 그의 거사를 "아주 잘한 일"이라고 추켜세우기도 했고, 그가 12.12의 타당성을 설명하는 대목에서는 마음에 없을지도 모를 추임새를 넣으며 화답했다.

식사 시간은 거의 한 시간 이상이 걸렸다. 일반적인 식사 자리에 비해서는 짧은 시간이었으나 내게는 매우 길게 느껴졌다. 어느덧 식사를 마칠 시간이 왔다. 나는 무덤덤하게 그 자리를 털고 나왔다. 동석자 중 한 사람은 김성은 전 국방부 장관이었다. 박정희 전 대통령 밑에서 국방부 장관까지 역임한 후배다.

그 또한 식사 자리가 매우 거북했던 모양이었다. 식당을 나서면서 우리는 서로 눈이 마주쳤다. 어색한 눈빛을 주고받으며 우리는 그렇게 헤어졌다. 상황의 여러 세부적인 모습은 달랐으나, 나는 내가 몸소 겪었던 4.19 정국의 어두웠던 풍경을 기억 저 멀리서 떠올리고 있었다. 우리 군은 정국의 혼란기를 타고서 어느덧 다시 몸을 정치의 한복판에 깊숙이 들이밀고 있었다.

전쟁의 교훈을 잊었던 우리

이듬해인 1980년의 봄은 예상대로 시끄러웠다. 급기야 많은 사람이 목숨을 잃는 유혈의 참극마저 빚어졌다. 군이 손에 쥔 병기, 그런 흉凶함이 다시 무서움을 드러냈던 것이다. 군사의 병기가 적敵이 다가서는 바깥을 향하지 않고, 우리 내부의 어느 누군가를 겨눈다면 반드시 폭력과 희생을 부르고 만다.

그 이후의 정국이 어떻게 흘렀는지는 많은 사람들이 다 아는 사실이다. 이후 들어선 정부의 행보에 대한 평가는 나중의 역사가들이 엄정하게 다룰 일이다. 내가 당시의 여러 가지 복잡한 사정을 언급하는 것은 능력 밖의 일일 뿐이다.

단 한 가지, 내 소견을 덧붙일 게 있다. 군軍을 떠난 민民이 있을 수 없고, 민을 떠나 군이 바로 설 수도 없는 일이다. 따라서 국가의 간성인 군이 충성을 바쳐야 할 대상도 민이다. 그러나 민간의 일각에서도 문제는 늘 벌어지게 마련이다. 군은 그런 상황에서 어떻게 움직여야 할 것인가. 군이 지닌 무기는 살상을 전제로 한다. 따라서 군이 병력을 움직일 때는 태산泰山과 같은 신중함을 지녀야 한다.

나는 6.25 때 김일성의 야욕에 맞서 싸우면서 한편으로는 내부에 숨어 있던 적, 지리산 일대의 빨치산 등을 토벌했다. 아울러 무수한 대민對民 작전을 벌인 경험도 있다. 이는 비단 나 혼자만의 경험으로 쌓였던 것은 아니다. 전쟁을 치른 우리 대한민국 군대의 공통적인 체험이었다.

그럼에도 그해 봄, 우리가 어쩌면 현명하게 대처하면서 피해를 최소화했을 수도 있었을 상황에서 결국 피가 번지고 말았다. 혹심했던 여건 속에서도 끝까지 적과 싸우며 쌓았던 우리 군의 경험적 토대가 송두리째 버려진 게 아니었을까. 지금도 안타깝게 느껴지는 대목이다.

전쟁은 한 민족이 품고 살아야 하는 가장 참혹한 기억이다. 우리는 그런 기억을 늘 헤집어 보면서 교훈을 살려야 한다. 그 '민족의 경험', 6.25전쟁에서 우리는 무엇을 얻고 무엇을 되살려 오늘을 맞이하고 있는가. 그런 점에서 보면 우리는 전쟁을 잊었다. 적어도, 1980년의 상황을 지켜보면서 나는 그런 생각에 깊이 빠져 들었다. 전쟁은 참담한 기억이지만, 그의 교훈을 되살리느냐의 여부가 어쩌면 그 민족의 미래를 좌지우지할 수 있다고 나는 생각한다.

지금의 우리는 전쟁을 잘 알까

여담 하나 붙이자. 전두환 소장이 12.12 직후 초청했던 식사 자리에서 나와 함께 침묵으로 일관했던 김성은 전 국방장관과의 이야기다. 우리 둘은 그 때 전두환 소장의 설명에 화답하며 성원까지 보냈던 나머지 두 동료가 그 후 '잘 나가는' 모습을 자주 지켜봤다. 전두환 대통령이 이끄는 5공화국 정부의 지극히 높은 위치에 올라선 그 둘을 보면서 후배 김성은은 내게 이런 농담을 던지곤 했다.

"형님, 우리는 아무래도 낙제생 아니겠습니까? 그 때 전두환 소장한테 덕담이라도 건넸어야 하는 것 아니었나 몰라요…." 그는 농담조로 그런 말을 자주 했다. 그러면 나는 "실없는 소리 말라"며 핀잔했고, 둘은 결국 허허로운 웃음을 지을 뿐이었다.

나도 '잘 나가는 군인'이었다. 32세에 한국 최초의 별 넷 대장을 달았으니까 그렇다. 40만 병력의 1야전군을 창설해 이끌면서 한국군 전력 증강을 이끌었던 점도 자랑스럽다. 그렇다면 나는 승승장구乘勝長驅하는 군인이었던가. 그렇지만은 않았다.

내가 1957년 두 번째 육군참모총장직을 맡았을 때다. 나는 모든 군무軍務가 귀찮아진 적이 있다. 군령이 제대로 먹히지 않았고, 인사가 정치권의 개입으로 비틀거렸다. 부하 장성들은 내 말에 귀를 기울이는 대신, 서대문의 제2 권력자 이기붕 의장의 말을 더 들었다. 일부는 노골적인 정치 행보를 보이기도 했다.

그래서 나는 비행기에 몸을 실었다. 2개월 동안 6.25전쟁 참전 16개

우방국을 순회하는 일정이었다. 나는 내 어깨에 단 별의 무게만큼, 아니 그보다 더 일을 부지런히 했다. 한시라도 마음을 놓을 수 없는 게 병사兵事다. 이어지는 변수에 대응하며 아울러 그런 다양한 변수가 빚어내는 모든 상황에 대비해야 하는 게 군사軍事다. 그런 생각 때문에 나는 6.25전쟁 이후 쉰 적이 별로 없다.

그런 내가 비행기에 몸을 싣고 두 달여의 여행길에 올랐다. 나는 당시 마음이 울적했다. '우리는 벌써 전쟁을 잊었는가…' 내 마음속에서 메아리치는 아주 강한 그 의문 때문이었다. 그렇다. 우리는 그 때 이미 전쟁을 잊고 있었다. 그리고 1980년 초입에 내가 마주쳤던 상황도 마찬가지였다.

그럼 지금은 어떨까. 우리는 전쟁의 기억을 제대로 복원하며 그로부터 충분한 교훈을 살리고 있을까. 역시 그 점이 미덥지 않다. 우리는 어쩌면 그 잊는 행위를 반복하고 있는지 모른다. 그래서 시작한 게 이 기록이다. 이제 그 어두운 기억 저편으로 직접 넘어가 보자.

1953년 미국에 도착한 직후 비행기 트랩을 내려오고 있다.

제2장

싸움에 목숨
걸 수 있어야 군인

1950년 11월 평북 덕천과 영원에서 무너져 해체됐던
한국군 2군단 재창설식이 춘천 북방 소토고미 사령부에서
열리는 장면

이순신 장군은 아주 바빴을 것

소설 『칼의 노래』를 읽으며

조선 500년, 아니 어쩌면 한반도가 유사 이래 맞은 전쟁터에서 가장 뛰어난 장수를 꼽으라면 이순신 장군을 들지 않을 수 없다. 그는 훌륭한 장수, 즉 명장名將이라는 말로도 싸움터에서 거둔 그 전과를 형용하기 어렵다. 그래서 일부는 이순신 장군을 성장聖將으로도 적는다.

1952년 재창설한 2군단 병기창을 둘러볼 때

이순신 장군의 당시 싸움 모습을 그린 소설을 읽은 적이 있다. 김훈의 『칼의 노래』라는 작품이다. 한때 우리 사회의 중장년 남성들에게 커다란 반향을 일으킨 소설이다. 나도 그런 책의 명성 때문에 직접 읽었다. 작가의 심리적 묘사가 눈길을 끌었다. 긴박감 있게 구성한 솜씨도 아주 빼어났다. 그래서 소설을 읽는 동안 내내 즐거웠다.

그러나 책을 읽으면서 슬며시 웃음을 지은 적도 여러 번 있었다. 작가가 소설에서 장군의 심리를 묘사하는 장면 때문이었다. 죽음 앞에 선 장수의 심리를 작가는 바람과 칼, 떨림, 두려움과 불안 등으로 그렸다. 충분히 그러리라 생각을 하면서도 나는 이 뛰어난 작가가 실제로는 전쟁을 겪지 않았구나, 많은 병력을 거느리고 다가오는 적에 맞선 적은 없었구나라는 생각을 새삼 떠올렸다.

비록 적의 위협은 상존하지만, 그래도 겉으로는 평화를 구가하는 요즘의 우리 군대 장군들도 전쟁을 치른 경험이 없다. 지금 사회를 이끄는 세대 모두 그런 전쟁을 밑바닥에서 체험한 적이 없다. 따라서 소설을 쓰는 작가에게 그런 전쟁의 직접적인 경험을 요구하면 무리라고 할 수밖에 없다.

『칼의 노래』가 그 빼어난 문장과 뛰어난 구성으로 우리 사회의 많은 독자들에게 커다란 반향을 불러일으켰음에도 불구하고 내 눈에는 그런 점이 보였다. 일반적으로 상상하는 전쟁터의 장군과 실제 피비린내가 진동하는 전쟁터에 선 장군은 매우 다르다는 점 말이다.

실제 전쟁터에 선 장군은 사실이지, 죽음에 대한 불안이나 그 나머지의 여러 사념思念들에 휩싸일 여유가 없다. 그만큼 바쁘고 분주하다. 죽음을 앞에 두고 여러 상상을 펼치면서 불안감에 싸이는 장수가 이끄는 군대라면, 그 군대는 적 앞에 제대로 나서서 싸울 수가 없다. 더구나 이순신 장군처럼 모든 전투에서 이긴 경우라면 그 전승全勝의 비결은 다른 각도에서 살펴야 한다.

장수의 승패

부대를 이끄는 지휘관은 시간적으로 외로울 여유가 없다. 외로움에 더해 죽음마저 떠올리며 내 안의 불안을 반추하거나 사색할 여지는 더욱 없다. 작가의 상상력이 빛을 낸 대목이기는 하지만, 격렬하면서 참혹했던 전선을 직접 이끌었던 내게는 그런 점이 '옥에 티'로 보였다. 전쟁에 나선 장수는 어떻게 보면 촌각을 다투는 환자를 앞에 둔 외과 의사와 흡사하다.

피가 쏟아져 나오는 곳을 우선 막고, 그 상처의 뿌리를 찾아 약을 넣고, 흘러넘치다 맺힌 곳에 부종浮腫이라도 생기면 그를 가라앉혀야 한다. 곪은 곳은 째고, 터진 곳은 꿰매며, 무너진 곳은 일으켜 세우고, 헤진 곳은 조심스레 어루만져야 한다.

전선은 줄곧 요동친다. 싸움이 붙을 때의 그 격렬함은 새삼 언급할 필요도 없다. 싸움 속의 장수는 혼신의 힘을 다해 전선을 떠받쳐야 한다. 전선이 요동치지 않을 때도 마찬가지다. 식량을 챙기고, 무기를 점검하며, 병력의 보충을 생각해야 한다. 전선으로부터 나아갈 때를 상정하고, 후퇴를 대비해 방어선을 살펴야 한다.

하루는 24시간이지만, 잠을 자고 밥을 먹는 시간 빼면 긴 시간이 아니다. 그런 시간을 쪼개서 수많은 업무를 챙겨야 한다. 그나마 이는 일상日常이라는 단어에 묶이는 작업들이다. 전세戰勢를 살펴 전략과 전술을 가다듬는 일은 늘 머릿속을 오가는 주제들이다. 날씨는 어떨까, 전선의 지형은 우리에게 유리할까, 예하 부대의 지휘관들은 연락 체계를 잘 운용하고 있을까, 전황 보고서에 거짓은 없었을까···. 이런 문제가 숱하게 이어진다.

압도적인 병력으로 전선을 공략했던 중공군의 모습

그 반대의 경우도 있다. 적정敵情의 문제다. 적의 동태와 보급 및 무장 상황, 그들 머리 위로 뻗은 구름, 적 장병이 입고 있는 복장도 전선의 장수가 늘 살펴야 하는 대상이다. 그렇게 모든 것을 주시하면서도 전선의 장수는 예기치 않은 변수에 늘 대응해야 한다. 수많은 병력이 집결해 있는 상황이라면 어느 한 순간도 방심할 수 없는 것이다.

아군의 요소에 적군의 요소를 더해 모두 고려하고, 그 안에서 발생할 수 있는 수많은 변수에 대응하려면 전선의 지휘관은 눈코 뜰 새 없이 바빠야 정상이다. 일과가 끝난 뒤 차분하게 하루를 정리하는 시간에 그런 삶과 죽음, 불안과 희망을 떠올릴 수 있을 테지만 그나마 피곤에 절어 군화를 신고 잠에 곯아떨어지는 게 정상이리라.

승장勝將과 패장敗將…. 싸움을 승리로 이끈 장군이 승장이고, 그 반대의 경우가 패장이다. 그렇듯 가혹한 싸움이 벌어진 뒤 승과 패로 갈리는 전쟁의 마지막 책임은 장수에게 있다. 그래서 승리가 장수에게는 이루 헤아릴 수 없는 영광이고, 패배는 반대로 장수에게 씻을 수 없는 오욕이다. 그래서 장수는 싸움에서 이기려 절치부심切齒腐心을 반복한다.

1953년의 중공군

돌이켜 보면, 60여 년 전 이 땅에서 벌어진 참혹한 6.25전쟁은 사실 중공군과의 싸움이 거의 전부를 차지했다. 김일성의 군대가 적화의 야욕으로 38선을 넘은 것도 사실이고, 우리를 낙동강 전선의 막바지 보루에 몰아넣은 점도 사실이다. 그러나 개전 초 3개월이 전부였다.

그 이후로 김일성의 군대는 중공군의 '향도嚮導'에 불과했다. 한반도의 싸움에서 승패를 가리는 핵심 영역인 부산과 서울, 이어 다시 평양과 신의주로 이어지는 축선에서 그들은 사라졌다. 대신 동해안과 서해안의 일부 중공군 공격로 앞에서 방향을 안내하는 향도의 역할을 수행하는 데 만족해야 했다.

개전 초 3개월이 지난 뒤 우리의 진정한 싸움 대상은 압록강을 넘어 한반도에 진출한 중공군이었다. 그들은 강했다. 화력에서는 대한민국 군대를 돕기 위해 이 땅에 올라선 미군과 유엔군에 미치지 못했지만 내전과 항일전쟁의 10년여에 걸친 전투경험을 바탕으로 다양한 전술을 펼치며 다가서던 군대였다.

그들과의 싸움은 격렬했다. 미군과 유엔군에 비해 대한민국 군대가 그들을 바라보는 시선은 착잡하기만 했다. 대규모의 전투에서 그들을 꺾은 적이 별로 없었기 때문이다. 국군은 사실 그들의 우회와 매복, 기습과 야습 등의 현란한 전술 때문에 기록적인 패배에 직면하곤 했다. 실제 군단 전체가 무너지는 참패를 두 번이나 당했다.

그들과의 싸움을 다시 회고해보자. 우선 휴전을 눈앞에 둔 1953년의 초여름이었다. 잠깐 찾아왔던 봄이 여름으로 바뀌던 무렵이었다. 5월에 들어서 강원도를 비롯한 중부의 산간 지역은 해토기解土期에 접어들었다. 눈과 얼음이 녹으면서 흙이 물러지는 무렵이었다. 그러다가 땅이 조금이라도 굳어지면 군사의 기동이 가능해진다.

그들이 노리는 먹잇감은 늘 국군이었다. 미군은 화력이 강했고, 중공군에게는 부족한 막강한 공군력이 있었다. 유엔군 또한 그런 미군의 옆에서 강력한 전력을 발휘하던 군대였다. 그러나 1950년 10월 중공군 개입 이후 국군은 그들에게 늘 허약한 상대였다. 자주 궁지에 몰렸고, 초반에 힘겹게 버티다가 공세를 지속한 중공군에게 등을 보이며 쫓겼던 군대였다.

해토기를 지나 땅이 굳어질 무렵인 1953년 5월 중공군이 자신들의 먹잇감으로 여긴 국군의 전면에 다시 출몰하기 시작했다. 이어 6월에 들어서면서 그들은 병력을 더 집중해 국군의 전면을 압박하고 있었다. 장소는 중부전선인 강원도 금성 돌출부였다. 1951년 봄 중공군 초기 공세 때 역습을 시도해 전선을 밀고 올라간 적이 있던 곳이었다.

북한강이 남북으로 흐르고, 그 중간을 금성천이 동서로 지나는 지역이었다. 1951년 때의 역습으로 길이 30여 ㎞, 종심의 깊이가 10㎞에 이르는 지역이 옆의 전선에 비해 북쪽으로 솟아 있어 '금성 돌출부'로 불렸던 곳이다. 그곳에 다시 중공군의 대규모 부대가 몰려들고 있었다.

나는 당시 육군참모총장으로 대구의 육군본부에 있었다. 그러면서도 중공군의 움직임에 신경을 집중할 수 없었다. 휴전을 앞두고 있는 상황이었고, 그 과정 중 가장 민감한 현안으로 꼽혔던 반공反共 포로 석방 문제에 관심을 둘 수밖에 없었기 때문이다.

중공군은 국군을 다시 노리고 덤볐다. 6월 10일이었다. 금성 돌출부 전면을 기습적으로 때리기 시작한 중공군은 여느 때처럼 캄캄한 야밤에, 강렬한 기습 사전 포격을 벌였다. 빈틈을 노리고 물밀 듯이 쳐들어오는 중공군은 이번에도 작전에 성공하는 듯했다.

부끄러운 말이지만, 당시의 전쟁터에서는 이런 말이 나돌았다. "중공군이 공격해 오면 밥을 먹던 국군이 숟가락을 던지고 도망친다"는 내용이었다. 그때도 처음에는 그랬다. 국군은 밀리기 시작했다. 전선의 부대는 빠른 속도로 전면을 내준 채 등을 보이고 있었다.

도망친 분대장을 아직 찾는 이

새카맣게 몰려든 중공군

중공군은 상대의 빈틈을 노리는 데 명수였다. 5월의 해토기 뒤 병력을 움직여 이곳저곳을 탐색하는가 싶더니 아군의 허점을 제대로 짚어 그곳으로 기습을 감행했던 것이다. 전선은 크게 요동쳤다. 국군 2군단이 그곳을 막아서는 주력이었다. 사령관은 정일권 군단장이었다. 적은 아군의 깊은 곳까지 진출했다. 13km에 달하는 전선에서 4km를 밀고 내려왔다. 와해라고 할 수는 없었어도, 상황이 심각했다.

6월 10일의 중공군 공세는 1주일 이어지다가 멈췄다. 그보다 더 기록적인 중공군의 공격은 한 달여 뒤 다시 벌어졌다. 우리 전사戰史에서 '중공군의 최후 공세' 또는 '7.13전투'로 기록하는 싸움이다. 1953년의 6월 10일 벌인 공세에 비해 규모가 훨씬 큰 중공군의 공격이었다.

나는 이 자리에서 그해 7월 13일 시작한 중공군의 최후 공세 때 그 전선 가장 앞에 섰던 노병의 이야기를 소개하려 한다. 그의 이름은 권길성, 현재 대구에 거주하고 있는 88세의 전우다. 결론부터 말하자면, 그는 지난 60년 동안 전쟁에서 도망쳤던 분대장을 찾고 있는 인물이다.

그의 사연은 이렇다. 1953년 7월 13일 칠흑같이 어두운 밤에 그는 금성 돌출부의 왼쪽 어깨 쪽, 즉 좌견부左肩部를 맡고 있는 국군 6사단 19연대 2대대 7중대 로켓포 사수였다. 장마철이라 두터운 구름이 낮게 깔려 아주 어두웠던 밤, 최전선 사주방어四周防禦형 고지의 초소에서 경계근무를 서고 있던 그에게 후방의 소대본부 전령이 다가왔다. 전령은 "적이 막 공격을 시작했다"고 전했다. 진지에서 사병들이 잠을 자도록 만들었던 취침호就寢壕 속 대원들을 모두 깨워 전투 위치에 서도록 했다.

이어 적의 포성이 주변을 뒤흔들기 시작했다. 정신을 차릴 새도 없이 고지의 안팎은 격전장으로 변했다. 고지의 뒤쪽에 있던 권길성 하사는 계속 앞으로 이동했다. 고지 전면에서 죽어가는 동료가 늘고 있었기 때문이다. 누군가가 그 때 "더 앞으로 나가라"며 권 하사의 등을 떼밀었다. 분대장이었다. 그는 권 하사의 카빈 총을 달라고 하더니 "지원 병력을 이끌고 돌아올 테니 싸우고 있어라"면서 고지를 빠져나갔다. 기관포 탄통에 담긴 수류탄 10여 발을 통째로 들고 그는 어둠 속으로 기어갔다.

그러나 그는 곧 고지에서 고립을 피할 수 없었다. 후방으로 빠졌던 분대장은 다시 돌아오지 않았다. 참호 속의 아군은 거의 사망한 듯했다. 뚜껑이 있는 참호, 유개호有蓋壕 형태의 진지는 아주 캄캄했다. 포탄이 작렬하면서 생기는 섬광이 번뜩일 때 그는 참호 구멍 밖에 매달린 중공군의 얼굴을 봤다. 그 중공군은 캄캄한 참호 안쪽을 볼 수 없었다. 수류탄을 굴려 그와 주변의 중공군을 폭살爆殺했다.

내 손으로 죽인 신병

참호 안쪽에 이미 들어선 중공군이 눈에 들어왔다. 급한 나머지 수류탄을 들어 그의 얼굴을 찍었다. 상대가 넘어졌다. 그리고 옷 안에 수류탄을 밀어 넣었다. 이어 그는 진지가 적에게 모두 점령당했다고 판단했다. 진지의 가장 높은 곳에 있던 기관총 사수의 총소리도 멎었기 때문이다.

진지 뒤쪽으로 돌아 나오던 그의 앞에 누군가가 움직였다. 마침 그 뒤로 포탄의 섬광이 번쩍였다. 섬광에 비친 상대의 모습은 '까까머리'였다. 당시 국군 장병은 대개가 긴 머리였고, 적인 중공군의 머리는 대개가 바짝 깎은 상태였다. 권 하사는 그를 향해 폭탄을 던졌다. '쾅' 하는 요란한 폭발음 뒤에 아무런 인기척이 없었다.

중공군을 또 하나 쓰러뜨렸다고 여긴 권 하사는 그의 품으로부터 '따발총'이라도 빼앗아 진지를 빠져나가야겠다고 생각했다. 엎어진 상대를 돌아 눕혔다. 순간 그의 입으로부터 한국말이 흘러나왔다.

"아… 살려줘…."

"……."

권 하사는 넋을 잃고 말았다. 그가 폭탄을 던져 쓰러뜨린 사람은 훈련소에서 막 전입했던 무반동포 탄약수 '엄 일병'이었다. 엄 일병은 곧 숨을 거뒀다. 그리고 권 하사는 무사히 진지를 빠져나와 후방의 소대와 합류했다. "싸우고 있어라"고 했던 그 분대장은 훈장을 탔다고 한다. 권 하사, 이제 90을 바라보는 노년의 권길성 씨는 엄 일병과 그 분대장을 아직도 잊지 못하고 있다. 하나에 대해서는 죄책감, 다른 하나에 대해서는 분노 때문이다. 권길성 씨는 자신의 손으로 죽인 엄 일병의 유해를 직접 수습하는 일, 그리고 도망친 분대장을 찾아 죄를 묻

는 일을 여생의 마지막 바람이라고 했다.

　앞에서도 소개했듯이, 나는 당시 육군 참모총장이었다. 대구의 육군본부에서 7월 13일 오후 9시 30만 병력을 동원한 중공군 공세가 벌어졌다는 소식을 들었다. 이튿날인 14일 나는 그 상황을 지켜보다가 오후 4시쯤 서울 동숭동의 미 8군 사령부에 전화를 걸어 맥스웰 테일러 사령관에게 "전선이 괜찮겠느냐"고 물었다. 테일러 사령관은 "아직은 괜찮다. 좀 지켜보자"고 했다.

　15일 새벽 1시 경이었다. 총장 관사에서 잠을 자고 있던 내게 급한 전화가 걸려왔다. 테일러 사령관이었다. 그는 "백 장군, 당신이 나가줘야겠소"라며 "전용기를 대구로 보낼 테니 곧장 전선으로 가 달라"고 했다. 그가 보낸 대형 전용기 C-47을 타고 나는 여의도로 비행했고, 이어 지프로 서울~춘천 국도를 달려 아침 8시 경에 금성 돌출부 방어를 담당하고 있던 2군단의 소토고미 사령부에 도착했다.

1950년 11월 무너졌던 한국군 2군단이
1952년 현대화한 군대의 면모로 다시 출범하는 장면.
1952년 여름 춘천 북방 소토고미의 군단 사령부 연병장이다.

일선에 선 육군참모총장

권길성 씨가 고립된 채 진지에서 사투를 벌이다가 간신히 빠져나와 숨을 돌리며 후퇴를 거듭하던 무렵에 나 또한 그와 함께 전선에 섰던 셈이다. 당시의 내가 최전선 진지를 지키던 권 하사의 사정을 들었을 리 없다. 그로부터 57년 뒤 나는 회고록을 적으면서 그의 사연을 처음 알 수 있었던 것이다.

중공군은 6.25전쟁 중 2년 8개월 동안 내내 국군의 '악몽'이었다. 그들이 다가오는 상황에 접하면 국군은 대개 겁을 먼저 집어먹고 물러서기 마련이었다. 앞에서도 잠깐 소개한 내용이다. 그렇듯 중공군은 국군을 얕잡아봤고, 국군의 방어지역을 집중적으로 골라서 공격을 펼치는 군대였다. 그 점에서 이 금성 돌출부를 두고 벌인 중공군과의 싸움은 매우 상징적이다.

그로부터 10여 일 뒤인 7월 27일 정전협정이 맺어졌다. 따라서 금성 돌출부 전투에서마저 중공군에게 치욕스런 패배를 당했다면, 국군은 6.25전쟁 내내 우리를 짓눌렀던 중공군의 그림자를 떨칠 수 없었을 것이다. 용문산 전투 등에서 중공군에게 승리한 경우 등 극히 일부를 제외하면 우리는 중공군에 맞서 싸워 이긴 적이 별로 없다. 이 때문에 휴전 직전에 다시 중공군에 크게 패전한다면 우리는 줄곧 큰 심리적 상처를 안아야 했다는 얘기다.

금성 돌출부를 공격했던 중공군의 초기 공세는 대단했다. 앞에 적은 권길성 씨의 체험에서 알 수 있듯이, 30여 km에 달하는 국군의 전선은 중공군의 격렬한 포격, 빈틈이 없어 보였던 현란한 기만欺瞞 전술, 우회와 기습의 다양한 변조變調로 일거에 요동치기 시작했다.

권길성 씨가 겪은 참담함은 극히 일부에 지나지 않는다. 국방부가 펴낸 전사戰史는 당시의 초기 중공군 공세를 '봇물이 터지듯 밀고 내려 왔다'라고 표현하고 있다. 중공군은 일선의 국군 진지를 몇십 분 만에 돌파했다. 이어 공격 요로要路를 제대로 잡은 뒤 국군의 중대와 대대, 나아가 연대 본부까지 침투했다.

7월 13일의 공격이 있기 한 달 전 중공군의 6월 10일 공세에서도 그런 상황이 벌어졌다. 그 때 중공군으로부터 습격을 받은 국군의 한 대대본부에서 대대장을 비롯한 장교들이 포위를 당하자 마지막으로 애국가를 부르며 항전의 의지를 다졌다는 일화는 지금까지도 전해질 정도로 유명하다.

문제는 그 짧은 시간에 소대와 중대의 저지선을 넘어 대대까지 중공군이 침투했다는 점이다. 중공군은 근접전에 유리한 '따발총'으로 무장했고, 휴전 막바지에 국군에게 막대한 타격을 안김으로써 6.25전

"지휘관은 놀라는 법이 없어야 한다" "군인은 절대 정치에 개입할 수 없다"는 말을 남겼던 1953년의 미 8군 사령관 맥스웰 테일러 장군(지프 앞 좌석)

쟁 자체를 자신이 승리한 전쟁으로 끌고 가기 위해 막대한 화력을 투입했다. 그래서 국군이 고전을 면치 못하리라는 점은 예상할 수 있었다. 그러나 일거에 전선의 대부분을 내주고 후방의 대대와 연대가 중공군 총 끝에 놓였던 상황을 어찌 봐야 할까.

애국가를 부르면서 마지막 항전에 나섰던 국군 장병의 용기는 물론 대단히 훌륭하다. 그러나 전선의 적으로 하여금 일거에 전투 지휘 본부까지 내닫게 내버려두는, 6.25전쟁 내내 노출했던 우리의 약점은 그대로 드러나고 있었다. 7월 15일 아침 금성 돌출부 전투를 지휘하는 2군단에 내가 도착하던 무렵의 분위기는 매우 침울했다.

6.25의 8할은 중공군과의 싸움

집요한 싸움꾼 중공군

중공군은 '프로'였다. 그들의 상당수는 장제스蔣介石가 이끄는 국민당 군대와 마오쩌둥毛澤東이 이끄는 홍군紅軍에 속해 내전을 벌였으며, 그 전에는 대륙을 침략한 일본군에 맞서 항일 전쟁을 펼쳤던 장병들이다. 따라서 싸움에는 이골이 나 있던 군대였다.

그에 비하면 국군은 '아마추어'였다. 대한민국 건국 2년도 지나지 않아 맞이한 김일성의 남침에 주섬주섬 옷을 입고 문밖으로 나와 싸움에 뛰어 든 상태였다. 전쟁 초기에는 조직도, 무장도 제대로 갖추지 않은 '농민군農民軍'의 수준이었다면 과한 말일까.

그나마 전쟁 기간 3년을 거치면서 국군은 나름대로 성장하고 있었다. 적이 밀려와도 제 자리를 지키면서 끝까지 싸우려는 의지를 보였고, 중공군만 보면 도망치던 허약함도 많이 없어진 상태였다. 그러나 깊이 남아 있는 약점이 있었다. 늘 '고질痼疾'이라 지적할 수밖에 없었던 증상이 하나 있었다.

고립孤立의 상황에 다가설 때다. 앞 회에서 소개한 권길성 씨의 사례도 그 하나다. 적을 맞이해 싸우다가 상황이 불리해져 제가 고립될지 모른다는 우려에 접어드는 상황이 문제였다. 이 경우 국군과 국군 사이에는 신뢰와 유대감이 만들어지지 않았다.

육군참모총장 시절인 1953년 전선을 시찰하고 있다.

'내가 고립되더라도 아군이 언젠가는 와서 나를 구해준다'는 믿음이 있는 군대와, 그렇지 않은 군대는 달라도 아주 다르다. 두 군대가 보이는 전력은 하늘과 땅의 차이만큼 크다. 아군끼리 그런 신뢰가 만들어진 경우 그 군대의 장병은 목숨을 걸고 싸움에 나선다. 그렇지 않은 군대는 고립의 상황에 닥칠 때 정신없이 후퇴하며 흩어진다.

중공군은 아군의 3배 이상에 달하는 병력으로 당시 금성 돌출부의 좌견부左肩部와 우견부右肩部를 밀고 내려왔고, 아군의 초기 저항에 직면해서도 압도적인 병력으로 같은 곳을 거듭 세차게 때리며 치고 들어왔다. 역시 국군의 고질적인 병증이 다시 도진 형국이었다. 한번 밀리면서 중공군의 포위에 말려들자 국군은 흩어지기 시작했던 것이다.

내가 7월 14일 대구의 육군본부에 앉아서 파악했던 내용은 아군이 벌써 10여 ㎞에 달하는 금성 돌출부 종심을 모두 내주고 금성천 너머의 남쪽으로 내려왔다는 것이었다. 상황은 심각했다. 중공군은 금성천 남쪽을 더 치고 내려와 그로부터 한참 떨어진 화천 저수지를 겨냥하고 있었다. 그곳은 남한의 유일한 수력 댐이었다.

화천 저수지를 넘본 중공군

금성 돌출부에 이어 화천 저수지까지 내줄 경우 그 전 3년 동안 벌였던 전쟁의 최종 승리자는 중공군으로 변할 수 있었다. 중공군은 이승만 대통령이 6월 18일 전격적으로 감행한 반공포로 석방에 분노했다는 이야기가 있지만, 그보다는 눈앞에 닥친 휴전 상황에서 최후의 공세를 벌여 3년 동안의 전쟁을 자신의 승리로 선전하려는 의도가 더 강했다. 그 마지막 공세가 펼쳐지던 곳이 바로 금성 돌출부였고, 그들의 밀물과 같은 공세 때문에 금성천 이남의 화천 저수지도 흔들리고 있었다.

나는 맥스웰 테일러 장군의 긴급 요청으로 15일 새벽 3시경 대구 비행장을 출발해 여의도에 내린 뒤 마중 나온 지프차를 갈아타고서 부리나케 2군단 사령부가 있던 소토고미에 도착했다. 아침 8시경이었다. 육군참모총장이 전선에 도착한다는 소식을 들었는지 2군단 간부들이 대거 마중을 나와 있었다.

먼저 2군단장 정일권 중장이 눈에 띄었다. 그는 나와 호형호제하는 사이였다. 지역은 달랐지만 만주에서 군관학교를 다녔고, 졸업 뒤에도 여러 차례 만났으며, 해방정국에서는 평양에서 함께 지냈던 사이였다. 1917년생인 그를 나는 형으로 불렀고, 정 장군 또한 나를 살갑게 대했다.

그는 나와 함께 군사영어학교를 수료한 창군 멤버이기도 했다. 정일권 장군은 창군 멤버 중에서도 매우 화려한 이력을 보였던 사람이다. 그는 만주군관학교를 다니다가 우수한 성적으로 일본 육사 과정을 수료했고, 이어 엘리트만이 입교할 수 있는 고등군사학교를 나왔다. 고등군사학교는 일본 군부의 엘리트 양성소인 육군대학과 같은 교과 과정을 이수하는 곳으로, 한국인 중에서는 정일권 장군이 유일하게 그곳을 다녔다.

국군 장성 중에 일본 육사를 졸업한 사람이 꽤 많은 편이지만, 정 장군처럼 최고위 일본 장교 양성 과정을 거친 사람은 없었다. 따라서 그는 창군 초기에 많은 사람들로부터 적잖은 주목을 받았다. 그 또한 타고난 총명함과 빼어난 사교 능력 덕분에 그런 주변 사람들의 기대에 크게 부응했다. 특히 건국 뒤 이승만 대통령으로부터 많은 신임을 받았다. 그는 우선 미남자였다. 잘생긴 외모에 부드럽고 편안한 화술이 돋보였으며, 빼어난 매너와 영어 실력 때문에 미군도 그를 신뢰했다.

김일성이 전격 남침한 전쟁의 초기에 그는 낙동강 전선을 지휘했다. 미군과의 원활한 협조를 이끌어 내는 능력이 있던 터라, 그의 활약은 상당히 빛을 발했다. 낙동강 전선에서 북한군의 최후 공세를 막을 때 그는 계급은 소장, 직위는 육군참모총장이었다. 개전 초 가장 승승장구하던 한국군 장성이었다. 그러나 그 뒤 정 장군은 주춤했다.

그가 소장일 때 대령에 불과하던 나는 오히려 전성기를 구가했다. 그를 앞질러 한국군 최초의 대장 계급을 달았고, 1953년 7월 중공군의 금성 돌출부 공격 때는 육군참모총장으로서 2군단장인 그를 지휘하고 있던 상황이었다. 그러나 계급과 직위가 앞선다고 옛정을 잊을 수는 없었다. 나는 소토고미 2군단 사령부에 도착해 차에서 내리자마자 영접 대열의 앞에 서있던 정일권 장군의 손을 부여잡고 말했다.

"형님, 이제 마무리를 잘 해야 합니다. 힘을 내서 중공군을 막아야 할 상황입니다. 이제 내가 왔습니다."

패한 장수의 뒷모습

그러나 정일권 장군은 내 눈을 제대로 맞추지 못했다. 적의 공세에 무참하게 무너진 심리적 부담감을 어쩔 수 없었던 모양이다. 그는 몸을 제대로 가누지 못하는 상황이었다.

"그래, 동생. 잘 왔어, 고열이 심해서…"

"좀 쉬십시오. 제가 전선을 맡겠습니다. 어서 들어가 쉬세요."

내 말을 들은 그는 한동안 대답이 없었다. 한참 무엇인가를 생각하는 듯하다가, 그가 다시 입을 열었다.

"아무래도…, 여기서는 더 이상 할 일이 없어 보이네. 그냥 다른 일로 나설까, 아무래도 여기는 내가 있을 곳이 아닌가, 그런 생각이 들어."

그는 정말 힘이 없어 보였다. 평소 활달하던 분위기는 온데간데 없이 사라졌다. 나는 그 마음을 잘 알았다. 다른 무엇보다 위로만이 그에게 필요했다.

"그런 약한 마음 잡숫지 마시고, 그냥 들어가 쉬십시오. 어서 들어 가세요."

2군단 지휘본부가 있는 막사로 그가 들어가는 모습을 지켜본 후에 나는 군단 참모들과 일일이 악수를 나누고 바로 전황을 챙기는 작

6.25전쟁 초반을 이끌었던 정일권 육군참모총장(앞줄 가운데)과 함께

업에 들어갔다. 당시에는 무너진 전선을 수습하느라 정일권 장군의 경우를 곰곰이 생각해 볼 겨를이 없었다. 그러나 나는 그의 마음을 잘 이해하고 있었다.

패전을 기록한 장수의 마음 말이다. 그것은 말로써 이루 다 형용하기 어려운 고통이다. 몸이 무너지고, 마음까지 무너진다. 혼절하는 일도 예사다. 정신이 아득해지고 몸에서 모든 힘이 빠져나가는 기분이다. 나 또한 평양 이북의 영변과 군우리까지 진출했다가 중공군에 밀려 후퇴를 거듭했던 경험이 있어서 그런 심리를 잘 알고 있다.

아울러 장수의 능력은 패배해서 적에게 밀릴 때 극명하게 드러난다. 공세攻勢에 올라타 적의 뒤를 쫓을 때 장수의 능력은 별반 차이를 드러내지 않는다. 그러나 적에게 밀릴 때는 상황이 다르다. 훈련과 경험을 쌓고, 후퇴를 예상하면서 많은 준비를 한 장수와 그렇지 않은 장수는 역시 커다란 차이를 드러낸다.

당시의 정일권 장군은 아쉽게도 야전에서 쌓은 경험이 매우 부족했다. 낙동강 전선을 지휘했지만 야전의 맹렬한 싸움터는 아니었다. 그는 전형적인 참모 스타일의 군인이었다. 후방에서 싸움을 관리하며 최고 지휘관에게 전황 파악을 위해 자료를 올리는 그런 참모형 군인이었다.

그만의 경우는 결코 아니었다. 당시 대한민국 군대의 지휘관은 그런 경험과 자질을 쌓고 닦을 시간적 여유가 없었다. 창졸간에 밀어닥친 김일성의 군대를 맞아 정말 정신없이, 옷을 주섬주섬 챙겨 입고 나온 '농민군'처럼 싸움에 임할 수밖에 없었다. 그런 국군을 먹기 좋은 먹잇감으로 여기며 늘 다가서던 존재가 중공군이었다.

여기서 다시 밀려 화천 저수지까지 내준다면 우리는 중공군에게서 아주 오랫동안 씻기 힘든 마음의 상처를 받을 수밖에 없는 노릇이었다. 한반도가 대륙의 군대에 늘 밀리지만은 않았을 것이다. 그런 역사를 떠올릴 여유는 없었지만, 나는 다시 중공군에 밀리는 일은 막아야 한다는 생각이 간절했다.

중공군이라는 '악몽'을 떨치다

부사단장과 연대장도 적의 총구 앞에

부사단장이 중공군의 기습 부대에 붙잡혔다. 연대장 한 사람은 전선을 깊숙이 뚫고 들어온 중공군 부대의 사격에 사망했다. 대대장 역시 중공군 습격에 목숨을 잃었다. 당시 전선을 맡고 있던 국군 수도사단의 피해 상황을 짐작케 하는 대목이다.

부사단장은 사단장 바로 밑의 지휘관이다. 중공군 공격 부대가 공격을 벌여 사단 본부 근처까지 내달아 결국 최고 지휘관 급인 아군의 부사단장을 체포한 일은 충격적이었다. 일선에서 벌어지는 전투와 그 상위上位의 전술 차원을 이어주는 곳이 연대다. 그 연대의 지휘관인 연대장이 적의 사격에 몸을 드러내 현장에서 사망하고 말았다는 점도 충격적이었다.

나는 2군단의 본부인 소토고미에 도착해 전선의 피해상황을 파악하면서 이런 여러 충격적인 소식들을 접했다. 급격한 와해의 조짐이었다. 중공군은 '악몽'처럼 다가와 또 한 번의 '악몽'으로 기억에 자리잡을까. 휴전은 눈앞에 닥친 상태였으나 그런 중공군의 공세에 다시 좌절한다면 큰일이 아닐 수 없었다.

한국군의 작전을 직접 지휘하고 있던 미 8군 사령관 맥스웰 테일러의 초조감도 매우 깊었다. 상징적인 중공군의 이 마지막 공세에 꺾인다면 그 또한 자신이 쌓아왔던 장군으로서의 화려한 이력에 커다란 오점을 찍어야 했기 때문이다. 아울러 3년 동안 벌어진 6.25전쟁의 막바지에 결정적인 패전을 기록한 지휘관이라는 오명을 뒤집어 써야 했다.

그의 초조감은 결국 대한민국 육군참모총장인 나로 하여금 일선의 지휘봉을 쥐게끔 했다. 그와 더불어 맥스웰 테일러 사령관은 2군단의 와해를 막기 위해 '행잉 샘(Hanging Sam)'을 국군 2군단의 부군단장으로 급파했다. 이 '행잉 샘'이라는 인물은 독특한 장군이었다. 사병 출신으로 제2차 세계대전의 각 전장을 누비며 승승장구해 장군의 계급까지 단 사람이었다. '행잉 샘'은 물론 그의 별명이다. 당시 그는 미 25사단을 이끌고 있었다.

본명이 사무엘 윌리엄스(Samuel T. Williams)인 그에게 '행잉 샘'의

1953년 밴 플리트에 이어 신임 미 8군 사령관으로 부임한 맥스웰 테일러 장군(오른쪽에서 둘째)과 경례를 받고 있다.

별명을 붙인 이유가 있다. 그는 제2차 세계대전의 전범戰犯들을 수용했던 뉘른베르크 수용소의 소장을 지냈다. 전범에게 단호한 자세를 취하면서 얻은 별명이다. 전범들에게 그는 '목을 매다는(hanging)' 역할을 했던 무시무시한 존재였다. 이를테면 그는 전범들에게는 공포의 대상인 '교살자絞殺者'였던 셈이다.

교살자 '행잉 샘'을 급파했다

나는 휴전 뒤에 그로부터 커다란 도움을 받은 적이 있다. 나중의 이야기지만, 미 8군 사령관의 요청으로 내가 병력 40만 명을 이끄는 최초의 1야전군 사령관을 맡았을 때다. 나는 그로부터 방대한 야전군을 창설하면서 무엇을 어떻게 해야 할지에 관해 제대로 배운 적이 있다. 그는 수천 페이지짜리의 '체크 리스트'를 구성해 부대와 구성원들의 모든 면면을 점검하며 그에 대처하는 방법을 일깨워준 인물이다.

따라서 그는 야전의 부대에서 모든 상황을 한꺼번에 점검하며 대책을 마련하는 데 적합한 사람이었다. 아울러 사병에서 출발해 각종의 야전을 거쳐 장군 계급장을 달았기 때문에 긴급한 상황에 대처하기에는 안성맞춤인 사람이기도 했다. 테일러 사령관은 급한 대로 우선 '행잉 샘'을 정일권 2군단장 곁으로 보냈고, 이어 그마저도 안심을 할 수 없어 내게 소토고미 군단 사령부로 가달라고 부탁했던 것이다. 상황이 그만큼 아주 급했던 것이다.

내가 한 일은 우선 무엇이었을까. 나는 굳이 표현하자면 '현장형' 지휘관이다. 나는 싸움이 벌어지는 곳의 '현장'이 풍기는 냄새를 믿는다. 지휘본부가 차려져 있는 장수는 막사에서만 머물 게 아니라, 그런 현장의 냄새와 분위기를 반영해 전술과 전략을 구사해야 한다고 믿는 사람이다.

아울러 싸움이 벌어지는 곳에서는 누구도 거역하기 어려운 대세大勢라는 게 있다. 잘 보이지 않지만, 제대로 보려고 하면 그래도 어렴풋이나마 볼 수 있는 게 그 세勢다. 그것은 날씨로부터도 나오고, 지형地形과 지물地物로부터도 나온다. 또한 나와 같이 싸움에 나선 동료와 지원군으로부터도 나오고, 전선을 파고드는 적으로부터도 나온다.

나는 우선 현장을 돌았다. 국군은 후퇴를 거듭하면서 금성 돌출부의 주요 국도로 몰리기 시작했다. 아주 혼란스러운 모습이기는 했어도, 그나마 내게 위안으로 다가왔던 것은 국군이 전쟁 초기에 중공군과의 싸움에서처럼 마구 적들에게 등을 내보이지 않았다는 점이다. 나름대로 차분하게 후퇴 대열을 형성하고 있었던 것이다.

나는 소토고미 군단 사령부에서 차츰 북상하며 각급 사단의 연대장들을 먼저 만나고 다녔다. 그들로부터 전선의 직접적인 상황을 충분히 들었다. 반나절쯤 그렇게 다녔던 것 같다. 지프로 이동할 수 있는 길은 지프로 옮겨 다녔으나, 그렇지 못한 경우에는 지프에서 내려 걸었다. 때론 산길을 걸어 올라가고, 장마 때문에 생긴 진창도 부지런히 걸었다.

단지, 내가 결코 잊지 않았던 점은 미군 군사고문단장 고든 로저스를 수행케 했다는 사실이다. 나는 일부러 그랬다. 그는 지휘계통으로 볼 때는 나보다 밑이지만, 연령에서는 나보다 위였던 사람이다. 그럼에도 불구하고 나는 그와 함께 현장을 누볐다. 다 이유가 있는 행동이었다.

싸움터에서 '형세'를 읽다

마침 날씨는 개고 있었다. 장마철의 낮게 깔린 구름 아래에서 적의 행동은 비교적 자유스럽다. 그러나 구름이 걷히고 비가 그치면 상황은 달라진다. 공군력에서 압도적인 미군의 공습이 제대로 펼쳐질 수 있기 때문이다. 그 점은 매우 다행이었다. 금성천의 물도 여름철의 장마로 인해 크게 불어난 상태였다. 적이 금성의 돌출부를 대규모 기습으로 잠식하는 데 성공했지만, 그 돌출부의 남단을 동서로 흐르는 금성천을 넘으려면 많은 희생을 감수해야 했다. 불어난 물이 그들의 도하渡河를 한층 더 어렵게 만들었기 때문이다.

나는 그 싸움터가 만든 당시의 형세形勢를 그렇게 읽었다. 전선에서 밀려 내려오는 아군의 대열을 거슬러 오르면서 만났던 각 연대장들로부터는 '우리가 아직 싸울 의지는 갖추고 있다'는 점을 확인했고, 금성천의 불어난 물에서는 '적의 지속적인 공격이 어렵다'는 판단을 했다. 아울러 점차 맑아지는 하늘의 기운을 보면서는 '공습으로 적의 피해를 최대화할 수 있다'는 생각을 했고, 현장을 나와 함께 누볐던 미군사고문단장 로저스 소장을 보면서는 '미군의 창고를 활짝 열 수 있겠다'고 판단했다.

꿩을 잡는 새는 매다. 중공군은 병력상으로 우리를 압도했지만, 그들에게는 치명적인 약점이 있었다. 보급의 문제였다. 그들은 늘 뒷심이 부족한 모습을 보였다. 화려하게 전선을 돌파하는 기습과 야습, 매복과 우회에 뛰어난 면모를 보이기는 했으나 결국 보급의 한계에서 오는 약점을 극복하지 못해 공세를 더 이어가지 못했다. 1950년 10월 압록강을 넘어와 펼치던 공격, 이듬해 봄에 보였던 춘계공세에서도 마찬가지였다. 전법과 전기戰技는 화려했으나 늘 거기서 멈추던 군대였다.

1951년 7월에 처음 열린 최초 휴전회담에서 중공군 경계병이 판문점 인근을 바라보고 있다.

그런 중공군을 압도하기 위해서는 막대한 힘을 동원하는 수밖에 없었다. 제주도 모슬포의 1훈련소와 논산 2훈련소에서 훈련을 마친 병력을 춘천으로 이동시키고, 우리가 지니고 있던 화력과 물자를 전선에 집중해야 했다. 그러나 그로써는 역시 한계가 있었다. 막강한 미군의 힘을 빌리지 않고서는 문제를 전적으로 해결하기 어려웠기 때문이다. 당시 한국의 경제적 사정은 여기에 다시 적을 필요가 없겠다. 따라서 미군의 힘은 반드시 필요했다. 그 점을 고려해 나는 처음부터 고든 로저스와 함께 전선을 누볐던 것이다.

현대전의 승패를 가르는 핵심 요소는 '동원'이다. 필요한 시점에, 필요한 곳으로 병력과 물자, 화력을 실어다 날라야 하는 것이다. 순간

적으로 그 동원이 이뤄질 경우 적을 압도할 수 있다. 금성 돌출부에서
의 싸움은 그래서 한국군에게는 또 하나의 커다란 시험장이었다.

나는 전선을 두루 살핀 다음 소토고미 군단본부로 돌아왔다. 그
자리에서 나는 대구의 육군본부에 전화를 걸었다. 유재흥 육군본부
참모차장을 찾았다. 그가 전화를 받자마자 나는 "모든 창고를 개방
해 전선으로 보내라"고 지시했다. 병력의 이동도 함께 명령했다. 이어
나는 고든 로저스 미 군사고문단장에게 "미군의 창고도 모두 열어 전
선으로 화력을 올려 달라"고 요청했다.

모든 것이 일사불란하게 움직이기 시작했다. 유재흥 참모차장은
즉각 내 명령을 실행에 옮겼고, 고든 로저스 군사고문단장도 군사고
문단(KMAG)에 전화를 걸어 내 요청을 전하고, 그에 따라 움직이라고
지시했다. 서울에서 춘천으로 향하는 국도가 곧 붐비기 시작했다.

야전에 익숙지 않았던 지휘관

대륙의 군대에 맞서다

서울 미아리고개에서 춘천으로 향하는 국도는 아예 일반 차량이 다닐 수 없을 정도로 꽉 막혔다. 군용 트럭과 군대가 징발한 민간의 물자 운반 차량이 국도를 가득 메웠기 때문이다. 서울의 남영역에도 화물 열차가 가득 늘어섰다. 모두 금성 돌출부의 전선으로 향하는 물자를 싣기 위해서였다.

서울 지역의 병원들도 비상이었다. 모든 병원은 전선에서 심하게 부상당한 장병들로 북새통이었다. 병실이 부족해 몸을 다친 수많은 장병들을 다 누일 데가 없었다. 그들은 복도에, 현관에, 그리고 병원 뜰에 여기저기 누워서 부족한 의료진의 손길을 기다려야 했다.

나는 소토고미 2군단 사령부에서 이런 상황을 다 들었다. 시시각각 올라오는 보고를 통해서였다. 이승만 대통령은 광화문 옆 옛 기무사 령부가 있던 육군병원을 방문했다고 한다. 이 대통령은 장병들이 병실에도 들어가지 못하고 병원 마당에 여기저기 누워 있는 것을 보고서는 그만 화가 치밀어 "책임자를 포살하라"며 호통을 쳤다고 한다.

대통령은 그런 말을 잘 썼다. 화가 극도로 치밀 경우 "포살하라"고 늘 외쳤는데, '잡아다가 죽이라'는 뜻의 '포살捕殺'이라는 한자 단어가 들어 있는 말이었다. 그러나 홧김에 내뱉은 말이었다. 실제 그의 말을 행동으로 옮기기에는 우리 현실이 너무나 역부족이었던 것이다.

그럼에도 물자는 미아리를 출발해 춘천으로 가득 밀려들었고, 제주도 모슬포와 논산의 훈련소에서 막 훈련을 마친 신규 병력은 열차편을 통해 전선으로 북상했다. 고든 로저스 미 군사고문단장의 명령에 따라 움직이기 시작했던 미군의 물자도 국도와 열차편으로 속속 전선에 닿고 있었다.

금성천 이남 훨씬 아래쪽으로 밀렸던 상황에서 나는 아군의 전투력과 전투 의지가 아직 남아 있음을 파악한 뒤 최후 저지선과 주저항선을 다시 설정해 전선을 북상시키는 데 주력했다. 미군의 공습은 다시 벌어졌고, 충분한 후방 물자와 병력의 잇따른 도착으로 아군의 힘은 점점 더 커지기 시작했다. 중공군은 역시 공세를 지속하기에는 역부족으로 보였다.

이승만 대통령(양복 차림)이 1953년 여름 맥스웰 테일러 미 8군 사령관(선글라스)과 함께 전선의 한국군을 격려하고 있다.

전선을 밀어 올리다

나는 우선 전투력을 상실한 사단과 그 예하 부대의 일부 병력을 뒤로 뺐다. 그 자리에는 새로 도착한 증원군을 신속하게 배치했다. 전체적인 상황으로 보자면, 국군은 금성 돌출부를 위해 11개 사단을 전진시킨 상황이었다. 아군의 3배에 달하는 병력을 투입한 중공군에게 맞서기 위해서는 피할 수 없는 방법이었다. 중공군은 국군의 신속한 병력 이동과 물자 수송이 이뤄지면서 차츰 수세에 몰리고 있었다.

서울에서 포천 이동으로 직접 와서 전선을 시찰하는 맥스웰 테일러 미 8군 사령관에게도 찾아간 적이 있다. 테일러 대장은 그 때 경비행기 L-19와 L-20 등을 동원해 새로 전선에 투입하는 국군 11사단의 병력을 실어 나르고 있었다. 경비행기에 올라 탈 수 있는 병력은 기껏해야 1개 분대였다. 중무장을 한 경우라면 1개 분대가 타기에도 벅찬 비행기였다.

그러나 다급했던 테일러 대장은 무리를 해가면서까지 국군 사단 병력을 경비행기에 실어 전선으로 향하도록 했다. 나는 그를 지켜보면서 이런 농담을 했다. "장군, 평소 미국 국민의 성스러운 세금을 아껴야 한다고 강조하시던데, 이렇게 해도 좋으냐?" 그러자 테일러는 "지금 상황이 이런데 무슨 소리냐"면서 고개를 돌리고 말았다.

이 전투는 국군에게는 일종의 가혹한 시험이었다. 우리가 만약 금성 돌출부를 모두 내주고 화천 저수지까지 중공군에게 빼앗겼다면 미군은 어떤 반응을 보였을까. 당시 미 육군참모총장 로튼 콜린스 대장은 그의 회고록에서 금성 전투를 두고 "한국군이 전쟁을 통해 이렇게 성장한 줄은 몰랐다"고 평가했다. 미군 수뇌부가 이 전투를 어떻게 보고 있었는지 짐작케 하는 대목이다.

6.25전쟁 당시 미 육군참모총장을 지냈던 로튼 콜린스 대장

우리 국군은 대륙의 군대, 중공군의 공격에 밀리기는 했지만 끝내 싸우려는 의지까지는 잃지 않았다. 결국 부리나케 전선으로 모여든 국군 11개 사단의 모든 장병이 그 싸움의 주역이다. 내가 정일권 2군단장을 대신해 급박한 시점에 전선을 지휘했다는 점은 중요한 사실이 아닐 것이다.

장수로서의 관점에서 보자면, 정일권 2군단장은 단지 몇 가지 단점을 노출했다. 전쟁의 장수는 앞에서도 잠시 언급했듯이, 업(up)과 다운(down)의 두 형세 중 앞의 경우보다는 뒤의 상황에서 제 실력을 드러낸다. 승세勝勢를 의미하는 '업'의 상황에서는 대개가 다 비슷하다. 그러나 후퇴를 가리키는 '다운'의 전황에서 장수가 드러내는 차이는 매우 크다.

결국은 준비의 부족이다. 공황의 상태에서 어떻게 국면을 수습할 것인가는 장수가 그런 상황에 어떻게 대비하고 있었느냐에 따라 크게 달라진다. 철저한 준비가 없으면 그야말로 눈사태로 모든 것이 무너져 사라지듯 많은 것을 잃는다. 공황의 심리는 더욱 커져 제 몸조차 제대로 움직이지 못할 때가 많다.

무기력한 패배는 많았다

전투에서 자주 드러나는 전선 지휘관의 상황 가운데 "허리가 빠졌다"라고 표현하는 경우가 있다. 갑자기 지휘관이 몸을 움직이지 못하는 때다. 적의 공세에 당황해 어느 것부터 손을 댈지를 몰라 거의 혼절에 이른다. 우선 몸이 빳빳해져 움직일 수 없고, 마음은 극도의 혼란에 접어든다. 그러는 사이 적의 공세는 더욱 거세져 국면을 수습할 방법을 찾지 못해 결정적인 패배에 직면한다.

고열에 시달리던 정일권 2군단장의 상황이 아마 그랬을지 모른다. 그러나 그런 상황이 어디 정일권 군단장 혼자만의 일이었을까. 당시의 각 제대梯隊 전선 지휘관 중에 '허리가 빠졌다'는 경험에 접어들었던 국군 장교들의 수는 결코 적지 않다. 설령 몸을 움직일 수 없는 혼절의 상황에까지 이르지는 않았더라도 비슷한 공황의 심리에 잡혀 적 앞에서 몸을 움츠리거나 뒤로 내뺀 사람은 아주 많다.

결국 싸움의 기술, 즉 전기戰技를 연마하는 일 못지않게 중요한 것이 철저한 마음 수련이다. 그 마음 수련이라는 것은 혼자 가부좌를 틀고 정신적인 수양에 몰두한다고 얻어지지는 않는다. 늘 전법을 연구하고, 현장을 돌아다니며 전세를 파악하고, 장병들의 훈련 상태를 점검해야 한다. 그런 준비가 부족한 장수에게는 후퇴의 국면이 아주 두렵다.

일사불란一絲不亂의 지휘 체계를 갖추지 못한 지휘관에게는 허리가 빠지고, 급기야 혼절 비슷한 상황에 달해 몸과 마음이 모두 무기력해지는 경우가 자주 찾아온다. 따라서 전쟁은 그 싸움을 위해 장수가 얼마나 스스로를 단련시켰느냐에 따라 달라진다. 적어도 내 생각에서는 그렇다는 말이다.

나는 대한민국 육군참모총장의 신분으로 금성 돌출부 전투를 4~5일 동안 지휘했다. 참모총장이 일선에 선다는 일이 아주 위험하기 짝이 없었으나, 그 때 대한민국 국군의 상황은 이것저것을 모두 따지고 있을 형편이 아니었다. 어쨌든 중공군의 최후 공세를 막았다는 점이 다행이었다.

　나는 중공군이 국군의 거센 반격에 밀려 금성천 이북으로 밀려나는 상황을 군단 참모의 보고를 통해 들은 뒤 대구의 육군본부로 돌아왔다. 전선에는 곧 이승만 대통령이 방문하리라는 소식이 들려왔다. 이어 고령의 이 대통령이 2군단을 방문했고, 그 자리에서 대통령은 정일권 2군단장에게 "힘을 다해 싸워줘서 장하다"는 내용의 격려를 했다고 한다.

　그리고 이듬해 정일권 장군은 내 뒤를 이어 대장으로 진급한다. 그것은 분명 축하할 일이었다. 거듭 부연하지만, 그가 소토고미 2군단 사령부에서 잠시 무기력한 모습을 보인 것은 우리 국군 장군들이 자주 드러냈던 현상 중의 하나에 불과하다. 그러면서도 전선에 나가 휘하의 장병들을 거느리고 적과의 싸움에 나서려고 했다는 점이 중요하다.

　나는 내 이름이 당시의 금성 돌출부 전투 지휘명단에 오르지 않은 점을 조금도 섭섭하게 생각하지 않는다. 그 싸움은 어느 누구의 개인적인 공로로 치부할 수 없다. 정확하게 말하자면, 금성 돌출부의 대규모 전투는 한반도의 싸움 기질이 거대한 대륙의 군대에 맞부딪쳤으면서도 결코 쉽게 물러서지 않고 살아났다는 점에서 의미를 찾을 수 있다.

　11개 사단에 이르는 대한민국 병력은 혼신의 힘을 다해 대륙의 군대에 맞서 싸웠고, 마침내 그런 감투 정신은 '이 정도면 한국군을 증강시켜도 좋겠다'는 미군 수뇌부의 판단으로 이어졌다. 그 이후 휴전협정이 맺어졌고, 이어 병력 40만을 거느리고 휴전선 단독 방어에 나서는 국군 1야전군 창설로 현실화했다. 금성 돌출부의 싸움에서 맥없이 물러났다면 국군에게 그런 신속한 전력 증강사업은 이뤄지지 않았거나, 적어도 시기가 훨씬 뒤로 밀렸을 것이다.

정일권 장군의 실력과 한계

김일성이 "함께 일하자"고 했던 사람

이 자리를 빌려 1953년 중공군 최후 공세 때 정일권 장군이 고전했던 이야기를 소개했다. 그러나 이 기록은 어느 한 사람의 잘못을 따져 그 이력에 그늘을 드리우고자 펼치는 게 아니라는 점을 분명히 말해두고 싶다. 이제 다 묻어두고 가야 할 이야기일지도 모르지만, 그러기에는 60여 년 전 이 땅에서 벌어진 전쟁이 우리에게 너무 가혹했다.

그 때 벌어진 여러 싸움의 겉과 속에 숨겨진 이야기를 후세에 자세히 알리고자 하는 이유는 명확하다. 앞으로 우리가 맞이할지도 모를 싸움에서 제대로 싸우기 위함이다. 그러기 위해서는 우리 스스로가 지닌 장점과 단점을 분명히 알아야 한다. 우선 당시 정일권 장군이 드러냈던 약점은 그 한 사람에 국한할 수 있는 게 아니었다. 전선에 선 우리 군 지휘관에게는 그런 실패와 좌절이 수시로 닥쳤다.

전쟁 초기 큰 역할을 했다가 나중에 정치인으로 변신한 정일권 장군의 총리 시절 사진

다행히 1953년 7월 14일 시작한 중공군의 최후 공세는 꺾였다. 2군
단장으로 전선을 지휘했던 정일권 장군과 나를 비롯한 지휘부, 크고
작은 싸움에서 늘 열과 성의를 보였던 미군의 분투로 이뤄낸 성과였
다. 아울러 지휘부의 명령에 목숨을 걸고 나섰던 국군 11개 사단 장병
의 노력은 그런 눈부신 성과의 진정한 토대였다.

정일권 장군은 앞에서도 잠시 소개를 했지만 아주 탁월한 인물이
었다. 한국인으로서는 유일하게 일본의 고급군사교육 과정을 이수한
사람이다. 언변이 뛰어났고, 재치가 돋보였다. 화술이 좋았으며, 그로
써 벌이는 사람과 사람 사이의 사교에 빼어났다. 아울러 영민했으며,
친화적이었다.

그는 대한민국 건국 뒤 펼쳐진 군대라는 영역에서 가장 돋보이는
사람이기도 했다. 미군은 그에게 일찌감치 주목했다. 특히 김일성 군
대가 무모할 정도의 야욕에 빠져 벌인 6.25전쟁 초반 국면에서 그는
원활한 소통 능력을 발휘하면서 풍전등화風前燈火와 같았던 대한민국
국방을 이끌었다.

감춰진 이야기 하나 소개하겠다. 그는 미군에 앞서 북한의 김일성
이 주목했던 사람의 하나였다. 정일권 장군은 나와 같은 만주군 장교
출신이었다. 그가 1945년 12월 무렵 내가 머물고 있던 평양에 들른 적
이 있다. 당시 김일성은 이미 북한의 새 권력자로 자리를 잡아가고 있
었다. 북한 전 지역에 진주한 옛 소련군의 후원을 등에 업고 있었기 때
문이다.

나는 당시 민족주의 진영의 지도자였던 조만식 선생의 비서를 지
내고 있었다. 정일권 장군은 그 때 해방정국의 이모저모를 따지기에
여념이 없어 보였다. 면식이 있는 사이라 우리 두 사람은 평양에서 몇

차례 만나 이야기를 나눴다. 그러던 어느 하루였다. 나를 찾아와 이야기를 나두던 정일권이 정색을 하며 "상의할 게 있다"고 말했다.

그는 이어 내게 이런 말을 털어놓았다. "김일성이 내게 '함께 일하자'고 제의했다"는 내용이었다. 그러면서 정일권은 고민을 하고 있었다. 당시 김일성의 정체가 분명히 드러나지 않았기 때문이기도 하다. 북한 지역 권력의 실세로 떠오르고 있다는 점 말고는 그가 정치적으로 과연 어떻게 나올지에 대해서는 제대로 알 수 없었던 것이다.

고민을 거듭했던 듯 정일권은 내 의견을 진지하게 묻고 있었다. 나는 그런 정일권에게 "형님, 그런 생각은 얼른 접으세요. 소련을 등에 업고 있어서 저들은 공산주의를 할 겁니다. 그들은 잔인합니다. 그런 것은 생각도 하지 마시고 남쪽으로 가시는 게 좋습니다"라고 단호하게 말했다.

내 권유로 월남길에 오르다

김일성은 사실 그런 사람이었다. 나중에 드러난 그의 정치적 행적으로 보면 그는 우선 필요한 사람을 다 끌어다 쓴 뒤에 그 소용이 다 하면 가차 없이 상대를 제거하는 사람이다. 더구나 그는 전통적인 사람 사이의 의리를 철저히 부정하는 공산주의자 아닌가. 김일성으로부터 "함께 일하자"는 제의를 받았다고 말하는 사람들이 있지만 이는 사실 믿기 힘든 내용들이다. 대개의 경우는 김일성이 여러 사람을 모아놓고 세를 규합하기 위해 벌인 대중적인 발언이기 때문이다.

그러나 정일권은 당시 김일성으로부터 구체적인 제안을 받았던 것이다. 북한의 실권자로 부상하고 있던 김일성이 직접 주목할 만큼 정일권은 당시 매우 돋보이는 사람이었다. 그러나 결국 정일권은 월남의 대열에 올랐고 나의 경우처럼 창군 멤버로서 대한민국 군대에 발을 들여놓았다.

대한민국 군대의 초반기 역사에서 그는 이승만 대통령의 총아_{寵兒}이기도 했다. 돋보이는 사교력에 빠른 두뇌 회전, 회화에 지장이 없을 만큼의 영어실력 등이 빛을 발했던 것이다. 이 대통령은 그런 사람을 매우 총애했다. 그에 힘입어 정일권 장군은 개전 초반기의 암울했던 상황을 이겨내는 데 혁혁한 공로를 쌓은 인물이다.

여러 가지 자부심이 가득했을 정일권 장군은 만주군관학교 후배이자, 아무리 봐도 두각을 나타낼 상황이 아니었던 나를 의식했을 리 없다. 그러나 6.25전쟁이 벌어진 뒤 내가 전공_{戰功}을 쌓는 횟수가 많아지면서 그는 나를 의식했던 듯하다. 같은 창군 멤버로 전선을 함께 누볐던 유재흥 장군(2011년 작고)의 회고록에 그 대목이 보인다.

유 장군은 1953년 1월 31일의 상황을 이렇게 적고 있다. "나와 정(일권) 중장은 군단사령부 안에서 숙식을 같이 하고 있었는데 다음날(1월 31일) 백선엽 중장이 대장으로 승진했다. 이 소식을 전해 듣고 잠자리에 들었던 정 중장은 몹시 기분이 언짢은 모습이었다…" 당시 정 장군은 2군단장 취임을 위해 전임자인 유재흥 장군과 함께 군단 본부가 있던 소토고미에 머물고 있었던 것이다.

나는 1994년 출간한 유 장군의 회고록을 보고서야 그 내용을 비로소 알았다. '아, 그랬구나'라는 생각만 들었다. 당시 나는 대한민국 최초의 사성_{四星}장군인 대장 계급장을 달았다. 1950년 여름 낙동강 전선에서 육군참모총장으로서 대한민국 군대를 통솔했던 정 장군의 입장에서는 계급으로는 두 단계나 아래인 내가 그를 앞질러 최초의 사

1969년 교통부 장관으로 임명되고 박정희 당시 대통령으로부터 임명장을 받고 있다.

성장군에 오른 점이 서운하고 분했던 모양이다. 그래서 그는 내 승진 소식에 잠을 이루지 못했던 것이리라.

1953년 7월의 중공군 대공세에서도 그와 나 사이는 미묘했다. 사성장군으로 육군참모총장인 내가 전선에 도착해 그가 맡았던 2군단을 잠시나마 대신 지휘하는 형국이었기 때문이다. 그러나 어쩔 수 없었다. 거센 파도와 같았던 중공군의 공세를 일단은 막고 봐야 하는 상황이었던 까닭이었다.

'밴드 마스터'로 변신했던 총리

그로부터 16년의 시간이 흐른 1969년 말이었다. 당시에 정일권 장군은 '일인지하, 만인지상'이라고 하는 국무총리의 자리에 올라 있었다. 나는 1960년 예편 뒤 대만 대사에 이어, 프랑스와 서유럽 및 아프리카 포함 19개 국가 겸임대사, 캐나다 대사를 마친 뒤 귀국해 박정희 전 대통령의 배려로 교통부 장관에 취임한 상태였다.

자리로만 따지면 '역전에 역전'의 형국이었다. 정일권 총리는 내게 "저녁이나 먹자"며 식사 자리를 마련했다. 12월쯤이었던가 보다. 종로의 한 요정에서 그와 나, 총리실 직원 등이 함께 앉았다. 정 총리는 나를 매우 따듯하게 대했다. 술을 좀체 하지 않는 그는 기분 좋게 취해 있었다.

그가 흥이 날 때 보이는 버릇이 하나 있었다. 요정이어서 식사 자리에는 늘 악대가 들어왔다. 얼큰해져서 흥이 도도해지면 정일권 장군은 자리에서 일어나 '밴드 마스터'로 돌변한다. 그리고서는 매우 정교한 솜씨로 밴드를 지휘한다. 그날도 그랬다. 그는 내가 기분 좋도록 밴드 마스터를 자청했다. 그 덕분에 분위기가 더 이상 좋을 수 없었다.

그는 그렇게 다재다능한 인물이었다. 10년 동안 해외 공관장을 맡고 돌아온 나를 따듯하게 맞아주는 그의 심성도 내게는 아주 고마웠다. 라이벌 의식이라고 해야 할까. 한때는 그런 심리에 젖어서 계급과 군공을 다퉜을지 모르겠으나, 어쨌든 그는 나에 비해 다양한 재주를 지닌 인물이었다.

그와 나는 '당연히' 전쟁 이야기를 한 마디도 하지 않았다. 내가 먼저 1953년 7월 중공군 공세를 언급해 그의 아픈 곳을 건드릴 수는 없는 노릇이었기 때문이다. 전쟁에서 패한 장수는 말이 없다고 했나. 실제 경험해 보면 그 점을 이해할 수 있다. 장수가 전쟁에서 지면 그 참혹한 심정은 이루 다 말할 수 없다. 그만큼 전쟁에서 패배하고 좌절했던 경험은 아픈 상처로 마음 아주 깊숙한 곳에 도사린다.

그 또한 전쟁에 관한 이야기는 한 마디도 꺼내지 않았다. 그 때는 대한민국의 국무총리 자리에 올라 7년 동안 '장수'하던 실력자였기 때문일까. 여하튼 그는 저녁 식사 자리 내내 즐거워했다. 전쟁이 남긴 어두운 그늘을 그의 얼굴 어디에서도 찾아볼 수 없었다.

돌이켜 보면, 그는 훌륭한 참모 스타일의 군인이었다. 실제 그 영역에서 드러낸 실력도 뛰어난 사람이었다. 단지, 그에게는 야전의 맹렬함과 끈기가 부족했다. 아울러 현장에 매달려 적과의 싸움에 골몰하는 집요함이 적었다. 그러나 그에게는 그런 단점을 덮고도 남을 화려한 재기才氣가 많았다.

문제는 그저 헐벗고 굶주린 당시의 대한민국이 그의 장점과 단점을 가려 적소適所에 그를 두고 활용할 여유가 전혀 없었다는 점일 것이다. 그만큼 경황없이 전쟁을 치른 대한민국이었다. 사람도 적었고, 물자는 턱없이 부족했다. 모든 것이 결여缺如의 상태였다. 그럼에도 대한민국은 그렇게 싸우고 또 싸우면서 일어섰던 것이다.

제3장
맥아더의
영광과 좌절

인천상륙작전 당시 미 해병대와 한국 장병이
함께 상륙하기 위해 함정에서 대기하고 있다.
(출처: NARA)

전쟁 발발 직후인 1950년 6월 29일
수원 비행장에 도착한
맥아더 도쿄 주재 미 극동사령관.
그는 영등포 전선까지 시찰한 뒤
일본에 돌아가 대규모 파병을 주도한다.
(출처: NARA)

지프에서 내리지 않았던 고령의 장수

맥아더는 그 때 이미 '신'이었다

1945년 도쿄 비행장에 커다란 C-54 전용기를 타고 모습을 드러낼 때 더글라스 맥아더는 이미 '신神'이었다. 제2차 세계대전 막바지 결사항전을 벌이던 일본군의 막바지 공세를 모두 꺾고 항복을 받아내기 위해 일본에 도착할 때 그의 그림자는 아시아의 모든 지역을 덮고도 남았다.

5년 뒤 한반도에서 벌어진 6.25전쟁의 초반 10개월 동안 그는 유엔 총사령관으로 도쿄에 머물며 연합군과 국군의 작전을 지휘했다. 그는 내가 본 군인 중에 가장 스케일이 큰 사람이었다. 그리고 위대한 지휘관이기도 했다. 그러나 문제는, 그가 이미 고령이었다는 점이다.

6.25전쟁 초반에 그는 북한군의 허리를 끊는 인천상륙작전으로 제2차 세계대전 때의 역량을 다시 선보였으나, 어쩌면 그것은 석양의 막바지 광휘光輝에 불과했을지 모른다. 그는 인천상륙작전 뒤에 몇 가지 중대한 실수를 범했다.

우선 중공군의 참전에 관한 여러 정보를 간과했다. 아울러 한반도에 올라선 미군의 지휘권을 통합해 운영하지 않는 실수를 보였다. 그리고 몇 가지 더 있다. 이 점은 맥아더 사령관을 별도로 회고할 때 다시 언급할 작정이다. 우리 국군은 어쨌든 그의 지휘를 받아 낙동강 전선에서 북진해 압록강을 향해 가고 있었다. 1950년 10월이었다.

맥아더는 유엔군을 모두 이끄는 최고 사령관이었고, 한국의 미군은 8군 사령관이었던 월튼 워커(Walton H. Walker) 중장, 미 10군단장이었던 에드워드 아몬드(Edward M. Almond)가 나눠서 지휘하고 있었던 상황이다.

맥아더의 전격적인 인천상륙작전은 세계가 주목할 만한 작전이었다. 조수간만의 차이가 큰 인천 앞바다에서 대규모 함대를 이끌고 상륙작전을 벌임으로써 김일성 군대의 보급선을 일거에 끊어버리는 대담한 작전이었다. 그 점은 여기서 다시 설명할 필요가 없을 것이다.

상륙작전은 한 번으로 족했다

그는 '점프(jump)'를 즐겨 사용했다. 일본군에 밀려 오스트레일리아에 쫓겨 간 뒤 다시 뉴기니 등 태평양의 섬들을 차례로 건너뛰면서 결국 필리핀을 수복했고, 급기야 막바지 공세로 막강한 일본까지 함락시킨 사람이었다. 그는 상륙작전의 명수였다. 태평양 뉴기니 섬 등을 수복할 때 여러 차례의 상륙작전을 벌이면서 진가를 발휘했던 것이다.

인천상륙작전에서도 그는 자신의 성가를 유감없이 발휘했다. 그의 전격적인 인천상륙작전으로 김일성의 군대가 벌인 전쟁의 국면은 급격히 뒤바뀌고 말았다. 그러나 왠지 모르겠으나, 그는 인천 상륙 뒤 1개 해병 사단을 빼서 원산으로 상륙시키는 작전을 구사했다. 그 점은 아주 커다란 실수에 해당했다.

원산은 동해안 북녘의 가장 큰 항구다. 그러나 동부전선은 그렇게 시급히 해병 사단을 상륙시킬 만큼 격전장은 아니었다. 한반도의 주 전장主戰場은 신의주와 서울, 이어 부산을 잇는 선이다. 이곳에 집중해 야 할 병력을 동해안으로 빼서 상륙시킨 점은 당시로서는 매우 이해 하기 힘든 작전이었다.

그러나 국군의 힘은 보잘 것 없었다. 미군의 작전에 "감 놔라, 배 놔라"할 자격이 아예 없었고, 심지어는 토씨 하나 달 만한 처지도 아니었다. 솔직히 말하자. 당시의 국군은 '미군이 시키면 시키는 대 로 해야 하는' 그런 군대에 불과했다. 모든 작전 지휘권은 이미 유 엔사령관에 넘어가 있었고, 미 8군 사령관이 그를 받아 지휘하는 상 황이었다.

나는 전쟁 와중에 그 맥아더 장군을 가까이서 몇 번인가 접촉할 기회가 있었다. 북진이 끝난 뒤 우리가 중공군에 밀려 다시 남하했던 '1.4후퇴' 뒤였다. 안성까지 밀렸던 아군은 가까스로 중공군 공세를 막 아낸 뒤 서울까지 수복한 상황이었다. 당시 나는 국군 1사단장으로 프랭크 밀번(Frank W. Milburn) 소장이 이끄는 미 1군단에 배속해 있 었다.

서울에 가장 먼저 입성한 우리 1사단은 만리동의 한 초등학교에 CP(전투지휘부)를 차려두고 있었다. 갑자기 유엔군 총사령관 맥아더 장군이 부대를 방문한다는 전갈이 왔다. 1사단장인 나와 참모들, 그 리고 미 군사고문단이 모두 CP 앞에 도열해 있었다. 흙먼지를 날리며 맥아더 장군 일행이 교문을 들어섰다.

맥아더의 후의 … 그러나

선두에 섰던 호위 차량 뒤로 맥아더 장군의 모습이 보였다. 그는 지프 앞자리에 타고 있었다. 그의 차량이 사단장인 내 앞에 멈춰 섰다. 군례軍禮에 따라 우리는 맥아더에게 경례를 했다. 그는 앉아서 우리의 인사를 받았다. 그러나 이상했다. 지프 앞자리에 앉은 맥아더 장군이 도통 차에서 내릴 기미를 보이지 않았던 것이다.

맥아더 장군은 그냥 자리에 앉아 내게 이런저런 것을 물었다. 전황에 관한 일반적인 이야기였다. 마지막으로 기억에 남는 말은 이런 것이었다. 맥아더는 내게 "장병들의 급식 상태는 어떤가?"라고 물었다. 예상치 못한 질문이었으나 나는 "쌀은 나름대로 잘 공급하고 있는데, 아무래도 감미품甘味品이 모자라 애를 먹고 있다"고 대답했다. 맥아더

1951년 1.4후퇴로 서울을 내줬다가 다시 탈환한 3월 16일 경의 사진.
1사단 본부로 갑자기 찾아온 맥아더 사령관과 이야기를 나누고 있다.

는 "알았다"면서 고개를 끄덕인 뒤 곧 행렬을 몰고 교문 밖으로 사라졌다.

1사단 선두를 이끌고 다시 북상하던 나는 임진강에 이르렀을 때 맥아더 장군이 그야말로 '산더미' 같은 감미품을 후방의 우리 국군에게 보내줬다는 소식을 들었다. 감미품이라는 게 요즘 말로 하자면 '단 식품'이다. 당시 국군의 형편으로서는 쌀과 된장을 구해 콩나물 등 야채로 국을 끓여 식사를 해결하는 게 최선이었다.

그러다 보니 열량이 높은 단 식품을 먹는 일은 언감생심이었다. 그를 단번에 해결한 사람이 맥아더 장군이었다. 그는 도쿄 유엔사령부에 지시해 사탕과 통조림, 말린 오징어 등을 산더미처럼 보냈다고 한다. 나는 그런 맥아더의 후의를 즐기지 못했다. 전선을 관리하느라 일본에서 공수해 온 그 감미품을 즐길 기회가 없었던 것이다.

우리는 그만큼 모든 분야에 걸쳐 미군에 의존하지 않을 수 없는 상황이었다. 사람 몸뚱이만 빼놓고 입는 것과 먹는 것, 적과 맞붙어 싸울 때 필요한 총과 탄약 등 모든 것을 미군에 의존하는 처지였다. 그러니 미군이 시키면 시키는 대로 할 수밖에 없는 게 우리 국군의 당시 진짜 모습이었다.

내가 1.4후퇴 뒤 서울을 다시 수복했을 때 맥아더 장군과 만난 일화를 소개하려는 이유는 사실 다른 데 있다. 그가 당시 매우 늙어 있었다는 점을 이야기하고 싶은 것이다. 그는 1880년생이다. 이승만 대통령에 비해 다섯 살 아래다. 전선의 험한 풍상을 거친 뒤 1945년 도쿄 공항에 내릴 때 이미 '신'이었기는 하지만, 그 역시 세월의 흐름을 거역할 수는 없었다.

이미 71세의 고령에 접어들었던 당시의 맥아더는 지프에서 내려 전선의 지휘관과 얘기를 나누기가 귀찮을 만큼의 상태였다. 아울러 일선의 상황을 직접 눈으로 체크하고, 그곳 지휘관과 이야기를 나누면서 군대의 사기를 직접 확인하는 일 등은 이미 그의 소관 사항이 아니었을 수도 있다.

맥아더는 미군 역사에서도 손으로 꼽을 만큼 위대한 장군이다. 그러나 65세에 도쿄에 도착했고, 한반도에서 벌어진 전쟁을 이끌 때는 70세에 이른 상태였다. 1.4후퇴 직후 서울에서 잠깐 만났던 그로부터 나는 맥아더가 왜 위대한 장군임에도 불구하고 인천상륙작전 뒤에 몇 가지 패착을 둘 수밖에 없었는지를 이해할 수 있었다.

1945년 도쿄에서 드러냈던 점령군 최고 사령관으로서의 휘황찬란했던 모습은 그 때가 절정이었다. 인천상륙작전으로 군사 전략가로서의 천재성이 다시 잠깐 빛을 발했지만, 중공군의 참전에 관한 정보를 귀담아 듣지 않는 결정적인 실수를 범하고 말았다. 이어 미군의 지휘권을 미 8군과 미 10군단으로 나누는 실失을 보이고 말았다. 상륙작전의 짜릿한 효과에 취해 인천 작전 뒤 미 해병 1개 사단을 원산으로 우회시킨 점도 마찬가지였다.

그는 과거의 영광과 자신감에 도취해 있었고, 늙은 나이는 그 점을 가속화시켰을 수도 있었던 것이다. 되돌아보는 일, 즉 성찰省察의 덕목을 놓침으로써 팔팔하게 살아 움직이는 현장의 여러 정황을 제대로 읽지 못하면 장수는 패착에 직면할 수 있다. 맥아더는 1950년 말에 이미 그런 여러 가지 조짐을 보이고 있었던 듯하다.

문제는 우리 국군이었다. 미군은 어떤 상황에 닥치더라도 스스로 자신을 돌보는 능력이 있다. 그러나 국군은 모든 것이 부족한 상태였다. 물자와 화력은 물론이고, 갑자기 닥치는 전선의 상황을 타개할 전기戰技와 전술戰術, 나아가 전략戰略 등을 모두 갖추지 못했다. 미군의 지휘를 받아 움직여야 했던 국군이 살아남기 위해서는 어떻게 행동했어야 할까. 우리 앞에는 많은 시련이 버티고 있었다. 1950년 북진 때의 상황이 특히 그랬다.

적을 경시해 불렀던 여러 패착

미군은 어떤 군대일까

미군은 측량測量과 개척의 전통을 지닌 군대다. 그들의 성장 역사가 광활한 미국 대륙을 끊임없이 측량하고 개척하는 과정을 거듭했다는 얘기다. 그리고 미군은 남북전쟁과 그 뒤에 벌어졌던 수많은 싸움을 통해 성장한 군대다. 아울러 미국의 주류를 이루고 있는 앵글로 색슨(Anglo-Saxon)은 철저한 이해타산을 바탕으로 깔고 몸집을 키워 왔던 사람들이다.

끊임없었던 측량과 개척, 아울러 부단하게 벌어진 싸움에서 쌓은 전통, 철저한 실용성과 이해의 저울질을 통해 사고思考의 토대를 구축한 사람들이라면 그들이 어떤 특성을 보이는지 분명 짐작하는 바가 있을 게다. 미군은 바로 냉정하고 엄격한 군대라는 점이다. "좋은 게 좋다"는 식의 얼버무림은 절대 허용치 않는다.

각 전장戰場에서 드러나는 지휘관과 일반 병력의 전과戰果는 매우 분명하게 체크한다. 사람과 사람 사이의 정실情實이 전혀 개입하지 않는다고 잘라 말할 수는 없으나, 그를 최소화하는 메커니즘이 그 안에는 강하게 존재한다. 그래서 미군이 각 전장에 나서는 지휘관들을 체크하는 방법은 가혹하다 싶을 정도로 냉정하다.

그럼에도 미군은 동양의 군대가 지니지 못한 측면이 있다. 바로

'신념'이다. 아메리카합중국, 즉 미국이 내세우는 자유와 평등의 이념적 지향이 뚜렷하고, 이를 군대의 하부 조직에까지 철저하게 구현한 부대다. 그들은 그런 신념과 미국의 정부가 내리는 명령에 따라 1950년 전쟁이 벌어졌던 한반도에 땅을 디딘 것이다.

더글라스 맥아더 유엔군총사령관이 1951년 3월 서울을 탈환하고 진격을 준비 중이던 1사단에 갑자기 들이닥쳤던 얘기는 앞에서 소개했다. 사실, 당시의 나는 맥아더 장군에게 "감미품이 필요하다"고 했다가 궁지에 몰렸다. 맥아더는 내 말을 들은 뒤 고개를 돌려 뒤에 타고 있던 도쿄의 유엔군최고사령부(GHQ)의 경제과학 국장 마케트 소장을 흘끗 바라봤다.

지프 뒷자리에는 미 8군 사령관이던 매슈 리지웨이와 함께 마케트가 수행 중이었다. 마케트는 맥아더가 뒤를 돌아보자 흠칫 놀라는 표정으로 '알았다'는 시늉을 했다. 맥아더는 그만큼 지위가 높았던 것이다. 일본의 패전 뒤 모든 물자를 관리하며 일본 경제를 쥐락펴락하던 사람이 마케트였다.

그런 마케트 역시 맥아더의 위세 앞에서는 '고양이 앞의 쥐'에 불과했던 것이다. 그러나 맥아더 장군 일행이 나와의 간단한 대담을 마친 뒤 우리 1사단 CP를 떠나자마자 당시 사단 군사고문으로 있던 미군 장교가 대뜸 "누가 당신더러 보급품 문제를 사령관께 얘기하라고 했느냐"면서 험악하게 다그쳤다.

그의 논리인즉슨, 당초의 협약대로 국군의 보급은 국군 스스로 챙겨야 하는데 그 문제를 왜 사령관 앞에서 제기했느냐는 힐난이었다. 당연한 지적일 수도 있으나, 미군은 그렇게 늘 냉정했다. 먼저 내가 그 문제를 꺼낸 것도 아닌데 그는 규정과 약속을 거론하며 나를

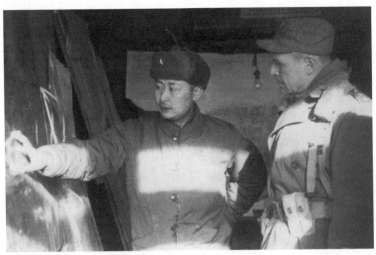

중공군의 3차 공세로 서울을 내줬던 무렵,
새로 부임한 리지웨이 미 8군 사령관이 작전상황 브리핑을 듣고 있다.

비판했던 것이다.

나도 화가 날 수밖에 없었다. "그럼 사령관한테 거짓말을 하라는 얘기냐" "먼저 묻길래 솔직히 대답했을 뿐인데 왜 화를 내느냐"고 반박했다. 그러자 미군 군사고문은 입맛을 다시면서 그냥 물러섰다. '사령관이 묻는 말에 대답했다'는 내가 내세운 명분에 그로서도 달리 할 말이 없었던 것이다.

후퇴 때 내 등에 꽂힌 미군의 시선

미군은 그런 군대다. 규정과 틀을 매우 중시한다. 그러면서 엄격하게 따지고 또 따지는 버릇이 있다. 명분이 제대로 서지 않으면 논리적으로 그들의 공세에 당하지 못한다. 이런 일도 있었다. 그들이 따지는 명분이 어떤 지경에까지 미치는지를 돌아보게 하는 대목이다.

역시 1951년 중공군에게 다시 서울을 내준 1.4후퇴 직전이었다. 나는 평양 너머의 청천강 이북 전선까지 북진했다가 중공군의 공격에 밀려 계속 남하하고 있었다. 국군 1사단이 임진강 방어선에 도착한 무렵이었다. 이곳을 내주면 서울을 또 적의 수중에 내줘야 할 판이었다. 따라서 임진강 방어선에 걸린 나의 책임은 매우 무거웠다. 그러나 적의 공세는 아주 강했다. 또 임진강 전선을 내주고 후퇴해야 하는 상황이었다.

나는 임진강 율포리에 있던 사단 CP에서 적의 공세를 맞고 있었다. 중공군은 압도적인 공세를 펼치고 있었다. 우리가 쳐놓은 철조망에 담요를 걸친 뒤 마구 그곳을 넘어서고 있었다. 나는 그 상황을 CP에서 들으며 절망에 빠졌다. '이제 결정적인 패배를 맞는구나'라는 생각에 나는 정신을 차리지 못할 정도였다.

나는 그 상황을 몰랐지만 당시 통신참모를 맡고 있던 윤혁표 중령은 "마치 넋이 빠진 사람 같았다"고 표현했다. 그가 전하는 말에 따르면 나는 전선 지휘관과 통화한 뒤 수화기를 그대로 여러 번 놓쳤다고 한다. 거의 혼절에 가까운 상태였던 모양이다. 나는 자리에서 일어서지도, 제대로 앉아 있지도 못했던 듯하다. 그 때 미군 고문관 메이(May) 대위가 나를 번쩍 안아 올렸다.

메이는 "전투에서는 이길 때도 있지만 질 때도 있다"고 달래면서 지프에 나를 실어 후방으로 옮겼다. 지금도 그 때의 상황이 부끄럽기만 하다. 그러나 패배는 늘 찾아오기 마련이다. 물러서야 할 상황에서는 그 다음을 잘 관리해야 했다. 문제는 그런 나를 체크하는 미군의 '눈길'이었다. 한참 시간이 지난 뒤의 일이다.

1952년 무렵이었던 듯하다. 미군 장교 한 사람이 그 때의 비화秘話

를 내게 살짝 들려준 적이 있다. 나로서는 놀랍기도 하고, 어쩌면 서늘한 느낌을 주는 이야기였다. 나를 들쳐 업고 지프에 올라타 후방으로 물러난 뒤 메이 대위는 당시 미 8군 사령관 리지웨이로부터 전화를 받았다고 한다. 리지웨이 사령관은 메이에게 "백 사단장이 후퇴할 때 그의 위치는 어디였느냐? 정위치에 있었느냐?"고 묻더란다.

전선을 제대로 지휘하다가 후퇴를 했느냐, 아니면 엉뚱한 곳에서 한눈팔다가 후퇴에 직면했느냐를 물었던 것이다. 메이는 당시 상황을 가감 없이 전달했던 모양이다. 내게 그 말을 전한 미 장교는 "지휘관의 위치가 그만큼 중요하다. 그래서 리지웨이가 철저하게 체크했던 것"이라고 말했다. 미군은 그렇게 명분에 엄격했다. 후퇴의 긴박한 와중에서도 지휘관이 마지막으로 지킨 자리를 면밀하게 체크하는 그런 사람들이었다.

그런 미군을 어떻게 상대하느냐. 이 문제는 적어도 국군의 입장에서는 6.25전쟁 3년 내내 매우 중요한 물음이었다. 물론, 명분에 따라 지휘관이 제 자리를 지키는 것만으로 임무를 다 했다고는 할 수 없다. 전쟁에서는 당연히 승리를 거두는 지휘관이 가장 빛을 발한다. 명분, 나아가 제 임무에 충실하면서도 자신의 군대를 건사해 승리까지 거두는 게 당연히 최고의 과제였다. 그러나 말처럼 어디 그 일이 쉬울까.

"통일이 눈앞에 있다"는 설렘

그 점에서 1950년 10월 말, 압록강을 향해 우리가 진군할 때의 상황을 되돌아볼 필요가 있다. 앞에서도 언급했던 것처럼, 우리 국군은 당시 '미군이 시키면 시키는 대로 하는' 군대일 수밖에 없었다. 그렇다고 천변만화千變萬化와 같은 전선의 상황은 우리 국군의 입지를 좁혔다. 앞에

중공군 3차 공세로 임진강으로 철수했을 당시 미 군사고문 메이 대위(오른쪽)와 함께

늘어선 적의 상황이 어떤지도 제대로 몰랐다. 따라서 미군이 시키는 대로 그냥 한다 해도 그 많은 상황의 변수는 감안해야 옳았다.

그러나 미군은 적을 경시하고 있었다. 적어도 유엔총사령관인 더글라스 맥아더 장군은 중공군의 개입에 관한 많은 정황을 무시했다. 그를 둘러싼 도쿄 유엔군총사령부의 참모들도 마찬가지였다. "크리스마스 때에는 전쟁을 끝내고 귀국할 수 있다"는 소문이 미군 내부에서 흘러 다녔다. 그러나 우리가 가야 할 압록강까지의 진격로는 아무도 알 수 없는 고요에 싸여 있던 게 사실이다.

서부 축선에서는 프랭크 밀번 소장이 이끄는 미 1군단이 주력을 형성했고, 그 상부는 월튼 워커 중장이 지휘부를 이루고 있었다. 동부 전선은 아몬드 소장이 이끄는 미 10군단이 작전을 수행하고 있었다. 갈라진 틈새는 분명히 존재했으리라. 차가운 겨울, 적유령 산맥 여기저기에 포진하고 있던 중공군은 그런 지휘부와 지휘부 사이의 공백을 날카롭게 노리고 있었던 형국이었다.

나중에 안 사실이지만 압록강을 넘어 적유령 산맥 여기저기에 매복한 중공군 병력은 우리에 비해 압도적이었다. 그럼에도 각자의 진격로를 따라 미군과 국군은 북진을 멈추지 않았다. 10월 25일 중공군의 공세가 우리 눈앞에 펼쳐질 무렵에 이승만 대통령이 국군과 유엔군이 탈환한 평양을 방문해 10만 군중을 모아놓고 감격의 연설을 했다. 이제 통일이 눈앞에 닥친 듯한 분위기가 만들어지고 있었다.

내게는 무거운 책임이 있었다. 국군 1사단이었으나, 미 1군단의 지휘 아래에 있었던 우리는 신속하게 앞으로 나가지 못했다. 그 점이 어쩌면 다행이었을지 모르겠다. 어쨌든 우리 국군 1사단은 미 1군단이 지원한 막강한 포병 4개 대대와 전차 1개 대대를 거느린 상태였다. 그 때문에 기동이 쉽지를 않았고, 더구나 적에게 공격을 당하는 상황까지 감안해야 했다. 따라서 매우 신중한 행군을 할 수밖에 없는 처지였다.

문제는 기동력이 좋은 인접 국군 2군단이었다. 2군단 산하의 6사단은 특히 기동력이 국군 중에서는 가장 뛰어났다. 전쟁 전의 6사단 주둔지는 강원도 춘천과 영월 일대였다. 그곳에는 많은 탄광과 석회광이 있어 그 광물회사가 보유한 트럭 등을 징발하기가 수월했다.

중공군에게 곳곳에서 당하다

"이제는 압록강이다"

맥아더 유엔군총사령관이 처음부터 압록강 진격을 구상했던 것은 아니다. 유엔군총사령부는 북진을 시도하면서 자연스레 한반도 지형에 주목했다. 전쟁에서 공격하는 쪽은 공자攻者, 방어하는 쪽은 방자防者라고 표현한다. 두 가지의 경우를 완전히 분리할 수는 없다. 공격하면서도 방어를 상정하는 상황이 생기기 때문이다. 1950년 북진 때의 우리가 그랬다.

한반도 지형으로 볼 때 평양과 원산을 잇는 이른바 '평원선'은 방자의 입장에서는 특히 주목할 만하다. 평양과 원산을 잇는 평원선의 방어 폭은 270㎞에 이른다. 그러나 그 북쪽으로 올라갈 때 방어 전면은 훨씬 넓어진다. 압록강과 두만강에 도달하면 그 방어 폭은 평원선의 거의 3배에 달하는 765㎞로 벌어진다.

따라서 평원선 이북으로 진격하느냐의 여부를 결정하는 일은 매우 중요하다. 이곳을 튼튼하게 다진 뒤 북진을 할 것이냐, 아니면 방어의 상황을 염두에 두지 않고 북진을 계속하느냐의 두 가지 상황을 놓고 유엔군총사령부가 고민을 했던 흔적은 뚜렷하다. 적어도, 국군과 유엔군이 평양을 탈환하기 전까지 유엔군총사령부는 매우 신중했다.

그러나 사령부는 결국 북진을 결정했다. 그 나름대로 이유가 있었다. 북한군의 저항이 매우 변변찮았기 때문이다. 북한군은 이미 와해에 가까운 면모를 보였다. 가을바람에 맥없이 휘날리는 낙엽과도 같았다고 하면 과언일까. 북한군은 평양을 내줄 때 나름대로의 강력한 저항을 펼쳤지만, 국군과 유엔군의 탈환을 저지할 수 없었다. 그 뒤의 저항은 거의 없었다.

따라서 그런 판세를 보면서 유엔군총사령부는 급기야 전격적인 압록강 진격을 결정했다. 나는 평양 탈환 후 이승만 대통령이 그곳을 방문하는 현장을 지켜봤다. 분위기는 매우 감격적이었다. 10만 평양 군중을 모아놓고 벌인 이 대통령의 연설 현장은 통일을 바라는 북녘 동포들의 열기로 금세 달아올랐다.

낙동강 전선에서 북진을 시작한 국군 1사단이 평양을 향해 진군하는 모습을 지켜보고 있다.

그에 앞서 내 나름대로 북한군이 싸우려는 의지가 어떤지를 알아본 적도 있다. 내가 이끄는 국군 1사단은 평양 진격 선봉에 서 있었다. 평양 탈환을 바로 눈앞에 두고 북한군의 저항을 꺾을 무렵이었다. 산발적인 저항을 벌이는 북한군이 황급하게 도망치다 남긴 통신선을 통신참모였던 윤혁표 소령이 발견했다. 그는 "평양 인민군 총사령부 교환대를 호출했는데, 아무래도 평양 출신인 사단장께서 직접 통화해 보시는 게 어떠냐"고 했다.

형편없었던 북한군의 저항력

나는 전화기를 들고 평양 사투리 어조를 살려 강하게 물었다. "지금 상황이 어떠냐"는 내용이었다. 전화기 너머의 교환원은 "미 제국주의자들이 전차 수백 대를 몰고 쳐들어온다"며 숨이 넘어갈 듯이 대답했다. 나는 내친 김에 "김일성이는 지금 어디 있는가"라고 물었다.

그러자 교환원은 "내가 그걸 어떻게 알겠는가? 우리도 가야 한다"고 다급하게 말했다. 나는 더 다그치듯 물었다. "최후까지 저항해야 하지 않는가?" 교환원은 내가 누군지조차 확인할 마음의 여유가 없었던 모양이다. 그저 "빨리 후퇴해서 우리라도 살아야겠다"며 전화를 끊었다.

그들은 급격히 무너지고 있었던 것이다. 김일성도 급히 평양을 빠져 나간 흔적이 역력했다. 그는 자신의 승용차에 올라타고 북상하다가 결국 청천강변에 자동차를 버리고 산속으로 숨어들어가 도망을 쳤던 것으로 보인다. 그 이후 김일성의 행적은 제대로 알려져 있지 않다.

나는 전쟁의 총소리가 멈춘 뒤 40여 년이 흘렀던 1990년대 말에 베이징北京을 방문한 적이 있다. 중국 측의 초대에 의해서였다. 당시 베이징에서 내가 만난 사람은 차이청원柴成文이라는 인물이었다. 그는 해방군 소속 군인으로서, 나보다는 다섯 살이 많은 사람이었다. 지금은 그가 이미 세상을 하직했다고 알고 있다. 그 역시 한반도 전쟁에 뛰어든 중국 군인이었다.

그는 전쟁 중 판문점에서 열린 휴전회담의 중국 측 비서장이었고, 그 전에는 초대 북한 주재 중국 대사관의 참찬參贊(우리 참사 급)을 맡기도 했다. 그는 김일성이 국군과 유엔군의 공세에 밀려 하염없이 도망치던 상황의 한 순간을 기억하고 있었다. 베이징에서 만났을 때 차이청원은 이런 내용의 이야기를 들려줬다.

그의 전언에 따르면 김일성은 평양을 내준 뒤 압록강변의 만포진 등에 쫓겨 와 있을 때 몰골이 매우 초췌했다고 했다. 탄광 등 땅속 깊숙이 파고 들어간 곳에 거주하며 사다리를 타고 오르내리면서 생활했던 김일성은 이미 전의가 꺾여 풀이 죽은 모습이었다고도 했다. 그는 특히 미군의 공습을 매우 우려해 땅속 깊은 곳에 거주지를 두고 있었다는 것이다.

주 북한 중국 대사관 참찬으로서 김일성이 이끄는 북한 지도부와 함께 붙어 있었던 그의 증언은 매우 믿을 만했다. 차이청원의 시선에 드러난 김일성은 국군과 유엔군이 북진을 거듭해 평양 이북으로 진격할 무렵에는 의기소침한 모습이었다. 그의 모습은 결국 당시 전쟁의 커다란 국면局面이 실제 어땠는지를 읽게 해주는 좋은 그림이기도 했다.

유엔군총사령부는 그런 국면을 간파했던 것이다. 북한군은 앞뒤 돌아보지 않고 내빼는 상황에 들어섰고, 따라서 북한군의 저항 자체는 아주 미미하거나 무시해도 좋을 정도였다고 본 셈이다. 그 점에서 1950년 10월 말에 압록강을 향해 진격에 나서라는 명령을 내린 맥아더의 유엔군총사령부의 결정은 당연하다고 할 수 있는 것이기도 했다.

이승만 대통령은 평양 시민 10만 명 앞에서 감격의 연설을 했고, 김일성은 어디로 도망쳤는지 모를 정도로 행방이 묘연했다. 북한군은 추풍낙엽처럼 이리저리 흩어져 도망치기에 급급해 평양 이북의 전선에 나서는 국군과 유엔군의 눈에 띄지도 않을 정도였다. 통일은 곧 눈앞에 닥친 현실처럼 비쳤다. 유엔군은 하루빨리 전쟁을 끝내고 싶은 열망에 휩싸였고, 국군은 조국과 민족의 갈라진 틈을 메운다는 꿈에 빠졌다.

내가 이끄는 국군 1사단은 압록강의 수풍호로 진격하라는 명령을 받았다. 서쪽으로 인접한 같은 미 1군단 소속의 미 24사단은 신의주를 향해, 동쪽으로 인접한 국군 2군단 소속의 6사단은 압록강 초산과 벽동으로, 같은 2군단의 8사단은 김일성의 지휘부가 있었을 만포진과 중강진을 공격하라는 명령이었다.

흥분 때문에 들떴던 분위기

당시의 나는 옆 사단의 진격로 등에 신경을 쓸 겨를이 없었다. 우리는 그저 수풍호로 전진할 수밖에 없었다. 그러나 곧 이상한 명령이 상부로부터 내려왔다. 1사단 지휘를 부사단장에게 넘기고 동쪽으로 인접한 2군단장으로 자리를 옮기라는 내용이었다. 당시 2군단장을 맡고 있던 유재흥 장군은 서울에서 육군참모본부 차장을 맡는다고 했다. 이상한 명령이 아닐 수 없었다.

나는 그 명령에 따라 2군단 사령부로 자리를 옮겼다. 이미 넘었던 청천강을 다시 남쪽으로 건너 사령부에 왔다. 나는 새로 맡은 2군단의 모든 상황을 점검하기 시작했다. 아무래도 6사단의 조짐이 좋지 않았다. 6사단은 당시 국군에서 명성을 드날리던 사단이었다. 김일성 군대가 전격 남침을 벌인 직후 춘천 지역에 주둔하면서 분전해 인민군의 발길을 묶었던 부대였다.

아울러 김일성 군대가 전선을 돌파해 남진을 지속할 무렵에도 6사단은 분전을 거듭했다. 특히 7연대를 이끄는 임부택 대령은 충청도에서 인민군 부대를 전멸시키는 혁혁한 공로를 세운 인물이었다. 따라서 7연대를 비롯해 6사단 전체의 사기는 매우 높았다.

6사단에는 다른 사단이 갖추지 못한 장점이 있었다. 기동력이 아주 뛰어나다는 점이었다. 앞에서도 말했듯, 6사단은 춘천과 영월 지역에 산재해 있던 광산회사로부터 트럭 등을 징발하기 좋았다. 다른 사단에 비해 민간회사로부터 다량의 트럭을 징발해 병력 수송 능력이 뛰어났던 것이다. 따라서 6사단은 늘 바람처럼 이동했다. 전 부대 병력이 거의 모두 트럭에 올라타 이동할 수 있었다.

남쪽에서 평양에 진입하기 직전 지점에 펼쳐진 너른 들판을 국군 1사단이 지나고 있는 장면이 점은 다른 국군 사단에게는 부러움의 대상이었다. 도보로 힘겹게 종일을 걷는 국군사단과 트럭에 올라타 바람을 가르며 움직이는 6사단의 형편은 달라도 아주 달랐다. 각종 전투에서 전과를 드높였던 6사단이었다. 아울러 전 부대 병력을 태울 수 있는 트럭도 갖추고 있었다. 높은 사기에 발 빠른 기동력, 6사단으로서는 남들 앞에 자랑스레 내놓을 수 있는 특징이었으나 이것이 거꾸로 발목을 잡을 줄은 아무도 몰랐다.

새로 자리를 옮긴 2군단의 사정은 매우 어려웠다. 곳곳에서 "중공군이 출몰하고 있다"는 보고가 올라왔다. 그러나 6사단 7연대의 사정만큼은 결코 아니었다. 이들은 군단장인 내게 급한 목소리로 험악한 현장의 사정을 전하고 있었다. "탄약과 보급품이 모두 바닥났다, 급히 공수해 달라." 절규에 가까운 소리였다.

다시 생각하는 '압록강 물 뜨기'

제 총기를 잃어버렸던 지휘관

나는 3일 만에 다시 1사단장으로 복귀했다. 2군단장으로 있다가 육군 참모본부 차장으로 갔던 유재흥 소장이 불쑥 돌아와 "그냥 있던 데로 돌아가라고 그러네"라고 했다. 다급한 전쟁의 와중에 벌어진 매우 이상한 인사 조치였다. 당시로서는 그 영문을 도대체 알 수가 없었다. 나는 다급했던 2군단의 상황을 유재흥 군단장에게 넘기고 다시 1사단으로 돌아왔다.

압록강의 물을 뜨는 일이 그리 급했던 것일까. 지금 생각해 보면 압록강 물 뜨기는 나름대로 의미가 있었다. 그 상징적인 의미야 어느 누가 부정할 수 있을까. 그러나 전쟁은 사느냐 죽느냐를 결정하는 자리다. 그 전쟁을 다루는 군사軍事의 측면에서만 본다면, 압록강 물 뜨기는 민족통일을 실현했다는 감격과 흥분만으로 다룰 일이 절대 아니다.

6사단 7연대의 진격은 바람처럼 신속했다. 당시 국군 일반 사단의 입장에서는 언감생심일 수밖에 없었던 다수의 트럭을 보유했던 까닭에 6사단 7연대는 빠른 속도로 압록강에 닿았다. 내가 유재흥 군단장의 후임으로 잠시 2군단장으로 가 있던 10월 26일 무렵, 6사단 7연대의 본대는 압록강 남쪽 6km의 초산에 도착해 부대 일부가 먼저 압록강에서 물을 떴다.

그러나 그들은 이미 은밀하게 다가와 있던 중공군의 포위망에 걸려 든 상태였다. 처음 2군단장으로 그곳에 갔을 때 그들은 마치 절규하듯이 군단 본부에 지원을 요청하고 있었다. 바람처럼 그곳에 다가갔으나 6사단 7연대는 처참하게 적의 공세에 시달리고 있었다.

6사단은 그렇게 무너졌다. 지휘관의 뒤를 따라 용맹스럽게, 그리고 민족통일의 거대한 꿈에 젖어 전선으로 향했던 수많은 장병이 중공군의 파도와 같은 공세에 직면한 상태였다. 그들 장병의 가상한 뜻을 누가 탓할 수는 없다. 단지, 문제가 있다면 냉철하게 전선의 승패를 가늠하는 지휘관의 역량이 그 때 당시 국군에게는 절대적으로 부족했다는 점이다. 내가 지휘하는 국군 1사단의 전면에 있던 12연대의 김점곤 연대장은 당시의 상황을 이렇게 기억하고 있다.

"우리보다 훨씬 앞으로 진격해 압록강에 도착했다는 6사단 7연대장 임부택 대령이 중공군 포위에 말려 결국 도망치다가 12연대로 넘어왔다. 그의 몰골은 말이 아니다 싶을 정도로 처참했다. 그는 연대장이 지니고 있어야 했던 권총마저 소지하지 않고 있었다. 어디다가 총을 빼놓은 모양이었다. 평소 친하게 지냈던 그에게 나는 농담으로 '물 떠오는 것도 좋지만, 총은 왜 빼놨느냐'고 물

한국군으로서는 가장 먼저 압록강에 도달한 6사단 장병이 수통에 압록강 물을 담고 있는 유명한 사진

었다. 그는 허탈하게 웃을 뿐 아무런 대답을 할 수 없었다."

압록강에 선봉으로 도착한 6사단 7연대의 감동적인 이야기는 아주 많다. 그들은 압록강 물을 뜬 뒤 애국가를 함께 불렀다고 한다. 감격에 겨워 서로 얼싸 안으며 눈물도 흘렸을 것이다. 그런 감격이야 대한민국 군복을 입은 군인이라면 누구라도 앞장서서 맛보려 할 것이다. 그러나 그곳은 아직 전쟁터였다.

중공군을 또 경시한 유엔군사령부

2군단은 6사단이 무너짐으로써 더 큰 위기에 직면한다. 미 1군단 예비로 있던 국군 7사단을 급히 국군 2군단 예하로 돌려 군단 재편에 나서야 했고, 이는 곧 닥칠 중공군의 대규모 공세에서 큰 위기 요소로 남는다. 6사단장 김종오 준장은 6.25 초기 큰 전적을 보였고, 북진 때도 지휘력을 발휘했음에도 불구하고 내가 잠시 2군단장을 맡을 무렵에는 작전지역의 동굴을 시찰하다가 부상을 입고 몸져누운 상태였다.

압록강을 넘어와 산맥 속에 도사리고 있던 중공군의 10월 말 공세에 찢겨 6사단은 마침내 후방으로 내려와 2군단 예비로 남는다. 타격이 매우 컸기 때문에 취해진 일시적인 보완 조치였다. 그러나 2군단의 주력인 6사단이 전방에서 물러남으로써 군단 전체의 전투력은 현격하게 떨어진 상태였다.

곧이어 닥칠 불운은 더 컸다. 청천강 이북의 운산 지역에서 미군의 연대 병력이 중공군에게 혹심한 공격을 당했고, 국군 6사단이 압록강에 접근했다가 막심한 타격에 밀려 예비로 전락했음에도 불구하고 맥아더가 이끄는 도쿄 유엔군총사령부는 막바지 진격을 명령한다. 이른바 '크리스마스 대공세'다.

압록강까지 다시 밀어붙여 크리스마스 전까지는 전쟁을 끝낸다는 게 이 작전의 요지였다. 역시 중공군의 위력을 전혀 감안하지 않은, 나중의 결과로도 충분히 그 오류가 드러난 작전이었다. 이때의 유엔군 분위기도 엉망이었다. '귀국해서 크리스마스를 가족과 함께 보낼 수 있다'는 생각에 많은 장병들이 들떠있었다.

당시의 분위기를 전하는 증언들에 따르면 일부 미군 장병들은 도쿄의 백화점이 인쇄한 크리스마스 선물 카탈로그를 들여다보기에 바빴다고 한다. 전쟁을 마치고 귀국하기 전에 일본 도쿄의 백화점에 들러 가족들에게 줄 선물을 고를 준비에 여념이 없었다는 얘기다. 이런 부대가 전쟁을 제대로 치를 수 있을지는 불문가지다.

그러나 그것은 어디까지나 막대한 물력物力과 화력火力을 보유한 미군과 유엔군의 문제다. 그렇게 물질적으로 풍요롭지 못한 여건의 대한민국 군대는 더 신중에 신중을 기할 수밖에 없었다. 그러나 사정은 그렇지 않았다. 우리 역시 진공進攻의 대열에 함께 덩달아 오르면서 많은 것을 간과하고 있었다.

1950년 11월 25일 맥아더의 사령부로부터 '크리스마스 공세'의 진격이 벌어졌다. 국군 1사단은 앞서 10월 25일 이후 벌어진 중공군 1차 공세 때 우선 남하해 평양 인근의 입석에서 사단을 재정비한 뒤 압록강 진격을 준비하고 있었다. 1사단은 우선 중공군의 공세를 경험했던 덕분에 작전에 신중을 기할 수밖에 없었다.

11월의 '크리스마스 공세'가 드러낸 결과는 참담했다. 미 2사단의 피해는 막심했다. 2개 연대 병력이 골짜기에 몰려 이른바 '인디언 태형'을 당하는 처지에 빠졌다. 인디언이 포로를 잡았을 때 이들을 한 줄로 늘어놓고 돌아가면서 매질을 가하는 게 그 '인디언 태형'이었다.

미 2사단 2개 연대는 좁은 골짜기에 진입한 뒤 협곡 양쪽에 매복했던 중공군 병력에게 그런 '매질'을 당하면서 처절하게 무너졌다.

국군 2군단이 무너지다

그러나 정작 큰 문제는 국군 2군단이었다. 2군단 예하 7사단은 덕천으로, 8사단은 영원지역으로 진출했다. 중공군은 미군에게 막심한 타격을 가했지만, 그들이 정작 노린 곳은 허약한 화력을 지닌 국군 2군단 지역이었다. 이는 나중의 중공군 전사戰史에 분명하게 나온다. 그들은 참전 초기 화력이 빈약한 국군을 본보기 삼아 집중 공략한다는 전략을 세우고 있었다. 이에 따라 얼굴에 얽은 자국이 있어 '곰보장군'으로 불렸던 홍쉐즈洪學智가 이끄는 막대한 중공군 병력이 7사단과 8사단 정면으로 몰려들고 있었다.

나는 어쩌면 그 거센 소용돌이가 휩쓸어 닥치는 와중에서도 운이 좋은 편이었

1950년 10월 25일 벌어진 중공군 제1차 공세의 서막을 알리는 사진. 장소는 평북 군우리 북쪽으로 추정한다.

다고 할 수 있다. 청천강 이북의 운산에서 중공군과 조우한 뒤 커다란 손실 없이 후퇴했고, 그에 따라 10여 일 동안 평양 인근의 입석에서 부대 상황을 점검하며 휴식을 취할 수 있었기 때문이다. 아울러 막강한 화력을 지닌 미 1군단에 배속해 중공군이 집중적으로 벌이는 공격의 칼날에서 다소 벗어나 있었다.

그러나 우리 국군은 쉽게 흥분했고, 아울러 자만했다. 그리고 그런 단점을 채울 만한 경험도 없었고, 싸움터에서 패배로부터 자신의 피해를 최소화할 노련함도 없었다. 당시의 상황을 기억하는 몇 사람의 증언에 따르면 우리는 아주 방만했다. 낙동강에서 김일성 군대의 최후 공세를 막아내고 북진할 무렵에 그런 현상은 자주 나타났다.

북진하는 국군의 뒤를 받쳐주기 위해 올라가는 보급 차량이 중간 중간의 아군 헌병초소를 지날 때 '통과료'를 물어야 했다는 얘기, 북진하는 장교의 작전 차량에 정체를 알 수 없는 여자들이 함께 타고 다녔다는 풍설 등이 전해졌다. 특히 국군과 유엔군이 평양을 점령한 뒤에 그런 군기 문란현상이 심해졌다고 한다. 그랬던 것일까. 그래서 우리는 중공군이 새카맣게 도사리고 있는 적유령 산맥 속의 깊은 정적 속으로 함부로 내달렸던 것일까.

바람처럼 떠도는 그런 이야기들을 다 믿을 수는 없을 것이다. 국군 장병들은 나름대로의 충정을 가슴에 안고, 최선을 다해 압록강을 향했다. 그럼에도 우리는 당시의 크리스마스 공세에서 씻을 수 없는 패배를 기록하고 만다. 1950년 6월 25일 김일성의 전격적인 남침으로 벌어진 전쟁에서 처음 맞는 국군 군단의 와해였다.

서울로 먼저 내뺀 국군 사단장 둘

방심이 낳은 참담한 결과

이 자리에서 거듭 말하지만, 나는 운이 좋은 편이었다. 적어도 1950년
11월 말 중공군의 참전과 대규모 공세 때 맞이한 국군과 유엔군의
전반적인 후퇴 상황에서는 그랬다. 내가 이끄는 국군 1사단은 미군
1군단에 속해 있으면서 그들로부터 막강한 화력을 지원 받았고, 그들
의 작전 통제력에 따라 움직이면서 희생을 최소화할 수 있었기 때문
이다.

중공군의 1차 공세 때 국군 1사단은 포로로 잡은 중공군의 진술
내용, 4개 대대에 이르는 미 고사포단의 화력 지원, 나와 함께 중공군
포로를 심문한 뒤 중국의 참전 사실을 심각하게 깨달은 미 1군단장
프랭크 밀번 소장의 신속한 판단 덕분에 커다란 피해를 보지 않은 채
후퇴할 수 있었다.

문제는 이른바 '크리스마스 공세'라고 불렸던 국군과 유엔군의 진
격과 이를 정면으로 맞받아치고 들어온 중공군의 2차 공세였다. 1950년
11월 24일 맥아더 지휘부의 명령에 따라 국군과 유엔군은 재차 압록
강을 향한 진격에 나섰다. 중공군의 참전 사실과 그들의 공격력을 터
무니없이 낮춰 본 맥아더 사령부의 실책이었다.

전쟁에서 방심은 절대 금물이다. 그리고 가장 두려운 것이 병력의

1950년 11월 중공군과 접전을 벌이던 국군 1사단 장병들이 트럭에 올라 이동하고 있다.

분산分散이다. 특히 방어 또는 후퇴 때 적에게 어느 한구석을 뚫릴 경우
병력은 쉽게 흩어진다. 적이 밀고 들어오는 경우에서 아군의 병력이
분산의 조짐을 보일 때 그 뒤의 결과는 아주 참담하다. 2차 크리스마
스 공세에 나선 우리 1사단도 그런 상황을 맞이했다.

평양 인근의 입석에서 10여 일의 재정비 기간을 거친 뒤 1사단은
평북 태천을 넘어 압록강 진격에 다시 나섰다. 박천에 도달했을 때다.
11월 24일 중공군이 전면에 나타나는 듯했고, 이어 다음날에는 저들
의 본격적인 대규모 공격이 가해졌다. 나는 전선 바로 뒤에 작은 '전
방 지휘소'를 만들어 놓고 전황을 지켜보고 있었는데, 상황이 매우 심
각했다. 1사단 2개 연대가 무너지고 있었기 때문이다.

나는 현장으로 급히 내달렸다. 각 연대의 예하인 대대본부를 마구 뛰어다녀야 했다. 전선의 장병들은 벌써 상당수가 적에게 등을 내보이면서 달아나고 있던 상황이었다. 나는 숨이 턱에 닿을 정도로 급히 뛰었다. 각 대대를 찾아가 등을 보이고 돌아서는 장병들을 향해 "이러면 못써, 이러다가는 우리 모두 끝이야!"라고 절규하듯이 외치며 그들을 막아섰다.

그래도 상황은 좀체 가라앉지 않았다. 나는 입에서 단내가 나도록 뛰고 또 뛰었다. 각 부대와 부대 사이를 정신없이 뛰어다니며 "밀리면 우리는 끝이다"라고 독전을 거듭했다. 그러자 조금씩 대열이 안정을 찾았다. 급히 밀리던 상황이 차분하게 후퇴하는 쪽으로 변하고 있었다. 밀릴 때 밀리더라도 적에게 최대한 타격을 가하면서 후퇴하는 식으로 분위기가 달라졌던 것이다.

병력의 분산이 가장 두려운 일

동요하지 않는 전열戰列은 그래서 필요하다. 전선에 선 장병은 옆에 선 부대와 동료의 신뢰를 뒤에 업고 싸운다. 따라서 전열의 한 곳이 무너지면 바로 옆의 부대가 심각하게 동요한다. 그 열列을 유지하면서 공격을 벌이거나 후퇴를 함께 해야 한다. 전열 한구석이 맥없이 무너지면 그는 금세 인근 부대의 전투력 상실로 이어진다. 그 뒤의 상황이 '분산'이다. 이런 때가 오면 공격이나 방어 모두 불가능하다.

나는 그 점을 잘 알았다. 전투를 지휘해 본 지휘관이 결코 모를 수 없는 싸움의 가장 기본에 해당한다. 전선의 지휘관은 그런 '분산'의 상황을 가장 두려워해야 한다. 따라서 지휘관은 한 군데에서 그저 앉아 있을 수 없다. 전투 지휘소에서 전황을 파악하더라도 늘 현장을 따라 움직여야 한다. 급한 경우는 직접 전선을 다니면서 싸움의 의지를 되살리는 '독전督戰'을 펼쳐야 한다.

다행히도 국군 1사단의 2개 연대는 무질서한 후퇴를 멈추고 전열을 곧 가다듬었다. 중공군의 공세에 일방적으로 밀리지 않고 차분하게 반격하면서 사흘 정도를 버텼다. 그 뒤에 한국 전선으로 부임해 전쟁을 이끌었던 제임스 밴 플리트 장군은 그 점을 늘 강조했다. 후퇴하면서도 항상 적에게 반격을 가하는 '후퇴이동', 즉 'retrograde movement'였다. 당시 1사단은 전열을 허물지 않았고, 그에 따라 차분한 반격도 펼칠 수 있어서 피해를 최소화할 수 있었던 것이다.

이 점이 국군 1사단과 그를 이끌었던 나의 다행이었다. 하지만 동쪽으로 진출한 미 9군단 소속 미 2보병사단은 문제였다. 이들은 길고 좁은 골짜기에 들어가 길 양쪽에 매복한 중공군에게 아주 모질고 혹독한 공격을 당했다. 앞에서 소개한 이른바 '인디언 태형'이었다. 미군의 2개 연대와 공병대대, 사단 직할 부대, 포병부대가 아주 심각한 피해를 입었다. 2개 연대 이상의 병력 대부분이 무너지는, 미군의 전쟁사에서도 기록에 남을 만한 패배였다.

그러나 국군 2군단의 피해는 더욱 심각했다. 덕천과 영원으로 진출한 국군 2군단 예하의 7사단과 8사단은 하룻밤 사이에 모두 주저앉았다. 전투력을 거의 상실할 정도의 막심한 타격이었다. 앞에서 미리 소개한 대로 2군단의 주력이랄 수 있었던 6사단은 압록강에 선착해 물을 뜨다가 적의 포위에 말려 사단이 무너졌다. 한 달 뒤 아군의 '크리스마스 공세'에서는 나머지 2개 사단이 전력을 상실함으로써 2군단 전체가 없어지는 결과를 빚은 셈이다.

미 2사단을 이끈 사람은 로런스 카이저 소장이었다. 그는 공격을 펼칠 때 여러 가지를 놓쳤다. 우선 퇴로退路를 상정하지 않았다. 앞으로 나아갈 줄만 알았지, 뒤로 물러설 때의 위험을 간과했던 것이다. 아울러 적이 이미 매복했을지도 모를 골짜기에 들어서면서 야간에 부대를 이동시켰다. 아주 커다란 실책이었다.

부대의 후퇴 시간이 낮이었다면 미군은 뛰어난 화력으로 적에게 맞설 수 있다. 그러나 밤이라면 상황이 달라진다. 보이지 않는 곳에서 날아오는 총알과 박격포탄에 맞설 수 없을 만큼 시야가 묶이고, 그만큼 두려움이 늘어난다. 공격을 펼치는 공로攻路에서의 방심, 후퇴하는 길인 퇴로退路에서의 조급함이 결국 재앙과 같은 미 2개 전투연대의 와해로 이어졌던 것이다.

중공군이 미군을 포로로 잡고 있는 장면.
중공군은 1~3차까지의 치열한 공세로 유엔군을 당혹스럽게 만들었다.

서울로 도망친 전선 지휘관

그러나 정작 큰 문제는 우리 국군이었다. 7사단과 8사단은 덕천과 영원에서 중공군의 공격을 받고 전투력을 완전히 상실했다. 하룻밤 사이에 무너졌던 것이다. 우리의 전사戰史는 이를 올바로 적고 있을까. 정부가 간행한 공적인 역사 기록을 우리는 공간사公刊史라고 부른다. 대한민국 정부가 전쟁의 기록을 펴낸 공간사에는 7사단과 8사단의 피해 상황이 자세히 적히지 않았다.

나 또한 당시 국군 1사단을 이끌고 있던 일개 전선 지휘관이었던 까닭에 옆 사단인 7, 8사단의 피해 상황을 제대로 파악할 수 없었다. 그만큼 모든 전선의 상황은 매우 다급하게 돌아가고 있었다. 그러나 60여 년이 지난 오늘에도 공간사를 이리저리 뒤져도 그에 관한 기록은 제대로 찾아볼 수 없을 정도다.

그러나 나는 중공군 공세에 밀려 국군과 유엔군이 서울을 다시 내줬던 1.4후퇴 무렵에 충격적인 소식을 들었다. 그 소식을 접한 나는 당시 어안이 벙벙했다. '우리가 정말 이렇게 싸워도 좋을까'라는 생각이 우선 앞섰다. 다음에 찾아든 것은 '내게도 그런 경우가 닥치면 안 되겠다'는 깊고 뼈저린 자성自省이었다.

전선에서 무너진 두 사단의 최고 지휘관과 관련해서다. 둘은 아주 유감스럽게도, 서울 거리에서 우리 군에 붙잡혔다. 중공군에게 서울을 빼앗기기 직전이다. 아마 헌병이 그 둘을 체포했을 것이다. 왜 아군의 헌병이 전선에 섰던 두 지휘관을 잡았을까. 그들이 제가 거느렸던 병력을 이탈했기 때문이다. 그들의 이탈은 무엇을 의미할까. 1만 명이 넘는 사단 병력의 목숨을 저버리고 도망쳤다는 뜻이다.

사단장은 이른바 '지휘관의 꽃'이라고 불린다. 제가 거느린 병력의 인사권과 행정권, 그리고 사법권을 손에 쥔 사람이다. 옛날식으로 표현하자면 부하 장병의 '생사여탈권'을 지닌 사람이다. 그런 사단장이 비록 패했다고는 하지만 전선 어딘가에 흩어져 있을 제 부하들을 놔두고 그로부터 한참 떨어진 서울의 거리를 배회했다는 점은 무엇을 말하고 있는가. 아주 심각한 문제였다. 그 둘은 결국 군법재판에서 아주 무거운 판결을 받았다.

지휘권을 포기하고, 군을 함부로 이탈했으며, 그로써 제가 거느린 수많은 장병의 목숨을 위태롭게 만들었던 죄다. 지휘관으로서 그 이상의 죄가 있을 수 없다. 그러나 솔직히 말하자면, 문제는 그 두 사람만의 것이 아니라는 점이다. 그 두 지휘관은 어쩌면 당시의 국군 지휘관이 지닌 일반적인 모습을 말해주고 있었는지 모른다.

전쟁은 매우 잔혹했고, 그 안에서 살아남기 위해 무엇을 먼저 어떻게 해야 하는지를 우리는 제대로 몰랐다. 아니, 어쩌면 우리는 전쟁 자체를 이해하지 못했다. 그런 과정에서 우리는 서서히 전쟁을 이해하고 있었을 것이다. 그러나 그런 과정을 덧없이 반복하기에는 전쟁이 던지는 상처가 너무 깊고 컸다.

제대로 적어야 할 우리의 패전

이런 지휘관은 전쟁에서 진다

평북 군우리에서 이른바 '인디언 태형'을 당함으로써 막대한 인명과 물적 피해를 낳은 미 2사단장 로런스 카이저(Lowrence B. Keiser)는 좀 특별한 인물이었다. 나는 그와 당시의 전쟁터에서 자주 만날 기회가 없었다. 따라서 그의 사람 됨됨이와 군 지휘관으로서 그가 지닌 자질을 자세히 관찰할 수 없었다.

그러나 미군의 역사에서 기록적인 참패慘敗로 여겨지는 군우리 전투를 두고 볼 때 그는 지휘관으로서의 역량이 아무래도 크게 떨어지는 군인이었지 않나 싶다. 앞에서 적은 대로 그는 후퇴의 길을 잘못 선택하는 우를 범했고, 아울러 야간 후퇴를 결정해 피해를 배가시켰다. 지휘관으로서의 가장 큰 책무인 자신의 부대와 화력, 장비의 보호에서 실패했다. 거꾸로 부대와 장비 등을 적의 손쉬운 공격 영역으로 몰고 간 점도 문제였다.

그는 당시 이미 50대 중반에 들어서 별 두 개의 소장을 단 군인이다. 자신의 동기인 로튼 콜린스(Lawton Collins)는 이미 대장 계급을 달고 미 육군참모총장을 맡고 있었다. 제1차 세계대전에서 대대를 이끌고 분전했던 경력은 있으나, 그 이후의 전적은 별반 내세울 게 없다. 제2차 세계대전이 끝난 뒤 마구잡이식 해체의 길을 걸었던 미 육군의 한구석에 살아남아 한국에서 전쟁이 벌어지자 준장에서 소장으로 진급한 뒤 미 2사단장을 맡았다.

6.25전쟁이 벌어진 뒤 낙동강 전선에서 막바지 저항을 펼칠 때 그는 북에서 남으로 흐르는 낙동강 지역 일부를 맡아 2사단을 이끌었으나, 잦은 실책으로 당시 미 8군을 지휘하던 월튼 워커 중장으로부터 여러 번 호된 질책을 받은 경력이 있다고 한다. 나중에 6.25전쟁 중 북진과정에서 보인 미군의 실책을 다룬 책 『콜디스트 윈터』(데이비드 햄버스탬, 살림)에는 그에 관한 묘사가 자주 나온다.

전쟁 자체를 잘 이해하지 못했던 지휘관이었고, 현장을 꼼꼼히 살피는 타입이라기보다 작전 지휘소에 앉아 막연한 생각에 빠져드는 스타일이라고 했다. 진로와 퇴로의 결정에서도 막연하게 운 또는 종교적 신념에 따르는 사람이었다고도 했다. 실제 그런지는 나로서는 확인할 길이 없다. 그럼에도 책을 펴낸 저자의 주장에 공감이 가는 부분은 많다.

지휘관은 현장에 충실하지 않으면 안 된다. 이는 누구라도 어길 수 없는 철칙鐵則이라고 해도 좋다. 현장을 떠나면 지휘관은 많은 것을 잃는다. 우선 제가 거느린 장병의 사기士氣를 전혀 읽을 수 없고, 싸움을 벌이는 지형에 둔감해진다. 따라서 시시각각으로 변하는 여러 가지 상황에 대응할 수 없음은 물론이다. 그런 지휘관은 작전지도에만 매달리는, 때로는 그래서 교범에만 충실하려는 스타일이다. 더구나 제 자신의 두려움을 극복하지 못하는 성격까지 덧붙여지면 그 부대는 전투에서 참혹한 국면을 피할 수 없다.

동양에서는 그런 스타일의 장수를 '지상담병紙上談兵'이라고 적는다. 교범이나 전법을 다룬 책에만 의지해 전쟁을 이야기하는 사람들이다. 나는 전쟁 중에 그런 지휘관을 여러 번 봤다. 배워서 익힌 것에만 탐닉하면서 실제 총알과 포탄이 넘나드는 전쟁터에서는 자신도 모르게 움츠러들어 꽁무니를 빼고 전쟁터를 떠나는 지휘관 말이다.

승전 기쁨을 만끽한 중공군

카이저 소장도 아마 그런 타입이었던 모양이다. 나는 전쟁이 끝난 뒤인 1958년 미국 방문길에 그를 만난 적이 있다. 샌프란시스코에 들렀을 때 미군 장성으로서는 유일하게 북한군에 포로로 잡혔다가 휴전

서울 삼각지 전쟁기념관 정문에 세워져 있는 참전 용사의 상

뒤 석방된 윌리엄 딘(William F. Dean) 소장이 만나자는 연락을 보내왔고, 카이저는 딘 소장을 따라 우리 만남에 동석했다. 포로로 잡혔으나 사단장으로서 끝까지 저항을 펼쳤던 딘 소장과는 달리 그는 아무런 말도 하지 않았다.

카이저는 만남 내내 침울한 표정을 짓고 있었다. 전쟁에서의 참패는 그 부대 지휘관에게는 아주 오래 남는 악몽이다. 심지어 그 밑에서 싸웠던 장병들도 그런 심리에 젖는다. 그들을 이끌었던 지휘관은 그 정도가 아주 심하다. 그 때 카이저의 눈에는 아주 암울한 빛이 담겨 있었다. 군우리의 참패를 도저히 잊을 수 없었던 것으로 짐작했다.

미군 2사단은 막대한 피해를 입었다. 그러나 중공군의 입장에서는 참전 뒤 이룬 첫 대첩이나 다름없었다. 미 2사단은 많은 것을 빼앗겼다. 군우리의 그 험악한 골짜기에서 생명을 빼앗긴 미군의 희생이 우선이다. 아울러 그들이 남겨두고 간 막대한 양의 물자는 중공군 사이에서 내내 화제였다고 한다. 트럭과 장비, 야포와 각종 무기는 물론이고 미군이 지니고 다녔던 막대한 양의 전선 물자가 그들에게 고스란히 넘어갔다.

한국 전선의 지휘를 이끌었던 펑더화이彭德懷 사령부에 바로 그 물자는 전해졌고, 이어 그중 상당수가 압록강을 넘어 베이징北京의 마오쩌둥 毛澤東과 저우언라이周恩來 등이 있는 최고 지도부에게도 전해졌다고 한다. 베이징의 지도부는 이를 매우 자랑스러워했다고 한다. 세계 최강의 미군에게 대승을 거뒀고, 그들의 막대한 물자까지 탈취한 점을 크게 자랑했다는 것이다.

카이저는 바로 현직에서 물러났다. 미군이 그를 포용하기에는 카이저의 참패가 너무 기록적이었기 때문이다. 미군으로서는 자연스런 선택이었을 것이다. 그런 미군과는 아무래도 모든 면에서 비교를 할 수 없었던 존재가 당시의 대한민국 국군이다. 카이저와 비슷한 전쟁터에서 그보다 결정적인 실수를 빚었던 국군 두 사단의 사단장은 나중에 군에 복귀한다.

한 사람은 계급 강등에 이어 병종兵種을 바꿔 현역에 복귀했고, 다른 한 이는 일정한 유예 기간을 거친 뒤 다시 육군 지휘관으로 돌아왔다. 미군처럼 패장을 단숨에 내치기에는 우리의 실제 상황이 너무 어려웠다. 군을 이끌 만한 인재가 절대적으로 부족했기 때문이다.

그 점은 당시의 대한민국 상황으로 볼 때 수긍할 수 있는 대목이다. 실제 전선을 지탱할 만한 지휘관은 매우 부족했다. 그 점에서 두 지휘관이 사면을 받아 현업으로 다시 복귀한 점을 두고 지나치리만큼 비난을 쏟아낼 수는 없다. 그러나 사람을 용서하되 그들이 범한 실책에 대해서는 엄격해야 한다. 우리는 그렇게 전쟁에서 발생한 터무니없는 실책을 제대로 적어 앞으로 벌어질 상황에 대비한 교훈으로 삼아야 한다.

일본의 틀에 빠진 전쟁사 서술

미군의 전사는 군우리에서 2사단장 카이저가 범한 실수를 아주 상세하게 적고 있다. 왜, 어떻게 그 전투에서 패했는가를 아주 명료하게 기록하고 있다. 이 점이 미국과 한국의 차이라고 볼 수 있다. 전쟁에서의 패배를 제대로 기록하는 사람과 그렇지 못한 사람의 차이는 분명하다. 전자는 실수를 반복하지 않을 수 있다. 그 반면에 후자는 실수에 둔감해 그로부터 교훈을 제대로 길어 올릴 수 없다.

대한민국의 군사軍史는 일본을 닮았다. 일본이 러시아와 싸운 전쟁이 러·일 전쟁이고, 그에 앞서 청淸나라와 싸운 전쟁이 청·일 전쟁이다. 그 둘 모두에서 일본은 승전했지만 세부적으로는 패배도 많이 기록했다. 일본의 전사는 그러나 그런 패배를 제대로 다루지 않았다. 싸움에 나선 지휘관들의 복잡한 인정人情 관계를 두루 고려했기 때문이다.

우리 대한민국의 군사에 관한 기록은 그런 틀을 옮겨 왔다. 초기부터 싸움을 적되, 그 싸움의 모습을 낱낱이 담지 않았다. 두루 원만하게 적었고, 작고 보잘 것 없는 인정의 세계에 가로막혀 우리가 싸웠던 진짜 싸움의 모습을 적는 데 실패했다. 후대의 많은 군사 전문가들이 그런 단점을 깨보려고 많이 노력하고 있는 것도 사실이지만, 그를 확연하게 벗어던졌다고는 하기 어려울 정도다.

개인적으로 봐도 함께 전선에 섰던 두 동료가 현업으로 복귀한 점은 다행이다. 그들은 나름대로 자신의 위치에서 대한민국 건설을 위해 이바지했다. 그러나 그와는 상관없이 우리가 범한 모든 실책은 자세하게, 그리고 진실하게 적어야 옳다. 그렇게 해야 우리는 싸움의 진정한 의미를 이해하고, 그로부터 앞으로 벌어질 싸움을 위해 자세를 가다듬을 수 있는 법이다.

나는 이 회고를 시작하면서 우리 대한민국은 싸움을 제대로 이해하지 못하는 나라일지도 모른다고 얘기했다. 여러 가지 이유가 있지만, 우선 꼽을 수 있는 점은 바로 이런 대목이다. 우리가 겪었던 불과

60여 년 전의 전쟁을 우리는 제대로 적지 않아 이를 후대의 교훈으로 넘겨주는 데 실패하고 있다는 점 말이다.

앞에서 현장을 지키지 않는 지휘관의 단점을 '紙上談兵(지상담병)'이라는 한자 성어로 적었다. 그는 분명 못난 지휘관을 일컫는 말이다. 그러나 우리 전체는 전쟁의 역사를 적는 종이 위, 그 지상紙上에서조차 제대로 싸움을 이야기하지 못하고 있는 것은 아닌가 돌아볼 필요가 있다. 아마 그것은 기초 중의 기초에 해당할 텐데, 그런 영역에서

6.25전쟁을 기념하기 위해 만든 서울 삼각지의 전쟁기념관 정면 모습

우리는 많은 것을 감추고 숨긴다. 두려움은 달리 있는데, 정작 우리는
무엇이 두려워 그러는 것일까.

제4장
리지웨이의
빛과 그늘

1953년 초 대구 인근의 상공에서 펼쳐지는
미 공정대원들의 낙하장면을 지역 어린이들이
구경하고 있다. (출처: 미 항공박물관)

오만했지만 싸움에 능했던 지휘관

수류탄 차고 나타난 새 사령관

그는 한국 땅에 도착하면서 실망을 금치 못했던가 보다. 아니, 실망이라기보다 허탈감에 가까웠던 듯하다. '내가 왜 이 나라를 지켜야 하는가'라는 물음이 그의 독백 속에 그대로 드러나기 때문이다. 그의 이름은 매슈 리지웨이(Matthew Bunker Ridgway).

리지웨이는 대한민국이 김일성 군대의 공세에 낙동강까지 밀렸던 시절 분전을 거듭해 전세를 만회한 월튼 워커 중장에 이어 2대 미 8군 사령관으로 한국에 부임한 인물이다. 1895년생으로, 그 후임 8군 사령관으로 왔던 밴 플리트 장군에 비해 오히려 나이가 세 살 적은 사람이다.

그는 한국에 첫 발을 디뎠을 때 우리나라 밭과 논 등에 뿌려진 강한 인분 냄새를 맡았던 모양이다. 따라서 한국에 대한 그의 첫 인상은 고약한 그 냄새와 함께 시작한다. 나중에 펴낸 회고록에서 리지웨이는 "왜 이 고약한 냄새를 풍기는 한국이라는 작은 나라를 지켜야 하는지 잘 모르겠다"는 푸념부터 털어놓고 있다.

그러나 리지웨이는 그런 생각을 빨리 정리할 줄 알았던 사람이기도 하다. 그는 회고록에서 한국에 대한 첫 인상을 푸념과 함께 서술한 뒤 이런 내용의 말을 덧붙였다. "미국의 합법적인 정부가 내린 합법적

도쿄의 유엔군 총사령관으로 승진한 리지웨이 장군(왼쪽)과
그의 후임으로 미 8군 사령관으로 온 밴 플리트(가운데)가 작전 논의를 하고 있다.

인 명령에 따라 우리는 이 땅에 발을 디뎠고, 적과 끝까지 싸울 것"이
라는 얘기다.

그랬다. 리지웨이는 늘 그런 점을 강조했다. "미국 정부가 내린 합
법적인 명령에 따라…"라는 그런 말 말이다. 자신의 회고록에서도 그
랬고, 1951년 내가 휴전회담 한국 측 대표로 나섰을 때 판문점 인근에
서 잠시 회담에 참가하는 아군 대표들을 모아놓고 구수회의를 하면
서도 그랬다. 그가 싸움의 명분을 이야기할 때 늘 입에 올리는 말이었
다. 따라서 그는 명분에 충실한 군인이었고, 그런 명분을 이루기 위해
열과 성을 모두 바치는 그런 군인이었다.

그는 공수작전의 베테랑이다. 적진에 강하해 상대의 급소에 날카
로운 칼을 들이대는 특수작전의 명수였다. 제2차 세계대전을 치르면

서는 유럽의 각 전선에서 공수군단을 이끌며 작전을 벌였고, 이탈리아 시칠리아 섬을 공격할 때는 미 육군 역사상 가장 큰 규모의 공습 강하 작전을 주도했다.

본인이 강인하고 모질지 않으면 수행하기 힘든 작전들이었다. 그런 싸움을 여러 차례에 걸쳐 펼침으로써 리지웨이는 명성을 얻었던 장군이었다. 그래서 그랬는지, 그는 항상 상의 앞주머니에 수류탄을 매달고 다녔다. 자신의 강인함을 과시하려는 일종의 장식품이었을 텐데, 어쨌든 그와 수류탄은 잘 어울렸다. 그게 멋져 보였는지 우리 군의 일부 장성들도 그를 흉내 내 수류탄을 주머니에 매달고 다녔다.

워커와는 달랐던 리지웨이

그는 월튼 워커 중장과 달랐다. 워커 장군 또한 낙동강 전선에서 막바지 김일성 군대의 공세를 막아낸 명장이지만, 리지웨이는 그보다 더 강인하다는 인상을 풍겼다. 그런 성격의 새 사령관이 부임했다는 점은 어쩌면 1951년 중공군의 공세에 다시 서울을 내주고야 말았던 대한민국의 상황에서는 큰 요행이었을지 모른다.

2013년 11권을 완간完刊함으로써 '대한민국 전쟁기록 집대성集大成'이라는 대장정의 정점을 찍은 『6.25전쟁사』(국방부 군사편찬연구소)에는 당시의 상황을 보여주는 기록이 있다. 월튼 워커는 낙동강에서 김일성 군대를 돌려세우는 데 성공했으나, 그 후 벌어진 중공군의 참전과 대규모 공세에 따른 아군의 후퇴 국면에서는 전세戰勢를 조금 비관적으로 보고 있었던 듯하다.

당시 유엔군과 국군이 중공군의 공세에 밀리면서 서울을 내주는 상황이 닥치자 워커는 부산으로의 철수를 제안했다고 한다. 우선 축차적으로 방어선을 형성하면서 후퇴하되, 마지막 방어선은 '부산 교두보'의 북방인 낙동강 전선을 준비하자는 내용이다. 당시의 미 8군 방어계획에는 최종적으로 낙동강 전선에서도 밀려 부산 교두보를 내줄 경우 미군을 일본으로, 국군은 한반도 남단의 각 도서島嶼 지역으로 철수시킨다는 내용이 담겨 있었다고 한다.

그 직전인 1950년 12월 4일 맥아더 유엔군 총사령관과 로튼 콜린스 미 육군참모총장은 도쿄에서 급히 만났다. 추가적인 파병이 불가능하다는 성안成案을 지닌 채 도쿄에 도착한 콜린스와 중공군 참전에 따른 국면 악화에 달리 묘안妙案을 낼 수 없었던 맥아더의 회담은 결론이 뻔했다.

방어선을 한반도 남북으로 여러 개 설치한 다음 그에 따라 차츰 후퇴해 결국 낙동강 전선, 나아가 해안 교두보로 내려오자는 내용이었다. 12월 7일 다시 만난 두 사람은 최종적으로 그런 후퇴 방침을 결정한 뒤 유엔군과 국군 전체에 그 내용을 명령으로 시달했다. 그런 와중에 워커 사령관은 12월 말 불의의 교통사고로 사망하고 말았으며, 그 후임으로 리지웨이 장군이 신임 8군 사령관으로 부임한 것이다.

모두가 중공군이라는 커다란 물결에 밀려 떠내려가는 형국이었다. 작전계획에 따라 각급 부대가 나름대로 저지선에 서서 중공군에게 타격을 가하려고 시도했으나, 웬만해서는 뒤집기를 허용하지 않는 전세의 큰 형국은 유엔군과 국군의 후퇴를 더욱 가속화할 뿐이었다. 그 흐름을 뒤집기란 보통의 강단剛斷과 의지로는 이뤄지지 않는 법이다.

중공군에게 '벼락'을 꽂아라

대규모 공습 강하 작전의 명수, 그래서 적의 후방에 강한 칼을 꽂는 데에 탁월한 기량을 보였던 리지웨이의 진가는 그 때 드러난다. 그는 미 정부가 내린 "가서 적과 싸우라"는 명령에 매우 충실했고, 제2차 세계대전의 대규모 작전을 성공리에 완수한 역전의 노장답게 아주 용맹했다. 그는 현장형 지휘를 강력하게 선보였다. 당시 중공군에 밀린 미 8군의 사령부는 대구에 있었다. 그러나 그는 그곳에 머물지 않고 최후 저지선 밑에 바짝 붙어 현장을 지휘했다.

그 점에서 그는 탁월한 전선 사령관이었다. 아울러 그의 강인함을 설명해주는 대목도 있다. 우선 그는 부임과 함께 "전열을 다시 정비한다. 미 8군은 철수하지 않고 적에게 공세를 펼친다"고 강조했다. 수류

중공군 공세가 마구 벌어지던 1951년 4월 무렵의 사진이다. 참전한 영국군 부대 장병들이 식사를 준비하고 있다. (출처: 미 국방부)

탄을 가슴에 달고 현장을 누비면서 마구 밀리는 아군 대열을 향해 반격을 강조하고 다니던 그의 모습이 당시 우리 국군에게 매우 깊은 인상을 남겼음은 물론이다.

그는 적에게 밀리지 않으려는 의지와 그에 못지않은 용맹함도 갖췄다. 그로부터 뿜어져 나오는 강단도 대단했다. 그 강단이란 게 뭔가. 마땅히 결정을 내려야 할 때 추호의 망설임 없이 단안斷案을 하는 것이다. 그런 점에서 리지웨이는 당시 매우 위급했던 한국 전선의 상황을 관리하기에는 어쩌면 안성맞춤의 인물이었을지 모른다.

그런 강단의 성격을 보였던 일화가 하나 있다. 리지웨이가 예하 부대의 작전계획을 보고받는 자리가 있었다. 미 1군단의 한 작전참모는 반격에 대한 리지웨이의 열정을 무시한 채 후퇴 위주의 작전계획을 내밀었다. 리지웨이는 그를 그 자리에서 경질해 버렸다. 매우 전격적이면서도 매정한 결정이었다. 그러나 리지웨이로서는 반격을 향한 빈틈없는 자세를 강조하기 위한 조치였고, 분위기를 일신하기 위한 제스처이기도 했다.

그에 따라 리지웨이가 중심을 이룬 미 8군의 분위기가 싹 달라졌음은 물론이다. 부산으로의 후퇴에 이어 유엔군을 일본으로, 국군을 남해안 도서지역으로 철수시킨다는 방침을 세웠던 미군 수뇌부 또한 그를 유심히 지켜봤을 것이다. 그가 유엔군과 국군에게 하달한 작전의 핵심은 아주 간단하면서도 분명했다.

그는 두 가지 지침을 내렸다. 저지선에서 틈을 파고들어 우회와 포위를 노리던 중공군에 맞서기 위해 아군끼리의 간격을 좁히도록 했고, 각급 지휘관은 '2단계 하급 제대梯隊 지휘'를 이행하도록 명령했다. 사이를 좁히라는 말은 지향이 분명했다. 느슨한 방어선을 철통같이 다시 엮으라는 얘기였다. '2단계 하급 제대 지휘'는 연대장일 경우 밑으로 두 단계인 대대와 중대까지 관리하라는 내용이었다. 한 마디로 "현장에 붙어 있어라"는 내용이었다.

그가 내린 작전명은 'Thunderbolt', 즉 '벼락'이었다. 그리고 작전의 구호는 'Shoulder to shoulder', '어깨를 나란히'였다. 매섭게 상대를 찌르는 벼락처럼 적을 밀어붙이자는 취지였고, 그 전제가 아군의 간격을 좁히면서 쇠사슬과 같은 전투대형을 유지하라는 지침이었다. 전선의 국면이 조금씩 달라질 기미가 보였다.

중공군의 공세는 여전했지만, 어딘가 힘이 빠지는 분위기였다. 그들은 조금씩 예전과는 다른 모습을 보이고 있었다. 아군의 방어선은 어느덧 평택과 안성, 원주와 삼척을 잇는 북위 37도선까지 내려온 상황이었다. 그곳에서 전선은 서서히 북상하기 시작했다.

중공군이 가장 두려워했던 장군

이승만을 닦달한 리지웨이

중공군 진영에 뭔가 문제가 생겼던 모양이다. 서울을 점령하면서 중공군은 완연한 승세勝勢를 보이고 있었다. 그럼에도 서울 이남의 전선에서는 그들이 멈칫거리는 기색이 뚜렷해지기 시작했다. 그들은 참전 이래 전선을 하루 평균 10㎞씩 밀고 내려왔다. 국방부가 펴낸 『6.25전쟁사』에 따르면 압록강에서 수원~강릉을 잇는 북위 37도선까지 내려오는 데 38일이 걸렸다.

대나무에 칼집을 낸 뒤 그를 쭉 갈라 곧 쪼개는 그런 모습, 이른바 '파죽지세破竹之勢'와 다름없는 공세였고, 그에 밀려 유엔군과 국군은 제대로 반격도 펼치지 못한 채 후퇴만을 거듭했던 상황이었다. 중공군을 지휘하던 펑더화이彭德懷는 1951년 2월 무렵 베이징北京으로 돌아가 마오쩌둥毛澤東에게 전황을 보고했다고 한다.

사실 중공군은 그 무렵 기고만장했다. 세계 최강의 미군을 상대로 그야말로 일방적인 공세를 펼쳐 대한민국 수도 서울을 점령했으니 그럴 만도 했다. 그러나 중공군 전사戰史에 나오는 기록을 보면 최고 사령관 펑더화이는 사실 아주 깊은 고민에 빠져 있던 상황이었다. 우선 빠른 속도로 전선을 남하시키는 과정에서 입은 손실이 아주 컸기 때문이다.

중공군은 이미 '체력'이 바닥을 드러낸 상태였다. 그들은 서울을 점령한 1월 4일로부터 나흘이 지난 1월 8일경 중동부전선의 부대를 제외한 전 병력에게 추격을 정지하는 명령을 내렸다. 서울을 점령할 때까지 필사적으로 공격을 벌이다가 입은 손실이 매우 컸다는 얘기다. 그리고 중공군은 휴식기에 들어갔다. 전선이 소강상태에 접어들었음은 물론이고, 바삐 쫓겨 내려오던 유엔군과 국군의 입장에서는 천만다행의 일이었다.

매슈 리지웨이는 1950년 12월 26일 한국에 부임했다. 그는 도착 즉시 부산 임시 경무대에 있던 이승만 대통령을 만나 "중공군을 반드시 격멸하고야 말겠다"고 말했다. 신임 미 8군 사령관의 그런 굳건한 모습을 보면서 이승만 대통령은 꽤 위로를 받았을지 모른다. 그러나 그 직후 이승만 대통령은 이 단호하며 매정한 미 야전 장군의 혹독함에 치를 떤다.

리지웨이는 부임 직후 의정부 전선을 시찰했다고 한다. 그 자리에서 그는 전선을

1951년 봄 중공군 공세에 맞서고 있는 미 해병대의 포격 장면

지키던 국군이 맥없이 중공군에게 쫓겨 물러나는 장면을 목격했다. 이미 압록강에서 쫓기기 시작해 제대로 반격을 펼치지도 못한 채 후퇴만 거듭하던 국군의 무기력함에 그는 화가 치밀었던 모양이다. 리지웨이는 그 직후 다시 이승만 대통령을 찾아가 "각하가 강력한 지휘력을 보여주지 않는다면 우리는 국군을 지원하지 않겠다"며 강한 불만을 토로했다. 사실상의 힐난詰難이었다.

이승만 대통령은 그런 리지웨이를 매우 괘씸하게 여겼던 듯하다. 그 이후 이승만 대통령은 리지웨이를 싫어하는 기색이 역력했다. 이 대통령은 자존심이 강했던 인물이다. 그런 대통령으로서 자신의 면전에서 싫은 소리를 거리낌 없이 해대는 리지웨이가 편하게 보일 리는 없는 법이다. 리지웨이는 결코 부드러운 인물이 아니었다. 매우 공격적이었고 매정했다. 따라서 자신이 계획하고 추진하는 일에는 조금의 오차도 허락하지 않는 타입이었다.

병력 섬멸 위주의 리지웨이 공격법

그러나 그런 리지웨이가 전선을 보는 눈은 전임 미군 지휘관들과는 많이 달랐다. 그는 반격을 시도하면서 주안점을 예전의 지휘관과는 달리 뒀다. 전임 지휘관들이 지역을 많이 확보하는 식의 전략을 구사했다면, 리지웨이는 철저하게 적의 병력에 타격을 가하는 작전으로 나왔다. 최대한으로 적에게 타격을 가해 병력과 물자, 장비 등을 가능한 한 많이 섬멸하는 전법戰法이었다.

앞에서도 소개했지만, 한국에서 전선을 이끌고 공격에 나선 중공군 최고 사령관 펑더화이는 그 어느 누구보다 당시의 중공군이 지녔던 힘의 한계를 절감한 인물이다. 그는 베이징에 돌아가 전선 상황을 마오쩌둥에게 설명하기 전에도 이런 문제점을 보고했던 것으로 알려져 있다. 병력 손실이 매우 크고, 전선의 연장으로 보급이 크게 부족하다는 점, 동상자凍傷者 등 질병으로 인한 사기士氣의 저하 등도 언급했다.

그러나 중국 수뇌부는 어느덧 자신들이 한반도 전쟁에 참전한 뒤의 성과에 도취해 있었던 듯하다. 특히 청천강 유역의 군우리 등 지역과 동부전선의 장진호 전투에서 미군을 격파했다는 점을 매우 자랑스러워했다고 한다. 스스로 세계 최고의 군대라는 점을 내세우는 분위기였고, 그에 따라 중립국과 서방 진영의 국가들이 제안하는 휴전 방안을 드러내 놓고 무시했다.

한반도 전쟁을 이끌고 있던 미군은 제2차 세계대전에서 미군 역사상 가장 큰 공습 강하 작전을 주도했던 매우 공격적인 장군을 사령탑에 앉혔고, 중국은 참전 초반의 공세와 성과에 취해 상황의 변수를 제대로 헤아리지 않는 분위기였다. 둘은 서로 묘한 대조를 이루고 있었던 셈이다. 1951년 1.4후퇴 직후의 상황이었다. 한쪽은 전선에서 밀리면서도 날카로운 칼을 갈고 있던 상황이었고, 다른 한쪽은 내심으로는 우려를 지니고 있으면서도 전체적으로 만들어졌던 승리감에 빠져든 상태였다.

1.4후퇴는 서울과 인근 지역의 220만 명에 달하는 피난민, 그리고 전국적으로는 700만 명이 넘는 남부여대男負女戴의 대열을 낳았던 사건이다. 유엔군과 국군은 서울을 다시 내줌으로써 깊은 좌절감에 빠져 있었던 것도 사실이다. 국군 일부에서는 '계속 중공군이 남하해 공격을 벌여온다면 그저 물러날 수밖에 없다'는 패배의식이 팽배해 있었다.

그런 분위기를 일신한 주인공으로는 아무래도 리지웨이를 꼽지

참전한 중공군의 지휘부가 망원경으로 전선을 살피는 모습

않을 수 없다. 비록 대한민국의 이승만 대통령에게는 '버르장머리 없이' 싫은 소리를 마구 해대는 스타일이기는 했으나, 그런 공격적이고 단호한 리지웨이의 면모는 당시의 전선 상황으로 볼 때 아군에게 매우 절실한 요소였다.

당황한 펑더화이, "서울만은 사수"

펑더화이가 자군 병력에게 추격 정지 명령을 내려 중공군은 잠시 휴식기에 들어갔음에도 중부전선은 사실 위태로웠다. 서부전선에는 미군이 버티고 있었으나 중동부전선의 주요 지역에는 국군이 지키고 있었다. 중공군은 전반적인 공세를 잠시 멈췄음에도 그 지역만큼은 모질게 파고들었다. 강원도 원주가 잠시 불안한 상태에 빠졌다. 중공군은 그곳을 돌파해 아군의 후방으로 우회하려는 전략을 구사하는 듯했다.

그곳의 중공군 돌파구를 점차 축소하는 데 일단 힘을 모았다. 미군은 리지웨이의 지시에 따라 그곳으로 병력을 집중해 일단 원주의 돌파구가 커지는 상황을 막았다. 1월 12일 무렵이었다. 그 후로는 모든 전선에서 중공군이 사라졌다. 이상하리만치 중공군의 모습이 눈에 띄지 않았다. 새로운 공격을 시도하는 것 아니냐는 우려가 높아지기 시작했다.

그에 따라 리지웨이는 위력수색을 시도했다. 위력수색은 적의 병력이 어느 정도, 그리고 어떤 모습으로 버티고 있는지를 알아보기 위해 펼치는 수색작전의 하나였다. 먼저 강력한 화력을 지닌 대규모 병력을 출동시켜 적이 먼저 아군을 향해 공격을 벌이도록 유도하면서 상대의 병력 배치, 화력 규모 등을 알아보는 작전이었다.

서울 이남까지 펼쳐진 그 위력수색의 결과, 중공군의 대규모 병력은 서울 이남에는 존재하지 않는다는 점을 확인했다. 그에 따라 리지웨이는 전선을 북상시키라는 명령을 내렸다. 아울러 그는 각급 부대에게 적의 병력과 물자에 최대한의 타격을 가하라고 지시했다. 지역의 확보는 둘째였고, 우선은 날카로운 공격을 가해 적의 희생을 최대화하라는 내용이었다.

베이징에 있던 마오쩌둥은 춘계공세의 준비를 명령했다. 2~3개월 집중적으로 유엔군과 국군을 밀어붙이면 전쟁을 승리로 끝낼 수 있다는 판단에서였다. 물론, 그 배경에는 참전 초반 2개월에 걸친 공세와 승리로 인한 자신감이 깔려 있었다. 그럼에도, 실질적으로 전선을 이끄는 펑더화이의 고민은 깊어졌을 것이다. 병력과 물자 보급의 부족이 걸림돌이었다.

그렇게 1951년 1.4후퇴 뒤의 상황은 만들어졌다. 중공군은 마오쩌

등을 비롯한 중국 수뇌부의 들뜬 자신감, 그로부터 생기는 상황에 대한 오판에 힘입어 새로운 공세 준비에 들어갔다. 날카롭고 매서운 공격수 리지웨이는 강력한 타격 위주의 작전을 구사할 참이었다. 전선은 차츰 북상했다.

2월에 들어서면서 유엔군과 국군의 반격이 가시화했다. 유엔군과 국군의 기세가 크게 꺾였을 것이라고 판단했던 펑더화이는 유엔군이 의외로 강력한 반격을 펼치자 매우 당황했다고 한다. 제2차 세계대전에서 공수 군단을 이끌고 맹활약했던 리지웨이의 힘이 작용하기 시작했던 것이다. 중공군은 그럼에도 서울을 내주지 않기 위해 총력전을 펼쳐왔다. 서부전선에서는 전략적 요충을 차지하기 위한 피의 혈전이 이미 예고된 상태였다.

강력한 쇠사슬을 펼치다

베이징의 무리수

마오쩌둥毛澤東은 현대 사회주의 중국 건국을 이끌었던 큰 인물이다. 비록 한국전 참전을 결정함으로써 우리 대한민국의 현대사에 커다란 충격과 아픔을 던진 인물이기는 하지만 어쨌든 그의 역할은 현대 중국의 건국과 그 이후의 전개 과정에서 지대한 영향을 미쳤다.

전쟁의 시각에서 볼 때 그에게는 어떤 평가를 내릴 수 있을까. 마오쩌둥은 정치적인 싸움에서는 대단한 성공을 거둔 사람이다. 그러나 피를 흘리는 싸움터의 큰 방략을 읽는 점에서는 어쩐지 정치적 성공에는 견주기 힘든 면모가 눈에 띈다. 그 역시 대규모의 싸움을 직접 이끌었던 전선 사령관은 아니었다.

그는 6.25전쟁에서 전선 사령관이었던 펑더화이彭德懷가 현장의 문제점 등을 거론했음에도 불구하고 1951년 '춘계 대공세'에 관한 지시를 내린다. 앞에서 적었던 대로 초반에 미군을 상대로 올린 승리에 도취했을 가능성이 있다고 보이는 대목이다. 그에 따라 잠시 휴식기를 가졌던 중공군은 2월 들어서 다시 공세에 나선다.

그런 상황에서 미군은 리지웨이 신임 8군 사령관을 중심으로 대대적인 반격에 나선다. 제대로 자리를 잡으면서 체력을 다소 회복한 미군과 초반의 승세에 빠져 자국 군대가 안고 있는 객관적 조건의 불리함을 무시한 중공군이 이제 본격적으로 크게 싸움을 벌일 상황이었다. 그 싸움의 현장은 경기도 양평군 지평리砥平里였다.

양평의 지평리는 야산으로 둘러싸인 분지 형태의 지역이다. 이곳에서의 싸움은 한쪽의 모진 전의戰意, 다른 한쪽의 우연에 가까운 접근으로 이뤄졌다는 특징이 있다. 미군은 리지웨이가 전선에 부임한 이래 중공군에게 치명적인 일격을 가할 준비에 몰두했다. 그런 기회는 쉽게 다가오지 않았다.

리지웨이의 지시에 따라 미군을 중심으로 한 유엔군은 위력수색에 계속 나섰다. 그러나 중공군의 자취는 한강 이남 지역에서는 잘 눈에 띄지 않았다. 그러면서 유엔군은 리지웨이의 지시에 따라 차츰 한강과 서울을 향해 다가가고 있던 상황이었다. 내가 이끌었던 국군 1사단도 미군 1군단에 여전히 속해 있으면서 한강 남안을 향해 조금씩 진출하고 있었다.

1월 초 휴식기에 접어들었던 중공군은 중국 최고 지도자인 마오쩌둥의 지시에 따라 다음 단계 공세를 위한 준비에 들어갔고, 차츰 중부지역의 전선에 출몰하면서 다시 기회를 노리고 있었다. 먼저 중부 전선이 출렁거렸다. 횡성에서 국군 8사단이 전멸의 상태로 다시 중공군에 무릎을 꿇었다. 이는 나중에 다시 서술할 대목이다.

이는 리지웨이 부임 후 다시 공세를

낙동강 전선에서 1사단을 지원했던 미 2사단 23연대장 폴 프리먼. 1951년 2월 경기도 가평에서 벌어진 '지평리 전투'의 주인공이다. 대장으로 승진한 뒤의 사진

벌이려던 중공군이 작심하고 나선 작전이었다. 먼저 강력한 전투력의 미군들이 버티고 있던 서부전선을 피해 상대적으로 화력 등이 열세인 국군의 작전 지역을 공략하려는 의도에서 펼쳐졌다. 그에 따라 중공군은 횡성의 국군 8사단과 평창의 국군 3사단을 먼저 공격했다. 8사단은 특히 궤멸에 가까운 피해를 입어 6.25전쟁 중 손가락으로 꼽을 만큼의 치욕스런 패배를 기록하고 말았다.

상대의 상황에 둔감했던 중공군

그를 우회한 중공군이 다음 지역으로 노린 곳이 지평리였다. 먼저 국군이 지키는 중동부전선에 커다란 구멍을 뚫은 뒤 그 병력을 서쪽으로 우회시켜 북쪽으로 진출한 미군을 공격한다는 작전 의도였다. 그러나 중공군은 지평리에서 상대를 잘못 골랐다. 우선 기본적인 체력이 매우 떨어진 상태의 중공군 전투력이 문제였고, 아울러 치밀하지 못한 적정敵情 탐색과 상황에 대한 오판 등의 실수를 저지르고 말았다.

지평리 전투는 1951년 2월 13일에 벌어진 것으로 알고 있다. 그 이틀 전인 2월 11일 횡성에서 국군 8사단이 처참하게 무너졌다. 중공군의 공격이 벌어진 4시간 뒤에 벌써 와해의 조짐을 보였고, 하루 만에 사단 전체가 무너지고 말았다. 병력의 3분의 1을 잃어도 그 부대는 전투력을 거의 상실한 것으로 간주한다. 기록에 따르면 8사단은 절반 이상의 병력을 잃었다. 철저한 와해의 수준이라고 봐도 좋을 정도다.

그렇게 전선을 몰아친 중공군이 다음에 다가선 곳이 바로 지평리였다. 그곳에는 평북 군우리에서 중공군에게 처참하게 당한 미 2사단의 23연대가 지키고 있었다. 폴 프리먼이라는 연대장이 이끄는 부대였다. 그는 군우리에서 운 좋게 중공군의 매복로를 우회했다. 그런 그가 몇 개월 뒤 자신의 사단에 치명적인 피해를 입힌 중공군을 지평리에서 기다리고 있던 상황이었다.

그의 연대 병력에 랄프 몽클라르라는 인물이 이끄는 프랑스 1개 대대가 가세했다. 그는 특이한 경력의 소유자였다. 제2차 세계대전의 여러 전장을 다녔던 직업 군인이었으며, 원래는 중장의 계급이었으나 한국에서의 전쟁을 위해 대대 급의 파견 부대 지휘관 계급에 맞춰 중령으로 스스로 계급을 낮춰 한국에 온 사람이다.

그가 이끄는 프랑스 대대의 활약상은 매우 잘 알려져 있다. 피리와 꽹과리로 상대의 심리를 교란하면서 다가오는 중공군에 맞서 더 큰 소리로 외치며 반격을 했다거나, 머리에 빨간 천을 두르고 혈전을 피하지 않았다는 등의 일화가 전해온다. 몽클라르 장군의 분투도 함께 거론되는 내용이다. 그러나 지평리의 주역은 프리먼이 이끌었던 미 2사단 23연대다. 그리고 그를 강력하게 뒷받침했던 사람이 리지웨이다.

리지웨이는 작정하고 지평리 싸움에 나섰다. 그는 결코 지평리에서 물러설 생각이 없었다. 그는 지평리 전투에서 미군이 지닌 장점을 최대한 발휘했다. 우세한 공군력을 최대한 동원했고, 강력한 화력으로 전선을 지원했다. 그런 그의 강력한 지원으로 프리먼은 놀라울 정도의 전투력을 발휘했다.

프리먼은 다리에 중상을 입고도 후송을 거부했다. 그는 사주방어 四周防禦 진지를 좁게 구축한 뒤 혈전을 직접 지휘했다. 지평리 일대는 100~400m 높이의 야산이 발달한 지역이다. 그를 활용하면 지름 5~6㎞

의 진지를 구축할 수 있었으나, 프리먼은 집중력을 높이기 위해 그를 1.5㎞의 진지로 좁혔다. 그리고서 그는 적을 맞았다.

현대전과 재래전의 차이

중공군 병력은 적어도 8개 연대였다. 일부 다른 기록에 따르면 적어도 4~5개 사단에 이르는 병력이라고 했다. 그러나 중공군은 초반부터 여러 측면에서 우를 범했다. 지평리를 지키는 상대의 병력 수를 제대로 파악하지 못했고, 상대가 지닌 전투력의 크기를 전혀 짐작하지 못한 상태였다. 당시 중공군 공세의 지휘부는 나중에 개성과 판문점에서 열렸던 양측 휴전회담의 중공군 대표 덩화鄧華였다.

중공군 총사령관 펑더화이(彭德懷)의 부사령관으로 실제 중공군의 각종 전투를 모두 이끌었던 덩화(鄧華)

노련한 전선 지휘관이었음에도 그는 적정을 제대로 파악하지 못한 채 성급한 공격을 벌였다. 참전 초반의 날카로운 공격력도 이때는 발휘할 수 없었다. 좁게 구축한 사주방어형 진지에서 견고하게 싸움을 이끄는 폴 프리먼 23연대장, 그리고 강력하게 그를 뒷받침하는 리지웨이의 승부수를 읽지 못한 탓이다.

지평리 전투는 몇 가지 점에서 상징적이다. 전격적인 중공군 참전에 갈피를 잡지 못했던 미군이 체력과 정신력을 제대로 회복해 그 특유의 장점인 현대적 전술과 장비를 모두 동원했으며, 중공군은 승세에 취해 매복과 우회 및 기습의 전통적인 전술에만 의존하고 있었다.

공중에는 아주 많은 미군 공군기가 떴고, 155㎜의 강력한 화력을 지닌 미군의 포가 유기적으로 전선에 다가오는 중공군을 맹폭했다. 수적인 우세에 의존하던 중공군의 전법은 바닥을 드러내기 시작했고, 첨단의 무기와 전술에다가 조직적으로 나서는 미군의 맹위는 시간이 갈수록 빛을 더했다.

승패는 금세 갈라졌다. 2~3일이 경과하면서 중공군의 인명 피해가 막심해지고 있었다. 기습과 우회, 매복의 전통적인 중공군 전술이 한계를 보였던 것이다. 미군 23연대와 프랑스 대대는 조금도 물러서지 않고 싸웠다. 그런 강력한 전의에 현대적 장비와 무기까지 동원했으니 중공군은 그때까지는 만나지 못했던 상대와 조우한 셈이었다. 현대전을 치르는 미군의 군대가 전통적인 전술에 의존하는 중공군에게 막심한 피해를 준 점에서 이는 상징적이었다.

다른 하나는 전세戰勢의 전환점이었다는 점에서 그렇다. 중공군의 공세는 이로써 결정적으로 꺾였다. 이후에 중공군은 거듭 공격을 벌여오지만 지평리 전투를 전환점으로 예전과 같은 밀물 공세에 나설 수 없었다.

리지웨이의 강인한 성격과 그로부터 뿜어져 나오는 강한 공격력, 군인으로서의 매서운 싸움 의지가 빛을 발하는 순간이었다. 그런 지휘관의 후원을 받아 폴 프리만의 전투력이 역시 빛을 발했고, 몽클라르가 이끄는 프랑스 대대의 명성도 덩달아 높아졌다. 전세가 뒤집어진다는 말은 이런 경우를 이를 것이다. 그렇게 1951년 2월 중공군의 공세가 꺾이고 있었다.

우리가 개성을 찾지 못한 이유

맥아더를 시기한 전선 사령관

1951년 1월 4일 내준 서울을 다시 되찾은 때는 같은 해 3월 15일이었다. 그 서울 탈환의 선두에는 내가 이끄는 국군 1사단도 함께 섰다. 우리는 영등포에 진출해 한강을 넘었다. 사전에 중공군이 서울 일원에 어느 정도 남아 있는지를 알아보기 위해 한국 땅에 와서 살고 있었던 중국인, 즉 화교華僑들을 아군 병력으로 확보해 먼저 영등포의 한강 북안으로 침투시킨 일도 있다.

어쨌든 우리는 그렇게 서울을 탈환했다. 감격스러운 작전이었음은 두말할 필요도 없다. 그런 서울 탈환의 일대 공로는 리지웨이 사령관에게 돌려야 마땅하다. 그는 강인한 군인 정신으로 무장한 장군이었고, 아울러 매섭고 강한 공격력으로 군대를 이끌었던 야전형 지휘관이었다. 그가 있었기에 중공군 참전 뒤 마구 무너져 내리던 전선을 쇠사슬처럼 단단하게 묶은 뒤 병력과 화력을 요령 있게 집중해 인해전술人海戰術의 수적인 압도로 공격을 벌이던 중공군의 발길을 돌릴 수 있었다.

그런 리지웨이가 강하게 불만을 표출한 적이 있다. 그 무렵이었다. 서울을 탈환하기 직전 맥아더 유엔군 총사령관이 도쿄에서 수원으로 날아와 기자회견을 했다. 맥아더는 그 자리에서 서울 탈환을 목전에

둔 반격과 전세戰勢의 역전逆轉이 마치 자신의 공인 것처럼 여기게 만드는 발언을 했다.

리지웨이는 당시 맥아더의 그런 발언에 몹시 기분이 상했던 듯하다. 나중에 펴낸 그의 회고록에서 리지웨이는 "내가 주도한 작전인데, 맥아더가 자신의 공로인 것처럼 자랑하고 다녔다"라며 매우 못마땅해 했다. 전공戰功에 관한 문제였다. 이는 늘 다툼이 벌어지는 대목이다. 싸움 뒤의 전과戰果가 과연 누구의 것이냐를 두고 벌이는 경쟁적인 심리였다.

그러나 냉정하게 두고 보면 리지웨이의 그런 불평은 어른스럽지 못한 것이다. 우선 맥아더 장군은 리지웨이와 15년 터울이 지는 '대선배'였다. 맥아더가 미 육군사관학교인 웨스트포인트 교장을 맡고 있던 시절 리지웨이는 그 밑에 있던 체육 교관이었다. 나이로 보나, 미 육군에서의 계급으로 보나, 또는 군에서 쌓은 경력으로 보나 리지웨이는 맥아더와 함께 견줄 수 있는 인물이 아니었다.

아울러 한국 전선으로 리지웨이를 보내자고 주장한 사람도 맥아더였다. 당시 미 본토의 육군본부 작전 부장으로 있던 리지웨이의 탁월한 지휘 능력에 주목했던 맥아더의 추천에 힘입어 그는 한국 전선의 사령관으로 부임했던 것이다. 당시 도쿄에 머물고 있던 맥아더 장군이 미 합동참모본부에 서신을 보내 리지웨이가 한국 전선을 이끌 적임자라고 추천했다. 또 리지웨이가 전선에 부임하기 위해 도쿄의 유엔군 총사령부를 찾았을 때 "미 8군은 자네의 것(8th Army is your's)"이라며 그에게 강력한 힘을 실어주기도 했다.

그 전까지 미 8군은 서부전선을 담당했고, 미 10군단이 동부전선을 맡았다. 이렇게 나눠진 지휘권은 중공군 참전 뒤 효과적인 대응 능력에 문제가 생기도록 한 커다란 결함이었다. 그런 문제를 봉합해 리지웨이의 지휘력에 큰 힘을 실어준 사람이 맥아더였다는 얘기다. 따라서 유엔군이 1951년 초반의 중공군 공세를 꺾은 데에는 맥아더의 영향력이 없었다고 볼 수 없다.

미국의 이익에만 집착했던 사람

그럼에도 리지웨이는 불평을 털어놓았던 것이다. 불평을 넘어, 일종의 시기심이었고 강한 경쟁심이기도 했다. 그런 점에서 보면 리지웨이가 지닌 지휘관으로서의 면모가 일부 드러난다. 그는 공을 세워 자랑하는 데 관심이 많았던 사람이다. 이 점은 리지웨이가 우리는 누구와 무엇 때문에 싸움을 벌이고 있느냐에 대한 근본적인 통찰을 결여하고 있었을지 모른다는 점을 암시한다.

당시 한반도 상황의 본질은 대한민국과 서방국가가 자유와 민주를 두고 공산진영과 전쟁을 벌이고 있었다는 점이다. 그는 상황이 다급했던 한국 전선에 뛰어들어 찬란한 빛을 발했던 지휘관이었다. 꺼져가는 대한민국의 생기에 불을 지폈고, 그의 용기 있는 결단과 강인한 의지 덕분에 마구 전선을 밀고 내려오던 중공군의 공세를 꺾었다.

상의 어깨 부분에 수류탄과 붕대를 매고 다녔던 리지웨이(오른쪽)

마침내 그런 작전의 결과로 1951년 3월 우리는 빼앗겼던 수도 서울을 되찾을 수 있었다.

그럼에도 불구하고 리지웨이는 '직업인으로서의 군인'이라는 면모를 강하게 드러냈다. 대한민국의 입장에서 가장 아쉬웠던 점은 그가 '미국의 합법적인 정부가 내린 합법적인 명령'에만 유독 집착하고, 그 이상의 싸움에는 전혀 나서지 않으려 했던 점이다. 그는 4개월 동안 한국의 전선 사령관으로 중공군의 공세를 훌륭히 막아낸 다음, 미 정부가 해임한 맥아더 장군의 후임으로 도쿄의 유엔 총사령관으로 승진했다.

1951년 여름에 접어들어 중공군 공세가 완연히 꺾인 뒤 자유진영과 공산진영은 처음 휴전을 위한 회담 테이블에 앉는다. 그는 도쿄의 유엔군 총사령관으로 그 휴전회담에 직접 간여했고, 한반도에서 벌어지는 모든 전쟁 국면을 관리했다. 모든 싸움의 규모와 틀이 직접적으로는 그에 의해 정해질 수밖에 없었다는 얘기다.

당시 휴전회담의 가장 큰 주제는 전선을 어떻게 설정한 뒤 휴전에 들어가느냐에 관한 내용이었다. 회담에 나선 유엔군 사령부는 우선 평양과 원산을 잇는 이른바 '평원선'을 1차 방안, 현재 싸움이 붙고 있는 접촉선을 유지하는 2차 방안, 38선을 경계로 하는 3차 방안을 마련해 두고 있었다.

나는 휴전회담의 첫 한국 측 대표로 당시 현장이던 개성을 드나들었다. 따라서 당시의 상황을 매우 잘 알고 있다. 유엔군 회담 대표인 터너 조이 미 극동해군사령관을 비롯한 우리 측 대표의 복안은 '현재의 접촉선 유지'였다. 평양과 원산을 잇는 평원선의 1차 방안은 공산측이 받아들일 리 없었다. 그러나 우리는 압도적인 제공권制空權과 제해

권制海權을 앞세워 그를 주장했다.

그 뒤에 아군과 적군의 접촉선을 경계선으로 한다는 방침이었고, 38선은 마지노선이기는 했으나 우리가 이를 절대 받아들이지 않는다는 방침을 세웠었다. 잘 알려져 있는 사실이지만, 이승만 대통령은 처음부터 이 휴전회담을 반대했다. 이 무렵에는 서방과 공산 진영이 휴전을 위한 회담을 모두 원하는 분위기가 만들어지고 있었다. 미국은 한반도를 통일시킨다는 계획 자체를 버리고 현 상황에서 전쟁을 끝낸다는 생각이 앞섰고, 소련의 스탈린 등도 더 이상의 확전을 바라지 않았기 때문이다. 이 대통령은 그런 분위기와 상관없이 줄곧 '북진 통일'을 주장하고 있었다.

휴전회담을 보는 이승만의 시각

그런 이 대통령은 전력이 다소 기울어진 공산진영의 휴전회담 제안, 그리고 이를 덥석 받아들인 미국을 좋게 볼 수 없는 입장이었다. 이 대통령은 휴전회담의 날짜가 정해지자 "북녘에 중공군 100만 명이 있는데 무슨 회담을 벌인다는 얘기냐"면서 아주 날카롭게 반발하고 있던 상황이었다.

이 대통령은 줄곧 휴전회담을 두고 '근본적인 반대'의 입장을 굽히지 않았다. 그런 까닭에 초반의 휴전회담 이후 1953년 7월 27일 정전협정을 체결할 때까지 미국과는 날카로운 대립각을 형성하기도 했다. 그러나 그는 현실의 모든 상황을 아우르는 정치인이기도 했다. 따라서 이 대통령은 휴전회담이 어떤 방향으로 어떻게 벌어질지에 대해 늘 촉각을 곤두세우고 있었다.

나는 한국의 첫 회담 대표로 나서면서 그 문제에 신경을 써야 했

1951년 3월 서울 재탈환 직전 무렵 한국군 1사단을 방문한 리지웨이 미 8군 사령관(왼쪽)이 무엇인가를 지시하고 있다.

다. 대한민국 대통령이 완강하게 반대하는 휴전회담의 한국 대표로 나서는 입장이 영 어색했기 때문이다. 그래서 나는 휴전회담이 열리기 전 부산의 임시 경무대로 이 대통령을 찾아가 "각하께서 반대하신다 면 저는 지금이라도 회담에 나서지 않겠습니다"라고 했다. 그러자 어 색한 듯 잠시 침묵하던 대통령이 "그래도 미국을 완전히 무시할 수는 없으니 나가보게"라고 말했다.

겉으로는 강력하게 휴전을 반대하지만, 속으로는 현실을 좌지우 지하고 있는 미국의 입장을 대놓고 무시하지 않는 자세였다. 이 대통 령 나름대로의 정치적 운신運身이었다. 76년의 풍상風霜을 독립과 건국 으로 일관한 대통령의 노련함이 묻어나오는 대목이기도 했다.

그런 이 대통령은 휴전회담의 분위기에 "북진 통일"을 주장하며 대놓고 찬물을 끼얹으면서도, 한편으로는 휴전회담의 큰 주제인 경계선 설정에 매우 관심이 많았다. 우리 대한민국의 생존과 관련이 있는 대목이니 어느 누군들 관심이 없을 수 있을까. 이 대통령은 특히 공산 측으로서는 결코 받아들일 수 없는 '평양~원산'이 비현실적이라는 점을 알았고, 그 대안으로 '예성강 확보'를 염두에 두고 있었다.

38선 이남에 있는 개성開城의 확보 문제 때문이었다. 개성은 고려 500년의 수도였고, 김일성 남침 이전에는 대한민국에 속한 지역이기도 했다. 500년 왕조의 도읍이었으니, 그 문화와 전통의 상징성만 해도 대단한 지역이었다. 대통령은 이미 적의 수중에 있던 개성을 되찾고자 했다. 그러나 이 대통령의 의지에 가장 큰 장애를 던진 사람은 바로 중공군의 공세를 꺾었던 미국의 날카로운 창, 리지웨이였다.

금강산 탈환 작전을 가로막다

개성 확보를 위한 전제

개성에 대해 새삼 설명을 늘어놓는다면 군소리에 불과하다. 이곳은 1950년 6월 25일 북한의 김일성이 기습적으로 남침을 벌이기 전 엄연한 대한민국의 땅이었다. 그곳을 지키고 있던 부대도 국군 1사단이었다. 나는 당시 1사단장이었으나 전쟁이 벌어지기 10여 일 전 시흥의 보병학교에서 지휘관 교육을 받으라는 명령을 받았다.

따라서 김일성 군대의 공격이 펼쳐질 당시에는 서울에서 시흥으로 출퇴근을 하던 교육생의 신분이었다. 그러나 나는 그곳을 잘 알았다. 전쟁이 발발하기 두 달여 전인 1950년 4월 23일 1사단장으로 부임해 그곳의 지형을 살핀 뒤 나름대로 참호를 파서 주저항선을 설정하는 작업에 몰두했기 때문이었다.

국군 1사단이 맡았던 전선은 너무 넓었다. 개성의 북방으로 90km에 이르는 전면前面을 담당해야 했다. 1만여 명이 조금 넘는 사단 병력으로 지키기에는 턱없이 넓은 전선에 해당했다. 따라서 나는 그 때 임진강 유역의 파평산을 주저항선으로 설정해 그곳에 긴 참호 진지를 구축했다. 만약 전쟁이 벌어지면 개성은 포기할 수밖에 없었다.

김일성의 군대는 그런 약점을 잘 알고 남침을 벌여 왔다. 그들은 개성에서 북쪽으로 향하는 철도의 폐선廢線을 복구해 기습적으로 열차에 병력을 태운 뒤 시내로 순식간에 몰아닥쳤다. 개성은 전선 전면이 너무 넓은 까닭에 적의 침투가 매우 용이했다.

그 개성을 대한민국이 강력하게 확보하기 위해서는 전제 조건이 하나 있었다. 우선 개성의 서북쪽에서 남쪽으로 흐르는 예성강을 손에 넣어야 한다는 점이었다. 우선 이곳을 방어 전선으로 설정해 진지를 확보한 다음, 개성 북방 4~5㎞에 있는 송악산 일대의 산악 지형에 방어선을 구축하면 개성을 지킬 수 있다.

이 예성강에 관한 논의가 있었던 때는 1951년 7월이었다. 나는 당시 한국의 휴전회담 첫 대표 자격으로 개성의 내봉장來鳳莊이란 곳에서 벌어지는 회담에 참여하고 있었다. 이승만 대통령은 휴전회담을 공개적으로 반대하면서도, 이 예성강 문제에 대해서만큼은 매우 예민하게 관심을 보이고 있었다.

나는 이 문제를 리지웨이와 논의한 적이 있다. 그는 당시 앞서 벌어진 중공군 춘계 공세를 막아낸 뒤 승진해 도쿄의 유엔군 총사령관으로 있었다. 휴전회담이 벌어지면서 그는 현장에 자주 왔다. 그는 총사령관의 신분 때문에 개성으로 가지는 않았다. 대신 우리 대표진이 머물고 있던 지금의 판문점 남쪽 자유마을을 자주 찾았다.

나는 리지웨이에게 "개성을 모두 내준다면 서울의 한강은 죽은 강으로 변한다. 반드시 예성강까지 진출해 개성을 확보해야 한다"고 주장했다. 그럴 때마다 리지웨이의 답은 한결 같았다. 그는 "나는 그런 제안을 반대한다. 교량과 보급의 문제 등이 있어서 예성강까지 진출하는 것은 절대 반대한다"고 단호하게 말했다.

미국 의중에는 없었던 예성강

이 문제에 관해서 나는 이승만 대통령으로부터 사전에 지시를 받은 적이 없다. 우리 군대의 전략적 입장에서 볼 때 개성을 확보하기 위해서는 군사적으로 먼저 예성강에 진출해야 한다는 점을 강조했던 것이다. 이승만 대통령의 의중은 내가 휴전회담 대표로 있다가 떠난 뒤 후임으로 회담에 나섰던 이형근 장군을 통해서 미국 측에 전해졌다.

이승만 대통령은 개성의 상징적인 의미에 매우 집착했던 듯하다. 대통령은 회담에 나선 이형근 대표를 통해 그런 의중을 미국 측에 여러 차례에 걸쳐 전달했으나, 돌아오는 답은 모두 같았다고 한다. 리지웨이는 예성강 진출을 아예 생각지도 않았고, 한국 측이 문제를 제기할 때마다 그를 단호하게 거절했다고 한다.

미국의 분위기는 제한적인 전쟁을 펼치다가 휴전을 맺는 방향으

1951년 7월 열린 첫 휴전회담의 대표와 리지웨이 유엔군 총사령관(오른쪽에서 둘째)과 함께

로 이미 변해 있었다. 이 문제에 관한 전략적 토의는 미국의 합동참모본부(합참)가 진행한다. 군사적 판단을 내려 미 행정부의 재가를 얻어 집행하는 절차였다. 따라서 합참이 긍정적인 판단을 내리면 예성강까지의 진출은 불가능하지는 않았다. 그 미국의 합참을 이끌었던 사람이 바로 로튼 콜린스 미 육군참모총장이었다.

리지웨이는 그런 합참의 결정에 100% 복종하는 스타일의 지휘관이었다. 그가 어떤 어려운 일을 결정할 때마다 입에 올리는 "합법적인 미합중국 정부의 합법적인 명령에 따라…" 식의 사고와 행동은 여기서도 어김없이 등장한다. 그는 미국 정부, 나아가 그의 상관이 버티고 있는 미 합참의 의견에 매우 충실하게 따르며, 그 점에서는 한 치의 오차도 보이지 않는 충실한 미국 군대의 장성이었다.

리지웨이는 분명히 뛰어난 지휘관이었다. 그는 한국 전선에 부임한 뒤 전선에 서서 날카로운 판단력과 과감한 공격력을 구사했다. 중공군의 공세에 맥없이 밀려난 유엔군의 상황은 매우 어려웠다. 미국 합참은 당시 상황이 너무 비관적이어서 유엔군 철수를 위해 함정을 준비하도록 지시할 정도였다고 한다.

그 전세를 극적으로 반전시키며 지평리 전투를 이끌어 낸 주역이 리지웨이다. 중공군 참전으로 다시 서울을 내주고 절망의 분위기에 젖어있던 대한민국의 입장에서도 아주 고마운 존재였다. 그러나 리지웨이는 거기까지였다. 그는 미 합참의 지시에 충실해 매우 제한적인 범위에서 한반도의 전쟁을 관리하는 역할에만 몰두했다.

리지웨이는 4개월 뒤 도쿄의 유엔군 총사령관으로 승진해 자리를 옮겼고, 그 뒤를 이어 미 8군을 맡은 사람이 제임스 밴 플리트 장군이었다. 그에 관해서는 나중에 다시 자세히 소개를 하겠지만, 그는 가장 어려운 때의 대한민국에 나타나 한국 군대의 성장에 가장 크게 기여한 인물이다.

금강산 확보 계획도 물거품

그가 부임했을 때 나는 강원도 동부 해안에서 국군 1군단을 이끌고 있었다. 중공군 공세가 또 있었고, 밴 플리트는 단호한 지휘력으로 그를 막아냈다. 그 직후였다. 1951년 5월 말경으로 기억한다. 그가 내게 작전 명령서를 하나 보냈다. 국군 1군단으로 하여금 고저庫底를 공격토록 하는 내용이었다. 강원도 통천군 고저는 옛 조선 시절 이곳 북쪽에 큰 창고가 있어서 붙은 이름이다.

국군 1군단은 동해안을 따라 고저에 직접 진격하고, 동해에 떠 있던 미 7함대는 미군의 상륙작전을 돕고, 중부전선의 미 군단 병력이 동북쪽으로 공격해 이곳 일대를 점령한다는 야심 찬 계획이었다. 밴 플리트는 동해안 상륙을 위해 국군 2개 사단에 미군 2개 전투사단으로 구성한 16군단을 만들려고도 했다.

신설 16군단은 거제도를 출발해 고저 북방의 동해안에 상륙시킨다는 계획도 잡았다. 이런 작전이 펼쳐지면 동부전선은 현재의 위치보다 훨씬 북상해 금강산 일대를 대한민국의 품 안으로 안을 수 있었다. 당시 제해권制海權을 철저하게 장악했던 미 해군의 능력으로 볼 때 결코 어려운 작전이 아니었다.

나는 사실 그 때 가슴이 부풀었다. 대한민국 땅을 한 치라도 늘리는 일이 국가의 군인인 나의 임무라고 생각했고, 한반도의 절경인 금강산을 우리가 안을 수 있다는 점도 매우 상징적이라고 봤기 때문이다. 그러나 이 작전 역시 실천에 옮기지 못했다. 밴 플리트의 왕성한

판문점 자유의 마을을 방문한 리지웨이 유엔군 총사령관이 헬기에 올라타
개성으로 향하는 휴전회담 아군 대표를 환송하고 있다.

공격 의지는 꺾였고, 그 선두에 서서 진군하려던 국군 1군단의 희망도
물거품으로 변했다.

역시 리지웨이의 결정이었다. 그는 이 작전 자체를 반대했다. 정해
진 작전선 이북으로 넘어가기 위해서는 최종적으로 미 합참의 재가를
받아야 했으나, 도쿄 유엔군 사령부 사령관인 리지웨이가 그 전의 단
계에서부터 막아섰던 것이다. 그는 한국군이 현 전선에서 북상하는
것 자체를 꺼렸던 것이다.

당시 미 7함대는 원산의 앞바다, 그리고 청진, 나아가 마음만 먹으
면 그로부터 훨씬 북상한 한반도 북부 지역의 바다를 누빌 수 있었다.
그리고 압도적인 화력으로 미 해군은 적진을 유린할 수 있었다. 아울
러 공산진영의 주력이었던 중공군은 중동부전선에 묶여 있는 상황이
기도 했다.

동해의 연안 지역에는 주력으로 치부할 수 없는 중공군 병력과 개전 초기 거의 무너져 전투력이 크게 떨어진 북한군만이 있었다. 그런 상황에서 동부전선을 마음껏 북상시켜 적을 압박하는 일이 필요했다. 이 점은 북한군은 물론 중공군 수뇌부도 매우 두려워하던 일이었다.

밴 플리트 장군은 그런 이유로 전선 북상에 커다란 관심을 보였고, 고저 공격 계획은 그가 나름대로 앞뒤 사정을 세심하게 고려한 뒤 만들었다. 그럼에도 우선 그 앞을 막아섰던 사람이 리지웨이였다. 좀처럼 자신의 상관 이야기를 하지 않는 밴 플리트였다. 그러나 그는 고저 공격이 좌절하자 아주 커다란 불만을 쏟아냈다.

나와는 가장 사이가 가까운 미 지휘관이 밴 플리트였다. 그는 나중에 고저 작전이 중도에서 취소됐던 일을 이야기할 때마다 분노를 표출했다. 미 웨스트포인트 후배이자, 당시 유엔군 총사령관으로서 자신의 상관이었던 리지웨이를 향해서였다.

우리에겐 너무 부족했던 힘

중공군이 두려워한 지휘관

리지웨이 장군이 수류탄을 상의 한쪽에 매달고 다녔다는 점은 앞에서 먼저 얘기했다. 일부 한국군 장성들도 그를 흉내 내 수류탄을 상의에 달았다는 이야기도 소개했다. 그러나 그런 한국군 장성들이 간과한 게 있다. 리지웨이가 수류탄을 매단 다른 한쪽 상의에는 붕대가 달려 있다는 점이었다.

그런 경우에까지 도달할 일이야 별로 없겠지만, 전선의 최고 지휘관이 상의에 매단 수류탄은 적의 공격에 맞서 최후의 순간까지 싸우겠다는 결의를 상징하는 소품이었을 것이다. 그러나 그런 수류탄 못지않게 붕대도 중요하다. 리지웨이의 상의 다른 한쪽에 동그랗게 말린 형태로 달려 있는 붕대 역시 막바지 싸움의 현장에서 자신을 방어하기 위한 상징적인 물품이었을 것이다.

수류탄과 붕대는 리지웨이가 최후의 싸움까지 상정하는 지휘관임을 스스로 보여주기 위해 동원한 일종의 '장치'였을 테다. 그리고 그둘은 리지웨이가 적의 배후에 침투해 강력한 공격력으로 적진을 교란하는 공수작전의 베테랑임을 과시하는 장식품이기도 했다. 그렇게 스스로를 정교하게 꾸미는 리지웨이의 성품은 공수작전의 지휘관으로서는 안성맞춤이었다.

상대를 가능한 한 정확하게 읽은 뒤 적진에 뛰어들어 최소한의 물자와 화력으로 적의 후방을 교란하는 일이 공수작전이라는 점에서 그렇다. 거대한 병력과 물량, 화력을 동원해 적과 정면으로 대결하는 그런 타입의 지휘관과는 조금 달랐다. 그는 우직하다기보다 영리했다. 적도 잘 읽었고, 그가 한국 전선에 부임하기 전에 있었던 워싱턴의 육군본부 분위기도 매우 정교하게 읽었다.

중공군은 그런 리지웨이에게 커다란 약점을 읽혔다. 중공군이 압록강을 넘어와 한국 전선에 뛰어든 뒤 보였던 공격의 '주기周期'였다. 일종의 패턴이랄 수도 있었다. 중공군은 공세를 강하게 펼치다가도 그를 지속적으로 이어가지 못했다. 길어야 1주일 남짓이었다. 대부분 5~8일 정도 공세를 펼치다가 계속 끊겼다. 그들의 보급에 문제가 있었다는 얘기였다.

리지웨이는 그 점을 면밀하게 관찰했다. 그가 부임한 이후 북위 37도 선에 최후 저지선을 정한 다음 반격을 펼치는 과정에서 이는 아

매슈 리지웨이 사령관

주 큰 관찰 대상이었던 모양이다. 나중에 소개하겠지만, 이는 사실 한반도 전선에 뛰어든 중공군의 가장 큰 약점이었다. 그들은 '보급'을 제대로 이해한 군대가 아니었기 때문이다.

중공군은 한 명의 병사가 많아야 10일 치의 식량을 배급 받은 뒤 공격에 나섰다. 10일 치 식량이면 그나마 나은 편이었다. 보통은 1주

일 남짓의 식량을 짊어진 뒤 공격에 뛰어들었다가 그 식량이 떨어지면 다음의 배급을 기다린 뒤 움직여야 했다. 후퇴했던 미군이 남긴 물자를 기대할 수는 없었다. 미군은 후퇴한 뒤 바로 폭격기 등을 동원해 자신이 남긴 물자와 식량 등을 모두 폭격해 불태워 버렸다. 따라서 중공군이 미군의 물자를 활용할 여지는 매우 적었다.

중공군 지휘부의 회고록 등을 보면 리지웨이의 전법에 그들이 얼마나 당황했는지 제법 잘 드러난다. 그들은 대개 리지웨이의 전법을 강한 결집력이 있다는 점에서 '자성磁性'이라고 표현했으며, 강력한 공격력을 갖췄다는 점에서 불바다, 즉 '화해火海'라고 적었다.

교통사고 당한 내게 "지금 뺄 수 없다"

실제 싸움을 독려하는 리지웨이의 자세는 뭔가 달랐다. 그는 부지런히 전선을 다니면서 일선 부대의 싸움 의지를 부추겼다. 자유와 민주라는 거창한 이념적 메시지보다는, 우리가 어떻게 싸워야 적을 이길 수 있는가에 대해 역설하고 다녔다. 이는 무너진 유엔군 전선에서 강력한 힘으로 작용했다.

나는 그의 반격 작전에 따라 서울로 진격하는 도중에 교통사고를 당한 적이 있다. 제법 심각한 사고였다. 나는 한강 남안을 공격하던 무렵 부대를 찾은 신성모 당시 국방장관과 함께 미 1군단 사령부로 향하고 있었다. 지프 차량 앞에 신 장관이 앉았고, 나는 뒤에 있었다. 앞에 있던 미군 트럭을 비켜 지나가려다가 내가 탄 지프가 뒤집혔다.

그 사고로 신 장관 등은 무사했으나 나는 허리와 안면에 부상을 입었다. 나는 바로 수원의 이동외과 병원에 옮겨져 입원했다. 소식을 듣고 리지웨이 장군이 달려왔다. 군의관들은 내 상태를 그에게 설명하면서 "당분간 입원이 불가피하다. 지금은 병원에서 치료를 당분간 받아야 할 상황이라서 후방으로 이송해야 한다"고 말했다.

그러나 리지웨이의 반응은 단호했다. "지금은 전선에서 사단장을 뺄 때가 아니다"라는 것이었다. 그는 내 얼굴을 들여다보면서 "전선에 나가 계속 싸울 수 있겠는가"라고 물었다. 나는 허리의 통증이 심했지만 역시 전선에서 내가 빠질 때가 아니라고 생각했다. 나는 "싸울 수 있다"고 얘기했고, 리지웨이는 '그래, 그래야지'라는 표정으로 만족스런 웃음을 지어보였다.

결국 나는 부상당한 몸을 이끌고 다시 전선에 나섰고, 1951년 3월 중공군에게 빼앗겼던 서울을 탈환하는 작전에 선두로 나서 영등포와 흑석동에서 마포 쪽으로 건너 서울에 입성하는 데 성공했다. 그는 나중에 내가 펴낸 회고록의 서문을 적으면서 '백선엽은 미군의 가혹한 검증과정을 거치고 또 거쳤다'고 표현했다.

중공군에게 서울을 내준 1.4후퇴 과정에서 나는 국군 1사단장으로 임진강 유역을 지키다가 후퇴한 적이 있다. 앞에서도 적은 내용이다. 리지웨이가 그 때 국군 1사단에 와있던 미 고문관에게 "백 사단장이 후퇴할 때 정위치에 있었느냐"를 물었던 점, 그리고 수원에서 교통사고로 입원했을 때 다시 전선에 서도록 한 점이 아마 그가 거론한 '가혹한 검증'에 들어 있었던 체크 리스트의 일부였을 것이다.

그런 그의 단호한 자세는 전선에서 아군의 활력을 결집해 그를 크게 일으켜 세우는 데는 아주 그만이었다. 리지웨이는 부지런히 전선을 돌아다니며 사기를 진작했고, 그에 못지않게 미군의 화력을 모두 동원해 전선을 뒷받침했다. 그런 그의 면모가 적군인 중공군의 입장에서 볼 때는 '자성磁性'과 '화해火海'로 비쳤을 것이다.

그러나 우리는 너무 미미했다

그는 미국인으로서, 그 미국의 정부가 보낸 군인으로서의 프라이드가 지나칠 정도로 강했다. 어쩌면 그 점은 오만(傲慢)으로 비칠지도 몰랐다. 아울러 자신이 돕는 한국에 대한 편견(偏見)으로 이어질 가능성도 있었다. 그는 그런 미국의 자부심을 거의 여과 없이 드러내곤 했다.

공산 측과 첫 휴전회담을 벌일 때였다. 앞에서도 소개를 했던 내용인데, 그는 회담장에 자주 날아왔다. 처음 벌어지는 휴전회담에 그는 높은 관심을 지니고 있었기 때문이었다. 그는 아군의 회담 대표단이 개성으로 향하기 전 지금의 판문점 남쪽에 있는 자유마을에 찾아와 자주 회의를 열었다.

그런 무렵의 어느 하루였다. 우리는 개성으로 가기 위해 헬리콥터 3대에 분승해야 했다. 나는 헬리콥터에 타기 위해 이동하는 도중에 어느 미국 기자가 리지웨이에게 "적진에 있는 개성으로 대표단을 보내는 게 위험하지는 않느냐"고 물었다. 그러자 리지웨이는 망설임 없이 이런 말을 했다. "우리는 강하다(We are strong)".

아울러 그는 우리 회담 대표단에게도 자주 그런 메시지를 던졌다. 대표단과 사전에 회의를 할 때도 리지웨이는 자주 "우리는 세계 최강이다. 상대에게 절대 주눅 들어서는 안 된다"고 주문했다. 아울러 "미국은 세계 최고의 나라다" 등의 발언은 리지웨이가 작전 지시 등을 내릴 때 늘 등장하던 말이었다.

그런 리지웨이는 이승만 대통령과 잘 맞을 수 없었다. 그렇게 강한 자부심을 내세우며 미국 정부의 이익만을 위해 한국 전선을 제한적으로 관리하려던 리지웨이와 먼저 남침을 감행한 공산 측과 끝까지 싸워 분단된 조국의 상처를 일거에 만회하려던 이승만 대통령은 마치

물과 기름처럼 어울리기 어려웠다.

　이승만 대통령은 리지웨이를 비롯한 미국의 수뇌부가 공산 측과 휴전회담을 벌이면서 한반도 전선을 미봉彌縫하려는 움직임을 보이자 이에 크게 반발하고 나섰다. 그의 주장은 어디까지나 "북진해서 통일을 이루자"였다. 그것은 아주 자연스런 호소였다. 김일성의 야욕 때문에 뿌려진 피와 눈물을 따져볼 때 특히 그랬다.

　그러나 전선은 냉정하게 돌아갈 수밖에 없었다. 미국의 제한적인 관리 방침은 더 깊어졌고, 공산 측도 휴전을 바라는 기색이 역력했다. 우리가 그런 모든 상황에서 주主를 형성할 수 없다는 점이 가장 큰 문제였다. 미국 군대의 지휘관으로서 아주 큰 자부심에 젖어 있던 리지웨이는 그런 틀을 견고하게 쌓아갔다. 상황을 되돌리기에 대한민국의 힘은 아주 미미했고, 미국은 아주 강했을 뿐이다.

1951년 3월 서울 재탈환 뒤 중공군 후퇴 병력의 퇴로를 막기 위해
미 공정대원들이 경기도 문산 일대로 낙하산을 펼치며 내려오고 있다.
(출처: NARA)

제5장
중공군은 강했다

중공군은 뛰어난 전법으로 참전 초반
유엔군을 크게 괴롭혔다.
사진은 하천 도하 공격 중인 중공군 모습

그들은 '당나라 군대'가 아니었다

중국 군대의 면모

우리는 그들을 때로는 '당나라 군대'라고 부른다. 기율도 없고, 기백도 없으며, 그래서 적이 나타나면 오합지졸烏合之卒로 뿔뿔이 흩어져 내빼는 그런 군대 말이다. 아울러 책임감도 없어 자신이 지켜야 할 자리를 항상 잊는다. 그러니 적에 맞서 싸울 역량은 물론이고, 그럴 마음조차 내지 못하는 군대다. 중국인의 군대 얘기다. 그러나 그런 '당나라 군대'가 정말 중국의 군대일까.

나는 아니라고 본다. 아니, 정확하게 말하자면 내가 60여 년 전에 맞서 싸웠던 중국의 군대는 절대 그런 상대가 아니었다. 그들은 싸움의 때를 가려 나설 줄 알았고, 또 적절한 시점을 선택해 물러설 줄도 알았다. 약한 상대를 고를 줄 알았으며, 강한 상대를 피할 줄 알았다. 전략의 운용은 매우 신중했으며, 아울러 용의주도했다. 그 전략을 펼치는 전술 또한 강하고 매섭기 짝이 없었다.

그들은 적을 면밀히 살피다가 상대가 가장 아파하는 곳을 골라 사정없이 때릴 줄 알았다. 화력이 강한 미군에게는 은폐와 엄호로 자신을 보호할 줄 알았으며, 전투력이 허약한 국군에게는 마치 사나운 맹수가 온 힘을 기울여 달려들듯이 덮쳤다.

나는 만주국의 군관으로 있을 때 중국, 즉 우리로서는 늘 '대륙'

이라고 부르던 그곳의 군대를 직 간접적으로 체험했다. 그들은 우선 대륙을 집어 삼키기 위해 면밀하게 그 틈을 헤집던 일본의 군대에게 매우 속절없이 당하고 말았다. 아마 '당나라 군대'라는 수식으로 대륙의 군사적 수준을 폄하하는 버릇은 당시의 일본 군대로부터 비롯했을지 모른다.

중공군의 참전 전후 모든 과정을 지휘했던 마오쩌둥(毛澤東)이 귀국한 중공군을 환영하고 있다.

1931년 일본은 만주사변滿洲事變을 일으켰다. 중국 대륙을 삼키려는 제국주의 일본의 야욕이 처음 내디딘 발걸음이었다. 일본은 우선 류탸오후柳條湖라는 곳에서 철도를 폭파해 이를 중국인의 소행이라고 몰아간 뒤 당시 펑톈奉天이라고 부르던 지금의 선양瀋陽에서 군사적 행동에 들어갔다.

그 중국의 군대는 비록 장쭤린張作霖이라는 군벌軍閥의 병력이었으나, 상당한 세를 구축해 중국 전역의 군벌 중에서는 손에 꼽을 만한 실력을 갖췄던 부대였다. 그럼에도 이들은 1개 대대에 불과한 일본의 병력에게 아주 무참할 정도로 깨지고 말았다.

그 과정은 이렇다. 당시 만주에 주둔 중인 일본 군대는 관동군關東軍이었다. 일본이 아직 만주에서 본격적으로 야욕을 펼치기 전이었다. 따라서 관동군이라고 해도 그곳 일대에 일본이 건설한 만주철도滿鐵의 간선을 지키기 위한 철도 호위 병력 수준에 불과했다. 만주 전체에는 8개 대대 병력이 주둔했던 것으로 알고 있다.

만주사변 속 군벌의 군대

장쭤린이라는 군벌은 1928년 일본이 벌인 황구툰皇姑屯이라는 곳에서의 열차 폭파 사건으로 이미 숨진 뒤였고, 관동군은 그 여세를 몰아 만주를 본격적으로 집어삼킬 준비에 들어간 상태였다. 관동군에서는 여러 사람이 그런 계획에 간여했는데, 그중 대표적인 사람이 작전 참모였던 이시하라 간지石原莞爾라는 중좌였다. 그는 장기적인 안목으로 만주 자체를 일본군의 수중에 두려 했던 인물이며, 당시 일본군에서는 전략통으로 이름이 알려졌던 인물이다.

일본군은 류탸오후 인근의 철도를 폭파한 뒤 이를 빌미로 중국 군대를 공격했다. 야밤을 틈타 1개 대대 병력이 당시 장쭤린 군벌 병력 1만 5,000명이 주둔 중이던 북대영北大營과 동대영東大營을 공격한 사

김일성(왼쪽에서 둘째)이 참전 뒤 귀국하는 중공군 병력을 환송하고 있다.

건이었다. 일본군 1개 대대 병력과 장쭤린 군벌 중에서 가장 전투력이 뛰어났던 펑톈의 북대영 및 동대영의 1개 사단 이상의 병력이 벌인 이 싸움의 결과는 중국에서 볼 때 허망하기 짝이 없을 정도였다.

중국 군대는 일거에 무너지고 말았다. 일본군은 1개 대대 병력, 약 800명 정도의 부대였다. 게다가 그들은 중무장한 병력이 아니었다. 철도 수비대의 성격이었으니 경무장 정도의 부대였다고 보면 충분하다. 그럼에도 1만 5,000명의 중국 부대는 일거에 제압당하고 말았다.

당시 장쭤린 군벌의 군대에는 일본 고문관이 있었다. 그는 중국 부대의 동향을 유심히 살폈다. 중국 군대에는 아주 커다란 결점이 있었다. 장병들이 주말에 부대 밖으로 외출할 때 무기를 들고 나가 판매해 돈을 번다는 사실이었다. 그를 방지하고자 군 지휘부는 주말마다 장병들로부터 무기를 모두 회수해 창고에 넣은 뒤 이를 이중 삼중으로 닫아걸었다. 장병들이 제 무기를 팔아먹는 일을 방지하기 위한 나름대로의 고육책苦肉策이었다.

그 일본 고문관은 그런 중국 군대의 기이한 현상을 파악한 뒤 이를 지휘부에 보고했다. 전략, 나아가 술수에 능했다는 이시하라 간지 등 관동군 지휘부는 그를 십분 활용했다. 무기가 없는 군대의 병력 1만 5,000명은 그야말로 숫자에 불과할 뿐이다. 무기가 없으면 그 군대는 결코 군대로 나설 수 없는 법이다. 경무장이라고 하더라도 일본군 1개 대대 병력은 나름대로 충분한 살상력殺傷力을 지닌 부대였다.

따라서 싸움의 승패는 달리 갈릴 수가 없었다. 일본은 일방적이면서도 뚜렷한 승리를 거뒀고, 무기를 창고에 이중 삼중으로 가둔 채 빈손으로 적을 맞았던 중국 군대는 아무런 힘을 쓰지도 못한 채 패배를 맞았던 것이다. 일본은 이 사건을 통해 만주에 본격적으로 진출한다.

만주 지역을 주름잡던 중국의 군대를 완전히 제압한 결과였다.

여기서 중국 군대의 특징이 드러난다. 그들은 적과 맞서 싸울 때 쓸 무기를 팔아 돈을 벌었던 군대였다. 일종의 횡령이고 부패다. 그러나 횡령과 부패의 수단이 적을 맞아야 할 때 써야 하는 무기였다는 점이 가장 눈에 띄는 특징이다. 횡령과 부패는 어느 조직에서든 나온다. 그러나 군인이 제 무기를 팔아먹는다는 점은 보통 심각한 일이 아니다.

린뱌오 대신 나선 펑더화이

그로부터 약 20년 뒤 한국 전선에 뛰어든 중공군은 그들과 같은 존재였을까. 문화적 동질성에선 만주사변을 맞았던 장쭤린 휘하의 병력과 한국 전선에 나선 중공군이 다를 리 없다. 그들 모두는 같은 중국인이고, 같은 문화적 기질로, 같은 환경에서 성장한 군대다. 다른 점이 있다면 장쭤린 부대는 명분이 뚜렷하지 않은 지방 군벌의 병력이었고, 중공군은 중국 대륙을 석권한 뒤 강력한 명령 체계를 가동하고 있던 공산당 지휘 아래의 부대였다는 사실이다.

아울러 1951년의 중공군은 일본이 벌인 만주사변과 중국 침략에 맞서 오랫동안 항일抗日의 전쟁을 펼쳤고, 이어 벌어진 국민당國民黨과 공산당의 내전에서 풍부한 전투 경험을 쌓았던 군대였다. 한국 전선에 뛰어든 중공군이 공산당 군대 출신의 병력 뿐 아니라, 그에 쫓겨 대만으로 패주한 장제스蔣介石의 국민당 군대 출신 병력까지 아우르고 있었다는 점은 매우 잘 알려진 사실이다.

중국 공산당 군대에서 가장 전투 경험이 풍부할 뿐만 아니라, 핑싱관平型關이라는 곳에서 일본군 수송 병력을 크게 꺾었던 경력의 린뱌오林彪는 한국 전선에 나서지 않았다. 그는 중국 공산당의 군대에서는 가장 탁월한 지휘관이었다. 그는 분명히 전쟁을 이해했던 장수였을 것이다. 너무 잘 알았기 때문인지는 몰라도, 린뱌오는 6.25전쟁에 참전하는 것 자체를 꺼렸다고 알려져 있다. 세계 최강이라고 할 수 있는 미국 군대와의 싸움이 두려웠기 때문이었을 것이다.

그 다음으로 중국 공산당 지도부가 선택한 인물이 펑더화이彭德懷다. 그는 중국 해방군解放軍의 10대 원수元帥 중 한 사람이다. 군에서의 명망이 높기는 마찬가지지만, 전력戰歷의 화려함과 다양함 등에서는 린뱌오에 조금 못 미치는 인물이다. 그러나 펑더화이 역시 일본군과의 치열한 싸움을 거친 몇 안 되는 중공군 장수의 하나임에 틀림없으며, 국민당과의 싸움에서는 대단한 전과를 올렸던 장군이다.

1898년 출생한 펑더화이는 빈농貧農 집안 출신이다. 따라서 어렸을 적의 배움이라는 게 보잘 것 없는 편이다. 그러나 그는 그 시절의 사람답게 호號를 가졌다. 그 호가 '석천石穿'이다. 중국어를 이해하는 사람은 펑더화이가 취한 그 호의 뜻을 짐작할 것이다. 물방울이라도 계속 떨어지면 바위를 뚫는다는 의미다. 한자로는 '水滴石穿(수적석천)'이라고 적는다.

펑더화이는 그런 장수임에 틀림없다. 식견과 학식은 별로 내세울 게 없으나 싸움의 의지가 한결같은 사람이다. 꾸준하며 집요한 스타일이기도 하다. 게다가 일본과의 힘든 전쟁, 국민당과의 막바지 치열한 패권 다툼에서 줄곧 전선에 섰던 인물이다. 따라서 전쟁의 현장을 잘 알았고, 그 힘겨운 싸움의 들판에 선 장병들의 마음을 잘 알았다. 중국 공산당 지도부의 신망도 높았고, 그를 따르는 휘하 장병들의 신뢰도 높았다. 그리고 무엇보다, 펑더화이와 그 휘하의 장병들 모두는 삶과 죽음을 가르는 전쟁의 혹독함을 아주 잘 이해하고 있었다.

참전 과정부터 드러낸 전략의 깊이

이순신 '운주당'과 싸움의 전략

싸움에는 '셈'이 반드시 등장한다. 이를 고전적인 용어로는 산算이라는 글자로 적고, 현대적인 용어로는 책략策略 또는 전략戰略이라고도 부른다. 싸움의 큰 틀을 살피면서 어떻게 효율적으로 상대를 맞아 싸울 것인가, 그리고 아군의 희생을 최소화하면서 최대의 승리를 이끌어 낼 것인가 등에 관한 종합적인 모색이다.

임진왜란壬辰倭亂을 맞아 기울어 가던 조선의 명맥을 일으켜 세웠던 이순신 장군은 한산도에서 전쟁을 지휘할 때 운주당運籌堂이라는 곳을 지었다. 그곳은 아마 작전 사령부에 해당하는 건물이었을 것이다. '운주運籌'라는 말은 셈을 할 때 사용했던 '가지籌'를 이리저리 늘어놓으며 움직여 본다運는 뜻으로 이해할 수 있다. 전쟁철학의 대가였던 손자孫子의 병법서에 집중적으로 등장하는 말이다.

이 '운주'라는 과정은 전쟁을 치르는 지휘관에게는 매우 중요하다. 상대를 맞아 싸워서 이길 수 있느냐에 관한 이른바 '승산勝算'이라는 것도 이를 통해서 얻을 수 있는 법이다. 따라서 셈 가지를 늘어놓으며 이 궁리 저 궁리를 다 해 보는 '운주'의 과정이 신중하고 치밀할수록 싸움에 나서는 채비는 충분하게 갖춰지는 법이다.

1950년 한반도에서 벌어진 전쟁에 제 나라 군대를 참전시키는 문제, 아울러 그 이후에 벌어지는 싸움에서의 방략方略을 살피는 중국의 태도는 매우 치밀하고 용의주도했다. 앞에서 이야기한 것처럼 그들은 과거 10여 년 동안 제국주의 일본의 군대, 그리고 국민당 군대와 매우 치열한 싸움을 치렀다. 그 때문인지 그들은 참전을 결정하는 과정 전부터 매우 치밀한 전략적 사고를 보였다.

1949년 10월 1일 사회주의 중국을 건국한 마오쩌둥毛澤東은 건국 1주년 기념행사가 있던 날 북한으로부터 긴급 요청을 받는다. 북한의 김일성은 그 무렵 낙동강 전선까지 치고 내려갔다가 맥아더 장군이 감행한 인천상륙작전과 그 뒤의 북진 작전으로 쫓기며 아주 절박한 위기감에 시달리고 있었다. 그가 애절하다 싶을 정도로 보낸 긴급 지원 요청이 건국 1주년 행사를 마친 마오의 손에 전해졌던 것이다.

마오는 고민에 고민을 거듭했던 모양이다. 중국에서 나중에 내놓은 자료 등에 따르면 그 또한 섣불리 한국전 참전을 결정하기 힘들었다. 저우언라이周恩來와 주더朱德 등 최고위 인사들과 협의를 거듭했다고 한다. 세계 최강의 미군과 싸움을 벌이는 게 두려웠고, 막 건국한 중국의 사정도 고려해야 했다. 그러나 많은 사람들의 반대 또는 소극적인 의견에도 불구하고 마오쩌둥은 며칠을 고민한 뒤 결국 참전 결정을 내렸다.

그는 그 참전 결정을 "입술이 없어지면 이빨이 시리다"는 뜻의 순망치한脣亡齒寒, "문이 없어지면 집이 위험하다門破堂危"라는 말로 표현했다. 그러나 그보다는 훨씬 복잡한 계산이 숨어 있었다. 소련 스탈린의 원조를 전제로 했으며, 무엇보다 압록강 및 두만강과 접경을 이루고 있는 만주 일대의 안전을 따졌던 것이다.

중국의 으름장, 미국의 무시

마오쩌둥의 중국 지도부는 사전에 미국을 향해 던지는 경고도 잊지 않았다. 1950년 10월 초에 38선 이북으로 진격하느냐 마느냐를 두고 망설이던 미군에게 그곳을 넘어서면 위험하다는 경고를 던진 것이다. 당시 제3세계 외교를 지향하던 인도를 통해서 워싱턴으로 전달했던 것으로 알고 있다.

그러나 미국은 그런 중국의 경고를 눈여겨보지 않았다. 아울러 귀담아 들을 생각도 없었다. 전쟁은 김일성이가 도발했던 것이고, 미국은 인천상륙작전의 여세를 몰아 그 원흉을 없애야 한다는 생각이 있었기 때문이다. 또 하나 특기할 점은 중국의 군대가 그리 대단치 않으리라는 인식도 한몫했으리라는 점이다.

중국의 군대는 그 때까지의 명망이 아주 형편없었다. 오랜 항일 전쟁과 내전을 겪었다고는 하지만 중국인이 펼치는 중국식 싸움은 어딘가 부족했고, 허술하다는 인상을 피할 수 없었기 때문이다. 이 점은 당시 미군을 전체적으로 이끌고 있던 조지 마셜(George Marshall)을 중심으로 한 미군 수뇌부의 공통적인 인식이기도 했다. 마셜은 중국에 주둔했던 경험이 있던 인물이었다.

마오쩌둥이 참전 결정 사실을 발표하는 장면

그는 1930년대 중국 톈진天津에 주둔하던 미군 연대의 부연대장을 맡은 적이 있다. 그 밑에 대위로 있던 사람이 바로 매슈 리지웨이다. 어쨌든 마셜은 직접 주둔한 경험에다가, 나중에는 장제스蔣介石 국민당 군대를 원조하는 일도 직접 지휘했다. 특히 그는 장제스 정부가 막대한 미국의 지원에도 불구하고 주력 4개 사단에 불과한 마오쩌둥의 홍군紅軍 부대에 맥없이 무너지는 과정을 생생하게 목도한 인물이다. 그래서 그는 중국인과 중국의 군대를 매우 불신했다.

덧붙이자면, 이는 나중에 장제스가 "한국 전선에 병력을 보내겠다"는 제안에 대한 미국의 거부로도 이어진다. 장제스 총통은 마오쩌둥의 공산당에 밀려 대륙을 내주고 대만으로 쫓겨난 상태였다. 대륙 수복에 혈안이었던 장제스는 6.25전쟁이 벌어지자 바로 파병 의사를 밝혔고, 마오쩌둥이 대규모 병력을 파견하자 이어 다시 국민당 군대의 파병을 제안했다.

이 제안에 대한 미국의 반응은 냉담했다. 마셜이 주를 이룬 미군 수뇌부는 대륙을 석권한 중국 공산당 군대를 우선 낮춰 봤고, 지원 병력을 보내겠다는 국민당 군대의 실력도 높게 평가하지 않았던 것이다. 아울러 한국의 이승만 대통령도 국민당 군대의 파병 제안을 달갑게 보지 않았다.

이승만도 장제스 파병 제안에 냉담

미국 수뇌부와 이승만 대통령의 시각은 일치하는 면도 있었다. 둘 모두 국민당 군대의 파병으로 인해 한반도가 중국인끼리 세력을 다투는 전쟁터로 변하는 것을 원치 않았던 것이다. 차이도 있다. 미국은 중국인의 전쟁 수행 능력을 믿지 않았던 데 비해, 이 대통령은 중국의 세勢가 한반도에 올라서는 것 자체를 꺼렸다는 점이다.

마오쩌둥을 중심으로 하는 중국 지도부는 참전 결정을 내리면서 내가 알지 못하는 다른 여러 가지 요소를 고려했을 법도 하다. 예를 들자면, 비록 중국 대륙을 석권했다고는 하지만 아직 그곳에는 장제스를 따르던 휘하 옛 국민당 군대의 인원과 요소들이 많이 남아 있었다. 이는 어느 때라도 공산당의 중국을 위협할 수 있었다. 따라서 한반도 전쟁에 참전하면서 마오쩌둥은 그런 옛 국민당 군대의 인원 등을 전선에서 소진시킬 수 있었다.

일부는 그런 점에서 마오쩌둥이 한반도 전선에 뛰어든 것이 아니냐는 추정도 하고 있다. 그러나 그 점은 불분명하다. 그 속내를 짐작할 만한 자료는 없는 상황이니, 그는 어디까지나 추정에 불과할 뿐이다. 아울러 건국 직후의 혼란기를 한반도 전쟁 참전으로 묶어갈 요량도 없지는 않았을 테지만, 그 역시 추정만을 할 수 있을 뿐이다.

중국은 38선을 중시했던 모양이다. 중국 측 기록을 보면 그 점은 분명해 보인다. 중국은 참전 여부의 기준을 미군의 38선 이북 지역으로의 진격에 두고 있었다. 일부 자료에 따르면 미군이 38선 이북 지역으로 진격하지 않는다면 중국은 만주 지역에만 머물면서 사태를 관망한다는 입장이었다고 한다. 그러나 38선 이북으로의 진격이 현실화한다면 참전키로 한다는 방침을 정했다고 한다.

참전 직전의 중국 수뇌부에서 어떤 논의가 오갔는지를 알리는 자료는 꽤 많다. 그러나 내밀한 자료는 아직 많이 알려진 편은 아니다. 어쨌거나 중국 수뇌부는 참전 여부를 두고 많은 고심을 거듭했던 점만은 분명하다. 일설에는 마오쩌둥이 참전 결정을 내리기까지 며칠 동안 밤잠을 설쳤으며, 그에 반대하는 참모들과 적잖은 논쟁도 벌였다는 이야기가 있다.

그러나 그런 과정을 거쳐 중국은 1950년 10월 마침내 참전을 결정

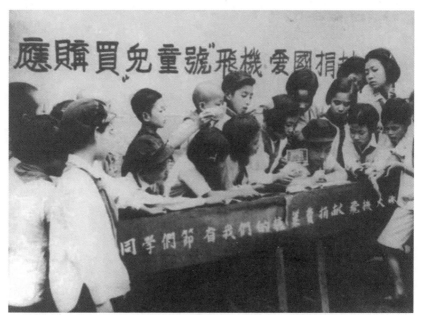

참전 중공군의 지원을 위해 중국 아동들이 헌금하고 있다.

했으며, 이어 대규모의 군대를 압록강 북녘으로 움직여 전쟁에 뛰어들었다. 그러나 분주하게 움직이는 중공의 군대를 살피고 경계하는 아군의 시선은 미약했다. 우리 국군은 전혀 생소한 싸움터에 적응하기에 바쁜 형편이었으며, '세계 최강'이라는 미군은 지나친 자부심으로 스스로의 눈을 가렸던 탓인지 그들의 동정을 지혜롭게 살필 수 없었다.

중공군의 참전이 현실화하는 1950년 10월 말 무렵 미군과 국군은 우선 싸움터의 '셈'에서 상대에게 지고 있었다. 중공군은 면밀한 검토를 진행하면서 전략의 궁리를 거듭했고, 열악한 전비戰備의 약점을 보완하고자 기만欺瞞과 은폐隱蔽부터 펼치면서 나왔다. 아주 낯선 군대가 한반도 북녘에 나타나고 있었다.

『손자병법』의 계승자

"지긋지긋했던 군대"

중국은 이루 다 말할 수 없을 만큼 많은 전쟁을 겪은 나라다. 아주 오래전부터 그들은 크고 작은 전쟁을 셀 수 없을 정도로 많이 겪었다. 중국은 그래서 병법兵法이 아주 발달했다. 누구나 다 알고 있는 사실이다. 우리가 흔히 요즘에도 언급하는 『손자병법孫子兵法』이 대표적인 경우다.

2500년 전 나온 그 병법에 관한 모색은 세계적인 수준이라고 해도 좋다. 이는 다른 문명권에서도 찾아보기 힘든 사례에 해당한다. 그만큼 중국은 오래 전에 전쟁을 생각했고, 전쟁을 벌여 왔으며, 그런 전쟁에 대비하며 깊은 생각을 키워 왔다.

중국 사람들은 그 점을 자랑하는 경우가 많다. 2500년 전의 군사적 사상인 『손자병법』이 아직도 유효하며, 자신은 물론이고 심지어는 세계 최강의 미군 군대도 이를 중요한 군사 교재로 지정한 뒤 연구를 거듭한다고 자랑한다. 일부 중국 사람들은 한 걸음 더 나아가 프랑스의 나폴레옹도 이 『손자병법』으로부터 많은 가르침을 받았다고 소개한다.

그렇다. 중국인들이 내세우는 대로 『손자병법』을 필두로 한 중국의 병법서가 다른 세계 어느 나라에서는 찾아보기 힘들 정도로 군사

철학의 뚜렷한 흐름을 이룬 점은 맞다. 중국인은 분명히 『손자병법』이 나온 중국의 계승자인 만큼 전쟁을 누구보다도 잘 이해했고, 전쟁에 나서서도 그 특유의 전통에 따라 매우 잘 싸울 줄 알았다.

1950년의 상황도 그 점을 잘 말해주고 있었다. 중공군의 전법은 매우 특이했다. 누구도 주목하지는 않았으나, 실제 전선에 나선 중공군의 움직임은 늘 우리의 예상을 비켜 갔고, 의외의 상황을 연출하면서 우리를 당황케 했다. 도대체 종잡을 수 없다 싶을 만큼 그들의 공격은 항상 우리의 의표를 찌르며 펼쳐졌다.

미군은 특히 그들의 전법에 매우 당황했다. '도대체 이들은 어떤 군대냐'는 탄성이 흘러 다녔다. 그들은 밤에만 공격했고, 이상한 나팔과 꽹과리 소리를 울려대며 다가왔다. '세계 최강'이라던 미군이 상대하기에도 매우 거북한 군대였다. 당시의 여러 증언들은 그 때 우리가 지녔던 당혹감을 잘 말해준다.

1950년 10월 말 평북 운산에서 내가 이끄는 국군 1사단의 노무자로 근무했던 한 전직 목사는 당시의 중공군에 대해 "마치 굿판을 벌이는 무당집의 분위기와 같았다. 한밤중의 적막감 속에서 기괴하게 들려오는 피리 소리, 이어 울리는 꽹과리 소리를 들으면 나도 모르게 머리가 오싹했다"고 말한 적이 있다.

미군은 특히 더 당황했다. 처음 마주친 중공군의 군대는 그들에게 매우 고약했다. 모

마오쩌둥과 그의 장남 마오안잉(毛岸英). 마오안잉은 참전 직후 미군 폭격으로 숨졌다.

습을 드러내지 않으며, 어두운 밤에만 공격을 벌이며, 정면보다는 측면과 보이지 않는 구석을 따라 다가온다는 점에서 그랬다. 낮에는 전투를 하고, 밤에는 휴식에 들어가는 미군의 전투 관행으로 볼 때도 그들은 아주 낯설고 두려웠다. 어느 한 미군은 "정말 지긋지긋한 군대"라며 중공군에 넌더리를 쳤다.

교묘한 싸움꾼, 중공군

한반도 전쟁에 뛰어들던 1950년 10월 말 무렵의 중공군은 그런 점에서 매우 두려운 군대였다. 적어도 이듬해 1.4후퇴로 서울을 내주고 아군 전체가 북위 37도선에까지 밀릴 때는 그랬다. 그들은 늘 화려한 공격술을 선보였다. 저보다 강한 상대는 피하면서, 아군의 시야가 어둠에 묻혔을 때 제가 제압하기 쉬운 상대를 골라 은밀하면서도 끈질기게 공격을 벌여왔다.

중공군에게 가장 취약한 부분은 공군이었다. 그들은 당시 전투기를 제대로 몰만 한 파일럿이 없었다. 따라서 공군 비행기도 운용할 만한 게 없었다. 대부분 소련의 공군 지원을 받아야 했는데, 당시 소련을 이끌던 스탈린은 미국과의 전면전을 회피하기 위해 자신의 공군력을 지원하는 데 매우 인색했다.

따라서 중공군은 미군의 공군력을 가장 두려워했다. 그럼에도 그들은 야간에 병력을 이동시키고, 병사 한 사람씩 야산의 나무를 베서 등에 지고 이동하다가 미 공군기가 뜨면 그 나무를 세워 놓고 주저앉는 방식으로 공습을 피했다. 아울러 산 가득히 나무를 태워 그 연기로 연막(煙幕)을 형성해 미군 조종사의 시야로부터 숨기도 했다. 그러면서도 그들은 줄기차게 공격을 멈추지 않았다.

그 결과는 앞에서 소개한 그대로다. 아군은 계속 밀리면서 마침내 서울까지 내줬고, 급기야 월튼 워커 중장의 후임으로 한국 전선에 온 매슈 리지웨이 장군의 눈부신 활약으로 겨우 그들의 공세를 꺾은 뒤 서울을 되찾을 수 있었다. 그러나 그 때의 아군이 중공군으로부터 입은 피해는 결코 작지 않았다.

　중공군의 당시 싸움 방식이 뛰어났다는 점은 인정할 만하다. 일부 자료에서는 세계 최강이라고 자부하던 미군이 중공군의 거센 공세에 밀리면서 그들의 전법을 연구하는 데 골몰했다고 소개하고 있다. 도쿄의 유엔군 총사령부에서는 중공군의 전법을 알기 위해 같은 중국인 전문가들을 불러 특유의 전법이 어디에서 기인하는지, 그리고 잘 알려진 『손자병법』의 핵심이 무엇인지를 연구했다는 내용이다.

　이는 내가 알지 못하는 부분이다. 그랬을 수도 있지만, 그렇지 않았을 수도 있다. 어쨌거나 나는 그 내용을 들은 바는 없다. 혹자는 그런 당시의 중공군이 남긴 강력한 인상으로 인해 미 육군사관학교가 『손자병법』을 중요한 교과서로 정해 학생들을 가르친다고 소개하고 있다. 미 웨스트포인트에서 『손자병법』을 참고 교재로 지정한 것은 맞다.

　그러나 중공군의 강력한 전투력을 『손자병법』과 직접 연결하는 것은 무리라고 생각한다. 나는 개인적으로 『손자병법』이 매우 뛰어난 고전이기는 하지만, 전쟁의 실체를 모두 다 커버하는 내용이라고 하는 데는 반대한다. 나도 그를 연구한 적이 있다. 내 개인적인 결론이기는 하지만, 『손자병법』의 귀결점은 다른 데 있지 않다. "가능하면 싸우지 말자"는 게 그 책의 결론이다.

'현실'에 충실했던 군대

아울러 정규 병력의 육성을 강조는 하고 있지만 이 책의 주안점主眼點은 어찌 보면 비정규적인 병력과 전법의 운용에 있다. 책에서는 정규전의 요소를 정正, 비정규전의 요소를 기奇로 규정한다. 그렇지만 책의 논지는 대부분 비정규전의 기奇를 중심으로 풀어간다는 느낌을 준다.

　　인상으로 볼 때 1950년 한반도 전선에 뛰어든 중공군은 그와 닮

참전한 중공군이 흙으로 실제 지형을 만든 뒤 작전 논의를 벌이는 모습

은 점이 많다. 정면보다는 측면을 노렸고, 우회와 매복에 중점을 두고 공격을 펼쳤으며, 낮보다는 밤 시간을 이용하기 좋아했다. 그런 점을 "병력의 운용은 흐르는 물처럼 해야 한다"는 손자孫子의 가르침과 직접 연결하는 게 바람직할까.

나는 아니라고 본다. 그들은 2500년 전 위대한 군사 사상가 손자의 계통을 이은 사람들임에는 틀림이 없으나 그들의 전법이 손자의 그것을 그대로 따랐다는 시각에는 반대한다. 손자의 가르침은 원론原論에 불과하다. 적을 알고 나를 알면 싸움에서 지지 않는다는 식의 가르침은 군사적 충돌의 현장에 선 지휘관에게는 기본 중의 기본이다.

손자가 말하는 그 나머지의 가르침도 마찬가지다. 원론에 가깝지, 그를 실전에 응용해 실제 전쟁터에서 써먹을 수는 없다. 당시 중공군의 강점은 다른 곳에 있었다. 우선 손자를 비롯한 병법 사상가들이 펼쳤던 '원론'을 잘 이해하고 있었다. 그럼에도 그들은 병법에 나오는 그런 원론대로만 움직이지 않았다. 그들의 강점은 '현실'을 직시할 줄 알았다는 점이다.

미군에게는 있으나, 당시의 중공군에게는 없었던 게 있다. 없었다고까지는 할 수 없으나, 적어도 미군의 그것에 비해서는 현저하게 떨어지는 부분이 있었다. 바로 장비裝備와 화력火力이었다.

이 둘은 현대전의 핵심이다. 이제는 첨단 과학기술이 합쳐져 아주 빼어난 군사 기술이 등장하고 있는 시점이다. 한반도에서 벌어진 전쟁은 그런 점에서 큰 불균형이었다. 세계 최강의 미국은 그를 이미 갖춰가고 있던 상황이었으나, 중공군은 그렇지 못했다. 장비와 화력에서 중공군은 모든 부분이 뒤떨어졌다.

그 점을 만회하기 위해 중공군이 선택한 것이 바로 야밤의 기습이다. 아울러 피리와 꽹과리였으며, 정면에서 펼치지 않고 보이지 않는 곳에서 펼치는 우회와 매복이었다. 그들은 그 점에서 매우 철저했다. 아주 영리하고 교활했으며, 매우 침착했다. 전쟁을 잘 이해하는 사람만이 펼치는 그런 전법이었다. 60여 년이 지난 지금에도 우리는 당시의 중공군을 사람 수만으로 밀어붙이는 '인해전술人海戰術'의 군대로만 이해한다. 과연 그런 인식이 옳을까.

기괴한 싸움 방식을 선보이다

'인해전술'에 대하여

내가 이 자리를 빌려 60여 년 전의 중공군에 대해 자세히 기술하려는 목적은 다른 데 있지 않다. 그들에 대한 우리의 오해와 편견이 제법 깊기 때문이다. 아울러 우리는 그 당시의 전쟁이 어떤 국면의 연속으로 펼쳐졌는지 제대로 이해하지 못하고 있다는 걱정 때문이다.

우리는 흔히 당시의 중공군이 펼쳤던 전법戰法을 '인해전술人海戰術'로 이해한 채 그냥 넘어간다. 일부는 그런 인해전술을 아주 우스꽝스럽게 묘사한다. 무기와 장비를 제대로 지니지 않은 중공군이 엄청난 병력만 내세워 전면적인 공격을 벌였다는 식의 이야기다. 심지어는 "중공군 일부는 총도 없어 손에 몽둥이만 들고서 덤벼들었다" "병사의 목숨을 아랑곳하지 않고 마구 사람 수만으로 밀어붙였다"는 말도 나돈다.

인해전술은 중국이 원래 그렇게 불렸던 게 아니다. 짐작건대, 미국을 비롯한 당시 유엔군의 일부가 새카맣게 몰려드는 압도적인 병력의 중공군을 'human-wave strategy'라고 표현한 뒤 우리 식의 '사람이 바다를 이룬다'는 한자 '人海'의 용어로 정착한 듯싶다. 상대에 비해 제가 가진 것이 낫다고 할 수 없을 때, 종국적으로 선택하는 마지막 전법이 그처럼 사람의 수만으로 밀어붙이는 것일 수 있다.

실제 당시의 중공군은 화력과 장비 면에서 미군을 주축으로 하는 유엔군에 비해 현격하게 떨어지는 상태였다. 그러나 그들은 병력에서 만큼은 아군을 압도하고 있었다. 더구나 그런 병력을 구성하는 인원들이 대개가 10년이 넘는 항일抗日전쟁과 국민당-공산당 사이의 국공 내전을 겪었던 사람들이었다.

그러니 중국 지도부가 당시 유일하게 내세울 수 있는 병력의 압도적 우세를 기반으로 삼아 그런 식의 전쟁을 벌였다는 점은 자연스럽다. 그러나 그들은 우리가 흔히 알고 있는 것처럼 손에 몽둥이를 쥐고서 전장에 나서지는 않았다. 아울러 중국 지도부 또한 전장의 위험을 완전히 무시한 채 병사들을 하찮은 소모품으로만 다루지도 않았다.

얼마 전에 완간한 우리 국방부 군사편찬연구소의 11권짜리 『6.25 전쟁사』는 당시 전쟁을 겪은 노병인 내 입장에서는 여간 자랑스러운 작업이 아니다. 오랜 자료 수집과 분석, 연구를 통해 당시 전쟁의 진짜 모습을 제대로 전달하고 있기 때문이다. 연구소 인원들의 치열한 연구를 통해 밝혀진 내용은 아주 정밀하다.

그에 따르면 1950년 10월 말 압록강을 넘어 한반도 전선에 나선 중공군은 미군에 비해 무장상태는 턱없이 부족하지만, 우리가 아는 식의 '몽둥이를 손에 쥔' 그런 모습의 군대는 아니었다. 그들은 각자 근접전에 탁월했던 이른바 '따발총'을 휴대하고 있었으며, 1인당 100여 발의 총탄과 4개의 수류탄, 다른 철모 1개, 곡괭이 등을 지니고 있었다.

참전한 중공군 병력이 북한 주민과 함께 걷고 있다. 중공군은 엄격한 기율을 내세워 대민 피해를 내는 일을 극도로 삼갔다.

중공군의 한국어 학습 붐

다음 보급 때까지 먹고 견뎌야 할 식량도 휴대하고 있었으며, 1950년 10월 북진할 때 국군과 유엔군 등이 갖추지 못했던 겨울 대비용 방한복도 입고 있었다. 한반도 북부의 혹한酷寒에 대비하기 위해 솜으로 누빈 두툼한 복장이었으며, 한쪽은 카키색과 다른 한쪽은 흰색으로 만들어져 있어서 눈이 쌓인 곳에서는 흰색 쪽을 겉으로 뒤집어 착용함으로써 아군의 눈을 피하도록 했다.

따라서 압록강을 넘는 중공군들은 군관의 경우 25kg 정도의 개인 장비와 물품을 휴대했으며, 사병의 경우 35~45kg의 결코 가볍지 않은 군장을 지니고 다녀야 했다. 화력에서는 유엔군에 비할 바 없었으나, 그래도 전선에서 후방을 받쳐줄 고사포와 박격포를 어느 정도는 확보했던 것으로 알고 있다.

한국말을 아는 중국 내 우리 동포인 조선족도 대규모로 동원했던 흔적이 있다. 『6.25전쟁사』에 따르면 옌볜延邊의 조선족 자치주에서 공산당에 가입한 동포를 중심으로 적지 않은 인원들이 한반도에 참전하는 중공군을 지원했다. 이들은 특히 한국어를 전혀 모르는 중공군의 통역 요원으로, 또는 길을 안내하는 요원으로 참전했다.

이들 조선족 인원의 정확한 숫자는 파악할 길이 없으나 중국 측 자료로 볼 때는 최소 700명에서 최대 2,000명 선이라고 한다. 숫자는 많지 않았을지 몰라도 이들의 역할은 결코 작게 평가할 수 없었다. 이들은 단순한 통역 요원이나 길을 안내하는 향도嚮導의 역할에 그치지 않았고 중공군 간부들에게 전투 또는 민사民事 작전상 필요한 한국어 회화 교사 노릇까지 한 것으로 보인다.

『6.25전쟁사』에는 이들의 활약으로 인해 당시 중공군 진영에서는 한국어 학습의 붐이 일었던 것으로 나온다. 한반도에 참전한 뒤 벌어지는 각종의 상황에서 최소한의 언어 소통 능력을 확보하기 위해서였다. 이들은 특히 자신이 가장 절박한 상황에 놓였을 때를 대비해 한국어 익히기에 집중했던 모양이다.

그들이 가장 위급하다고 하는 경우라면 전선을 훌쩍 넘어와 시도 때도 없이 강력한 폭탄을 떨어뜨리고 가는 미군의 공습을 만날 때였을 것이다. 그에 대비해 "방공, 방공~ 비행기가 왔소, 빨리 뛰시오"라는 식의 한국어를 집중적으로 학습했다고 하는데, 이를 한국어 발음에 가까운 중국어로 "팡쿵, 팡쿵~ 피엔지와싸요, 파리파리카"식으로 적어 보급한 뒤 이를 익히도록 했다는 것이다. 책은 당시 중공군 진영의 장병들이 "너나할 것 없이 모두 죽어라고 이를 외워댔다"고 소개하고 있다.

이들은 또 중공군을 수행하면서 군대가 묵어야 할 곳, 즉 숙영지
宿營地를 물색하는 작업에도 나섰던 것으로 알고 있다. 이밖에도 크고
작은 적정敵情 탐지에도 나섰는데, 이를테면 정찰偵察 임무를 띤 병력의
일원으로도 활동했다는 얘기다. 이런 조선족 청년들은 보통 중공군
중대에 2명 정도가 배치됐다고 한다.

결코 허술하지 않은 군대

나중에 다시 소개하겠지만 한반도 전쟁에 참전키로 결정한 중국 수뇌
부의 태도도 매우 신중했다. 우선 그들은 다른 어떤 점보다 미군의 북
진으로 인한 중국의 피해를 먼저 생각했던 것으로 보인다. 전략 구성
의 기본적인 목표가 미군의 북진으로 인한 중국 동북 3성 일대의 안
전을 지키는 데 있었다는 얘기다.

그런 점 때문에 중공군은 일찍이 압록강을 넘어 적유령 산맥 일대
에 안개처럼 조용히 포진했다. 아군이 북상하는 평북 일대의 전면 북
쪽에 숨어 조용히 때를 기다리고 있었는데, 이는 한반도 전쟁에 참전
하는 목적이 어디에 있었는지를 잘 보여주는 대목이다. 적이 있는 곳
에 미리 전선을 설정해 자국의 경계를 안전하게 뒤로 남겨두려는 목
적이었던 것으로 보인다.

10월 19일경 압록강 도하를 시작한 중공군 병력 약 25만 명은 한
반도 깊숙이 들어가 앉아 있었다. 문제는 어떻게 공중을 오가는 미
군의 정찰 시야를 피할 수 있느냐는 점이었다. 결론적으로, 중공군
은 아주 요령 있게 미군의 날카로운 시선을 모두 피할 수 있었다.
온갖 위장과 은폐, 밤 시간만을 활용한 병력 이동 등의 수단을 모두

동원했다.

　이들이 집중적으로 들어앉았던 산맥의 이름을 우리는 한자로 '狄踰嶺(적유령)'으로 적는데, 한반도에서 대륙 군대의 침략을 맞았던 일부 고개의 명칭에서 자주 드러나는 '되너미 고개'의 의미다. 중국에서 온 사람들을 낮춰 부르는 '되X이 넘어오는 고개'라는 뜻이다. 이들은 그러나 단순하게 넘어오지 않았다. 아주 깊은 경계심과 스스로를 감추려는 용의주도함으로 무장한 상태였다.

말과 나귀가 끄는 수레로 탄약과 물자를 옮기고 있는 중공군 수송부대

중공군이 적유령 산맥 곳곳에 포진하던 때는 일부 국군 사단이 성급하게 압록강을 향해 물을 뜨고자 행군하던 무렵이었다. 중공군은 연기를 피우다가 미군 공군기에 발각당하지 않도록 하기 위해 미리 준비한 볶음밥과 건량乾糧으로 1주일을 버텼으며, 부대와 부대를 오가는 통신도 모두 사람이 오가는 인편人便으로 해결했다. 혹시 미군에 의해 통신선이 도청당할지도 모른다는 우려에서였다.

부대와 부대 사이의 모든 교통도 자제했다. 그들은 대개 간단하지만 수송능력을 모두 갖추고 있던 상태였다. 그러나 조그만 지프 형태의 차량 이동도 금지했으며, 오토바이에 해당하는 모터사이클의 운행도 자제했다고 한다. 대신 자전거를 타고 움직였으며, 웬만한 교신은 모두 사람이 움직이며 해결했다.

모두 작전의 다음 단계를 대비하려는 차원이었다. 공중을 오가는 미군기의 감시를 피해 자신의 존재를 가려 상대가 포위와 매복의 깊은 그물로 걸어 들어오도록 유도하는 차원이었다. 아주 치밀했고 빈틈이 잘 드러나지 않는 행보였다. '인해전술'이라는 막연한 용어는 이런 중공군의 진짜 모습을 모두 가린다. 그들은 결코 허술한 군대가 아니었다.

고도의 전략가 기질

참전을 예감했던 변방군 배치

전쟁이란 무엇일까. 몇 마디의 말로는 결코 정의하기 어려운 게 전쟁이다. 보는 이의 시각에 따라서 그 답은 여러 가지로 나올 수 있다. 그러나 전쟁을 직접 이끄는 지휘관의 입장에서는 반드시 상대를 꺾어야하는 싸움일 뿐이다. 그곳에서의 패배는 이루 다 말할 수 없는 참혹함을 안긴다. 이끄는 장병들의 목숨, 수많은 장비와 물자를 잃는 것은 그렇다 치더라도 내가 지켜야 하는 나라의 산하山河마저 잃는다. 따라서 싸움에 나선 장수는 반드시 이기는 길을 택해야 한다.

그런 점에서 1950년 10월 한반도에 뛰어든 중공군을 볼 필요가 있다. 그들은 약했지만 강했다. 물자와 장비는 보잘 것 없었지만 그들의 싸움에 관한 의지는 매우 강했다. 먹는 음식과 손에 쥔 무기는 두드러진 게 없었지만 그 부족함을 메우는 전략과 전술에서는 아주 뛰어났다.

우리 학자들의 분석 내용을 보면 그들은 일찌감치 전쟁에 대비하고 있었다. 마오쩌둥毛澤東을 필두로 한 중국의 지도부는 한반도에서 벌어진 싸움이 자신에게 번져올 것을 미리 예감하고 있었다. 강 너머의 불을 관찰하는 시선을 우리는 성어로 '격안관화隔岸觀火'라고 적는다. 중국에서도 쓰는 성어다. 우리는 이 말을 어떻게 해석하고 있는가. 그저 '남의 집에 난 불구경'으로 알고 있지는 않은가.

그러나 이 말은 당장 나와 관련이 없더라도 사태가 어떻게 번질지를 주시하는 전략적 시선이 담겨 있는 말이다. 모든 상황은 변수의 연속이다. 특히 전쟁의 경우는 더 그렇다. 따라서 강 너머에 난 불이라도 그것이 어떻게 번질지에 대한 관심과 주의는 잃지 않아야 한다. 1950년의 중국 지도부가 그랬다.

그들이 적은 전사戰史를 살펴보면 중국은 1950년 6월 25일 김일성이 기습적인 남침을 벌이자 아주 예민한 관심을 기울이기 시작했다. 우선 그들은 전쟁이 발발한 지 불과 10여 일 뒤인 7월 7일 동북변방군東北邊防軍을 편성했다. 우리가 만주滿洲라고 부르는 지금의 동북지역 일

압록강에 선 중공군이 압록강 너머의 상황을 지켜보고 있다.

대에 병력 25만 명에 달하는 군대를 배치하기 시작했던 것이다.

이들이 바로 그해 10월 압록강을 넘은 중공군의 주체다. '변방군 邊防軍'이라는 이름에 우선 주목할 필요가 있다. 가장자리 변邊, 즉 자신의 국경國境 지역을 지키는 군대라는 뜻의 명칭이다. 이 시점은 마오쩌둥이 고민에 고민을 거듭하다가 결국 한반도 전쟁에 참전하는 결정을 내린 10월 초에 비해서는 석 달 정도 앞선 무렵이었다.

중국이 동북지역, 특히 랴오닝遼寧과 지린吉林 일대에 이런 대규모의 국경 방어 병력을 배치한 이유를 어떻게 설명해야 좋을까. 7월 초 이 변방군을 배치할 무렵의 중국 수뇌부는 한반도 참전을 전혀 결정하지 않은 상태였다. 그럼에도 국경 지역에 대규모 병력을 배치한 뒤 이를 변방군이라고 불렀던 이유는 자명하다. 그들은 압록강 너머 번지는 '불길'을 일찌감치 경계하고 있었던 것이다.

김일성과의 연대의식보다는…

마오쩌둥이 왜 참전 결정을 내렸을까에 관한 추정은 여러 가지다. 김일성의 북한과 공산주의 연대 의식이 있었기 때문이라는 설이 있으나, 이는 아주 보잘 것 없는 요인에 불과하다. 그보다는 더 실질적인 이유가 있었다. 미군의 공격력이 압록강을 넘어 중국으로 향하는 점을 두려워했다고 봐야 한다. 그 이유가 바로 그들이 6.25전쟁 발발 직후 편성한 군대, 즉 '변방군'의 이름에서 잘 드러난다.

내 나름대로 생각해 본 내용이다. 게다가 그들은 10월 16~19일경 압록강을 건넌다. 앞에서 소개한 대로 그들은 자신의 국경을 넘어 남하한 뒤 평북의 적유령 산맥 곳곳에다가 전략적 방어선을 설치한다. 그 때 마오쩌둥의 중국 지도부는 한반도 참전 군대의 이름을 이렇게 명명했다.

'抗美援朝義勇軍항미원조의용군'이었다. 먼저 주의 깊게 살펴야 할 대목이 '抗美援朝'다. 이 말을 풀자면 '미국에 대항하면서抗美 조선을 지원한다援朝'는 뜻이다. 순서를 보자면 미국에 대항한다는 '抗美항미'가 앞이고, 북한 김일성을 돕는다는 '援朝원조'가 뒤에 있다. 중국 지도부가 전쟁에 뛰어든 본질적인 이유가 어디에 있느냐를 알 수 있게 하는 대목이다.

김일성과의 공산주의 연대의식이 없다고는 할 수 없다. 그들이 참전의 명분과 대의로 분명히 꼽았기 때문이다. 그러나 그는 엄연히 미국에 대항한다는 차원의 '抗美'보다는 뒤에 놓여있음도 알아야 한다. 우선은 미국에 대항하자는 얘기였고, 그에 더불어 같은 공산권의 북한 김일성을 돕는다는 취지다.

중국 지도부가 참전한 중공군 병사에게 내건 구호도 마찬가지였다. 우선은 '抗美援朝항미원조'였고, 그 다음이 '保家衛國보가위국'이었다. 뒤의 말은 '가정을 보호하고, 나라를 지키자'는 뜻이다. 역시 내 나름의 풀이인데, 앞의 '抗美援朝'는 전쟁의 큰 명분을 이야기하고, 뒤의 '保家衛國'은 참전의 실질적인 면을 가리킨다고 볼 수 있다. 더구나 그런 구호를 전파하는 대상이 참전한 중공군 장병이라면 더욱 그렇다.

1950년 10월 한반도의 북쪽 경계인 압록강을 넘었던 수많은 중공군은 아마 이로써 묶였을 것이다. 중국은 그런 수사법修辭法을 잘 구사한다. 몇 글자, 특히 네 글자로 만든 성어 방식의 구호와 지침으로써 명분을 나타내고, 실질을 담는 방식 말이다. '抗美援朝, 保家衛國'라는 두 묶음의 성어는 연 인원 200만 명이 넘는 참전 중공군의 전투력

제고를 위한 중국 지도부의 정밀한 설계
에서 비롯했을 것이다.

국방부 군사편찬연구소가 펴낸 『6.25
전쟁사』에는 그런 정황이 많이 나온다. 그
중에서 내 눈길을 끌었던 대목은 '마오쩌
둥의 두려움'이다. 마오를 비롯한 중국 지
도부는 당시 적잖은 당혹감에 휩싸였다
고 한다. 우선 한반도에 올라선 미군의 향
배向背를 누가 주도하는지 잘 몰랐다. 미국
대통령이던 트루먼이었는지, 아니면 미 합
참을 이끌고 있던 오마르 브래들리인지,
그도 아니면 도쿄에 머물고 있던 유엔군
총사령관 맥아더인지를 알 수 없었다.

세 경우 모두 중국 지도부에는 위협적
이었겠으나, 중국은 특히 일본의 심장부
에 들어가 전쟁을 직접 끝냈던 맥아더를
가장 두려워했을지도 모른다. 나중에 소
개를 하겠지만, 맥아더는 실제 그런 군인
이었다. 적敵이 있는 곳에 끝까지 쫓아가
상대를 완전하게 허문 뒤에 항복을 받아
내는 그런 스타일이었기 때문이다.

중공군 참전 뒤 후방에서 중국인들이 벌이는 시위 장면

중국 내 북한 망명정부 제안

아울러 소련의 지도자 이오지프 스탈린의 의중을 아는 일도 마치 안개 속을 더듬는 것과 같았다. 스탈린은 한반도에 뛰어들어 미군과 대적對敵하기를 꺼려했으며, 중국 지도부의 거듭 이어진 하소연에도 불구하고 중공군 참전의 전제로 내걸었던 공군 지원에도 인색했다. 『6.25전쟁사』에 따르면 스탈린은 그에 덧붙여 국군과 유엔군의 북진에 밀려 패퇴를 거듭하던 북한 김일성의 망명정부를 중국 동북지역에 세우는 방안을 적극 검토했다.

이는 중국 지도부가 가장 바라지 않는 시나리오의 하나였을 것이다. 김일성의 망명정부가 중국 동북지역에 들어설 경우, 자칫 잘못하면 전쟁은 중국 전역으로 번질 가능성도 있었다. 아울러 김일성의 망명정부가 역사적으로 한반도와 유대가 깊은 만주지역에 근거지를 둘 경우 생길 적잖은 소요와 분란도 감수해야 했기 때문이다.

여러 가지 정황으로 볼 때 중국 지도부는 그런 두려움에 젖었으리라 보인다. 그 두려움은 싸움에서의 동력動力이기도 하다. 두려움이 없어야 싸움을 잘 한다고 생각할지 모르지만 사실은 그 반대다. 두려움은 신중함을 키우고, 방만放漫과 오만傲慢을 잠재운다. 그래서 적을 우습게 보는 자세도 막을 수 있다.

그런 여러 점을 다 생각했을 것이다. 마오쩌둥은 급기야 참전을 결정했고, 일찌감치 동북지역에 배치했던 변방군을 움직였다. 그들은 그렇게 싸움의 길을 택했고, 우선 수많은 중공군 장병을 '抗美援朝, 保家衛國(항미원조, 보가위국)'이라는 구호로 묶었다. 급하게 나선 싸움이었으나, 중공군은 그런 급조된 명분에 휩싸여 압록강을 넘었던 것이다.

싸움에는 정도正道가 달리 없다. 장비와 화력의 약점을 보완하기 위해 중국 지도부가 택한 명분은 분명히 당시 한반도 싸움의 본질과는 관계가 없었다. 그럼에도 정보가 통제된 상태의 중공군 장병 대다수는 그를 믿고 싸움에 나섰다. 제 나라와 제 가정을 지킨다는 생각에 묻힌 중공군들은 더구나 마오쩌둥의 다른 말 한 마디를 그대로 믿었다고 한다. "미군은 종이호랑이"라는 말이었다.

우리는 저들을 너무 몰랐다

정보에서 먼저 이긴 중공군

압록강을 향해 북진하는 아군의 상황은 언론 매체의 보도로 외부에 잘 알려지고 있었다. 맥아더 장군의 자신감이 드러나는 대목이었다. 어느 부대가 한반도 어느 지역까지 진출했는지에 관한 사항은 물론이고, 앞으로 어떤 진로를 선택해 공격을 벌일 것인가에 관한 내용도 알려지고 있었다. 언론 통제는 이뤄지지 않았다.

그러니 한반도 참전을 앞둔 중공군은 우리의 동향을 잘 파악하고 있었다. 적어도 전선이 형성되는 지점에서 적장敵將이 어떤 성격과 경력의 장군인지에 관한 내용까지는 잘 알고 있었다. 그 점은 중국 측의 자료로도 잘 드러나고 있다. 베이징北京에 머물고 있던 마오쩌둥毛澤東도 전황을 시시각각으로 보고받고 있었다.

아울러 그는 중공군이 진출할 한반도 지형까지 꿰뚫고 있었다. 『6.25전쟁사』에 따르면 마오쩌둥은 북한에 주재했던 중국 대사관 직원, 화교, 그리고 정찰병 등이 보내오는 자료에 입각해 곧 중공군이 나서서 미군과 싸워야 하는 지역의 상세한 정보까지 파악했다고 한다.

지형地形을 잘 알고, 그곳에서 싸워야 하는 상대와 그 지휘관에 관한 정보까지 파악했다는 사실은 그리 놀랍지 않다. 마땅히 그래야 하기 때문이다. 그러나 그들과 곧 싸움을 벌일 미군과 유엔군, 그리고 국군은 그렇지 못했다. 평양을 넘어 더 북진할 무렵에 중공군이 압록강으로부터 남하해 적유령 산맥 가득히 매복해 있다는 사실 자체를 알지 못했다.

그러니 앞으로 싸울 적의 동향은 고사하고, 그들이 누구인지, 어떤 성격의 부대인지, 그들은 북쪽의 지형을 어떻게 이용하고 나올지를 전혀 파악할 수 없었던 것이다. 상대는 나를 알고, 나는 상대를 알지 못하는 상황에서의 싸움은 그 결론이 뻔할 수밖에 없을 것이다.

국군 1사단장인 나 또한 그런 상황에서 길을 나섰다. 평양을 선두 탈환한 부대였지만 우리 1사단은 곧이어 벌어질 미 187공수연대의 숙천 공습강하 작전을 뒷받침해야 했다. 역시 나아가는 길에 어떤 적이 버티고 있는지를 알 수 없었다. 그저 앞으로 나가서 압록강까지 진출해 이 전쟁을 끝내야 하는 일에만 골몰할 수밖에 없었다. 그러나 어디까지나 그곳은 싸움터였다. 왠지 모를 불안감이 엄습해 왔다. 특히 숙천을 넘어 청천강을 건너야 할 때였다.

청천강이 유독 차가웠다

청천강은 고구려 때의 살수薩水로 알려져 있다. 그 살수는 을지문덕 장군이 수隋나라 양제煬帝의 100만 대군을 맞아 거대한 승리를 이끌어 냈던 곳이다. 내가 건너던 당시의 그 청천강은 물빛이 아주 차가웠다. 강폭이 제법 큰 그곳은 서늘하다 싶은 느낌을 넘어 아주 차갑게 느껴졌다. 10월 말에 접어들면서 그곳은 이미 가을을 넘어 겨울로 다가가고 있었다.

청천강을 넘어가면 평안남도에서 평안북도로 들어서는 셈이었고, 크게는 한반도에서 벌어지는 전쟁이 한 국면을 마감하고 다른 한 국면을 열 수도 있었다. 통일의 대업을 달성하는 측면과 그곳에 새로운 변수가 끼어들면서 전쟁은 복잡한 국면으로 치닫는 두 가지 가능성을 다 안고 있었다. 그런 점에서 우리가 당시 청천강을 넘는 일은 신중에 신중을 기해야 할 사안이었다.

국군 지휘관 일부도 청천강을 넘지 말고 평양과 원산을 잇는 평원선에서 전선을 형성하자고 미군 지휘부에 건의했다고 한다. 그러나 이는 모두 받아들여지지 않았다. 미군은 당시 유엔군 총사령관인 맥아더의 자신감에 모두 취해 있었다. 월튼 워커 미 8군 사령관은 전선을 직접 지휘하는 입장에서 그 점이 마음에 걸렸으나 역시 대세를 뒤집기에는 역부족이었다.

내가 이끄는 1사단은 영변에 주둔했다. 사단본부를 영변의 농업학

1950년 10월 19일 청천강을 넘어 북진 중인 국군 1사단의 행렬

교에 차려두고 연대 일부를 전진 배치해 전선 앞의 상황을 다시 살펴야 했다. 그러면서도 청천강을 넘을 때의 불안감은 쉽게 사라지지 않았다. 강을 넘어 영변농업학교로 가는 길에는 사람의 모습이 보이지 않았다. 한동안 길을 갔지만 좀체 사람의 그림자가 눈에 띄지 않았다.

다시 길을 가다가 두 촌로村老를 만났다. 나는 그들에게 다가가 "왜 길에 이렇게 사람의 모습이 보이지 않느냐"고 물었다. 그러자 두 촌로는 "되X들이 왔다"고 강한 평안도 사투리로 대답했다. 그러나 그뿐이었다. 당시의 국군 1사단장인 나로서는 달리 취할 만한 조치는 없었다.

영변에 사단본부를 차려 놓고서도 불안감은 쉽게 가라앉지 않았다. 우리는 수색을 강화할 수밖에 없었다. 누가 그곳에 있는지를 전혀 알 수 없는 상황이었다. 북한군에게는 신경을 쓰지 않았다. 그들 중 일부는 북진하는 아군의 행렬에 오히려 뒤처지기도 했다.

길에서 마주친 북한군은 이미 전투력을 상실한 상태였다. 국군이 지나는 길 옆 민가에서 밥을 얻어먹으려고 머물던 북한군 낙오 병력들은 국군과 미군의 모습을 보자마자 그 자리에서 줄행랑을 치는 정도였다. 그런 북한군은 아군의 북진을 제지할 만한 역량을 이미 잃었다. 그렇다면 저 앞길에는 누가 있는 것일까. 우리는 그것을 알기 위해 부단히 노력을 기울였다.

수색 전차는 핏빛으로 돌아오고

앞에서도 잠시 소개했지만, 국군 1사단은 프랭크 밀번 중장이 이끌었던 미 1군단에 배속해 있던 상태였다. 그리고 미 1군단으로부터 막강한 화력을 지원받고 있었다. 미 1군단 예하의 전차 대대 1개 병력이 뒤를 받쳐줬으며, 미군의 1개 고사포 여단도 1사단과 함께 움직이고 있었다.

따라서 우리의 북진 행렬은 속도를 낼 수 없었다. 결과적으로 볼 때 이 점이 크나큰 다행이었다. 속도를 낼 수 없었던 관계로 우리의 북진은 더뎠다. 적유령 산맥 곳곳에 새카맣게 매복해 있던 중공군의 포위망을 향해 걸어 들어가는 속도가 더딜 수밖에 없었던 것이다. 그럼에도 수색을 강화하면서 몇 가지 조짐이 드러나고 있었다.

중공군과의 본격적인 접전이 벌어지기 전에 15연대 수색중대가 운산 북방에서 중공군 포로를 잡았다. 당시 중공군의 정황은 여러 가지 모습으로 아군의 정보망에 걸려들었으나 도쿄의 유엔군 총사령부는 그에 관심을 보이지 않았다. 본격적인 참전이 아니라 정찰병력 정도가 한국 전선에 남하한 정도로만 간주했다.

나는 다급하게 연대 수색중대가 붙잡은 중공군 포로를 데려오도록 했다. 이동해온 곳을 먼저 알아보고 싶었기 때문이다. 나는 만주 군관학교에서 배운 중국말을 활용했다. 그들 중 하나는 내 질문에 "하이난海南에서 이동했다"고 대답했다.

몇 가지 정황을 더 묻고 난 뒤 나는 중공군의 참전이 대규모로 이뤄졌다는 생각에 휩싸였다. 포로 하나가 대답한 '하이난'은 중국 최남단의 섬이었다. 그리고 그는 원래 공산당 군대가 아니라 국민당 군대 출신일 가능성이 높았다. 아울러 저 먼 곳에서 이곳으로 왔다면 제법 오랜 기간을 이동한 셈이었다. 따라서 중국 수뇌부에 의해 중공군이 대규모로, 조직적으로 한국 전선을 향해 이동했음을 알 수 있었다.

불길함에 관한 예감은 더 깊어졌다. 12연대 김점곤 연대장은 전차

나무를 베어 어깨에 짊어지고 행군 중인 참전 중공군. 미 공습을 피하기 위해 나무로 몸을 가렸다.

수색을 벌인다고 내게 알려왔다. 미군 전차를 앞세워 전방지역을 정찰하겠다는 얘기였다. 나는 그에게 미군 전차 소대를 배치했다. 그곳에서도 일이 벌어졌다.

　김점곤 연대장은 미군 전차 4대를 전방으로 보냈다. 그들의 복귀를 기다리던 연대장의 눈에 아주 놀라운 모습이 벌어졌다. 전차 4대 중 2대의 색깔이 완전히 변해 부대로 귀환한 것이었다. 그 색깔은 핏빛이었다. 수색에 나선 전차는 중공군 매복에 걸렸고, 앞의 전차 2대 위로 수를 알 수 없는 중공군이 뛰어올랐다는 것이다. 전차 2대는 신속하게 서로 마주선 뒤 기관총으로 전차 위에 올라선 중공군을 사격했다고 한다. 그러고서 그들은 중공군 매복을 벗어났다. 앞의 전차

2대는 중공군 피로 새빨갛게 변해 있었던 것이다.

나는 청천강을 넘을 때 중공군의 참전 가능성을 언뜻 생각했다. 그래서 불안감이 깊어졌는지도 모른다. 그와 함께 나의 뇌리에는 '평형관平型關'이라는 단어가 떠올랐다. 그 평형관은 중국 산시山西에 있는 옛 군사 요새로 구불구불한 길이 발달해 있는 곳이다. 그곳에서 중국을 침략한 일본군이 1937년 9월 25일 공산당 군대 매복에 걸려 1,000여 명의 사망자를 냈다.

왜 그랬는지는 모르지만 청천강의 차가운 물빛을 보면서 강을 건너던 내게는 그 '평형관'이라는 세 글자가 문득 떠올랐다. 우회와 매복에 뛰어난 중국 군대의 이미지도 그 때 떠올랐다. 강을 넘은 뒤 중공군 포로가 잡히자 그들의 참전은 확실하다 여겨졌고, 내 불안감은 더욱 커졌다.

맥아더의 허점을 집요하게 파고들다

참담했던 중공군 앞 후퇴

60여 년의 세월을 지나 그 때를 회고하면서 나는 그저 담담할 뿐이다. 그러나 나는 당시 중공군의 물밀듯 한 공세에 내가 이끄는 1사단의 '전멸全滅'까지 생각했다. 아주 다급한 위기의 순간이었다. 이미 내가 펴낸 회고록에 그 내용은 자세히 적었다. 여기서 그를 다시 반복하는 일은 큰 의미가 없다.

단지 그 상황을 간단하게나마 소개하자면, 나는 중공군의 대규모 참전 사실을 직감해 직속상관인 미 1군단장 프랭크 밀번과 긴급하게 논의한 뒤 후퇴를 허락 받았고, 이어 1사단을 지원하던 미 10고사포단 윌리엄 헤닉 대령에게 모든 포탄을 적진에 퍼부어 달라고 부탁했다.

헤닉 대령은 하룻밤 사이 1만 3,000발의 포탄을 쏘아 적진에 탄막을 형성했고, 우리는 그 틈을 타서 커다란 피해 없이 중공군의

중국 최고 지도자 마오쩌둥(왼쪽)과 군사 전략가 린뱌오(林彪)

공세에서 벗어났다. 아주 다행이었다. 나아갈 때와 물러설 때를 제대로 가리는 일은 매우 중요하다. 특히 전쟁을 벌이는 와중에서 그 둘을 선택하는 일은 사느냐 죽느냐의 두 갈림길 가운데 하나를 고르는 것과 같다.

그러나 그들에게 밀려 내려오면서도 참담한 심정까지야 감출 수 없었다. 나는 전쟁에서 물러서는 일을 몇 번인가에 걸쳐 경험했다. 가장 참담했던 후퇴가 6.25 개전 초반 김일성 군대에 쫓겨 내려갈 때였다. 우리 1사단이 어느덧 청주를 지나 백마령 터널을 지날 때였다. 그때는 굵은 장맛비가 내렸다. 나는 사단장이라서 사단에 겨우 한 대만 있던 지프에 앉은 채로 잠을 잤다. 그러나 진창에서 뒹굴며 잠을 자는 병사들을 보는 내 심정은 아주 아프고 쓰라렸다.

중공군에게 밀려 내려오던 그 때의 심정도 그 참담함의 연속이었다. 우리는 오던 길을 다시 돌아 청천강을 건넜고, 평양을 지나 입석이라는 곳에 도착해 겨우 사단을 정비할 수 있었다. 역시 미 1군단장 밀번 장군의 배려 덕분이었다. 그러나 그 때 돌이켜 왔던 그 길은 60여 년이 지난 오늘날에도 아직 회복하지 못하고 있다.

국방부 군사편찬연구소가 펴낸 『6.25전쟁사』를 지금 뒤적이다 보면 그 때의 아픔이 되살아온다. 책에는 중국 지도부가 참전 초반에 상정한 전선 이야기가 나온다. 책의 저자들이 중국 자료를 입수해 밝힌 내용에 따르면 후방에서 전쟁을 총괄해 지휘한 마오쩌둥毛澤東은 참전 직후의 주主 전선을 평양 이북으로 생각했다고 한다.

평양과 원산을 잇는 평원선에서 미군을 주축으로 하는 유엔군과 국군이 전선을 형성할 것으로 봤고, 그에 따라 자국 군대를 평북의 덕천 이남으로 섣불리 내려 보내지 않을 작정이었다고 한다. 그들은 아군이 당연히 평양과 원산을 사수할 것으로 보면서 그 상황에 따라 평북과 함경도의 원산 이북에 중공군을 배치할 생각이었다는 것이다.

중국도 평양까지 내려올 생각이 없었다

그래서 북진을 서둘렀던 당시의 아군 사정이 통한痛恨으로 남는다. 좀 더 우리가 침착할 수 있었다면, 청천강 너머의 적유령 산맥 일대의 이상한 기운을 좀 더 면밀히 관찰했다면, 그래서 북진을 멈추고 평원선을 견고하게 지켰더라면 지금의 상황은 많이 달라졌으리라는 생각 때문이다. 길이 270km에 불과한 평원선에서 숨을 고르고 먼 시각으로 한반도의 전쟁을 저울질할 수 있었다면 우리는 지금 적어도 평양과 원산을 대한민국의 품으로 안고 있지 않을까.

이런 가정은 아무래도 부질없을 것이다. 그러나 그 아쉬움만큼은 지울 수 없는 점이 사실이다. 그래서 우리가 그 때의 상황을 거론할 때는 늘 더글라스 맥아더 유엔군 총사령관을 떠올리는 것일지도 모른다. 아군을 모두 지휘했던 맥아더 총사령관의 방심과 자만, 미군 최고의 엘리트라는 의식으로 무장해 적정敵情을 간과했던 오만함을 이야기하면서 말이다.

사실, 나는 요즘도 나를 찾아오는 미군 고위 장성들에게 이런 질문을 자주 받는다. "맥아더 장군은 실제 어떤 지휘관이었느냐"는 물음이다. 맥아더에 관한 평가가 미군 사이에서도 분분하기 때문이리라. 그러면 나는 이렇게 대답한다. "몇 가지 중대한 실수가 있었지만, 그는 위대한 군인이었다"라고 말이다. 이는 내가 미군들이 듣기 좋으라고 하는 말은 아니다. 나는 실제 내가 만났던 미군의 장성들 가운데 맥아더를 가장 스케일이 큰 장군이었다고 생각한다.

중공군 본격 참전 뒤 태평양의 웨이크 섬에서 전격적으로 회동한 미 대통령 트루먼(왼쪽)과 맥아더 도쿄 유엔군 총사령관 (출처: NARA)

　　중공군은 직접적으로는 맥아더 후임으로 유엔군 총사령관에 올랐던 매슈 리지웨이 장군을 높이 평가했다. 앞에서 소개한 대로 그의 빼어난 전술과 냉정한 판단력, 가공할 화력을 능수능란하게 조직하는 능력 때문이었다. 그러나 이는 어디까지나 전략과 전술의 운용 차원이었다. 내 생각이기는 하지만, 중국 지도부가 진짜 두려워했던 인물은 맥아더였으리라고 본다.

　　맥아더는 '국가'라는 차원을 넘어서는 스케일의 군인이었다. 리지웨이가 미국 행정부의 명령에 따라 그 틀 안에서 탁월한 전략과 전술을 선보인 장군이라면, 맥아더는 사실 그 범위를 넘어서는 지휘관이었다. 그는 미국의 안정과 번영을 위협하는 적만을 상정하지 않고, 더 넓은 차원의 싸움을 내다본 사람이었다. 그는 공산주의와의 싸움을 생각했고, 실제 그런 움직임과 생각을 보였던 사람이다.

내게는 이런 습관이 있었다. 전쟁이 끝난 뒤였다. 나는 휴전이 맺어진 1953년 이후에도 미국을 방문할 때면 늘 우리와 함께 전선을 지켰던 미군 전우들을 찾아다녔다. 같이 싸웠던 미 장성, 고문관, 직접 살을 부대끼며 전장을 누볐던 초급 미군 장교들도 만났다. 맥아더 또한 예외가 아니었다. 나는 휴전 직전인 1953년 5월, 그리고 한참 뒤인 1958년에도 미국에서 그를 만났다.

1958년 워싱턴 방문길에 나는 그를 다시 찾았다. 아주 유명한 호텔의 스위트룸에 그가 거주하고 있었다. 그가 6.25전쟁 때의 나를 기억하지는 못했으나, 두세 차례의 만남으로 어느덧 나를 반겼다. 그는 이미 78세의 고령이었다. 그는 언뜻 키가 작아 보였다. 적어도 내게는 그랬다. 전쟁의 와중에서는 거대한 산맥처럼 느껴졌던 그의 어깨는 이미 기울었고, 키는 퍽 줄어든 느낌이었다.

노년의 맥아더가 내게 한 말

이런저런 안부를 물은 뒤 환담을 나누던 그가 내 손을 잡고서는 베란다 쪽으로 이끌었다. 수행했던 우리 장교들을 배제한 채였다. 그리고서는 그가 내게 머뭇거리면서 이런 말을 했다. "백 장군, 그 때 내게 힘이 좀 있었더라면…, 전쟁이 많이 달라졌을 거요…." 그가 직접적으로 무엇을 말하려 했는지는 내가 짐작만 할 뿐이다. 그러나 당시 나는 그 뜻을 잘 헤아렸다.

그는 큰 인물이었고, 큰 군인이었다. 그러나 너무 커서 조략粗略함을 피하지 못했던 게 흠이었다. 게다가 일본으로부터 항복을 받아낸 주역으로서의 자부심이 너무 컸다. 이런 그의 개인적인 요인에다가 1945년 제2차 세계대전 종전 뒤 100개 사단이 넘는 병력을 급격히 해체하면서 생긴 미군의 전력 공백과 나태함이 겹쳤다. 1950년 말 중공군 공세에 미군이 맥없이 물러선 원인들이다.

전선을 이끄는 장수는 멀리 내다볼 줄 알아야 한다. 그러나 마음은 세밀한 구석까지 미쳐야 한다. 기백과 담략膽略도 갖춰야 하지만, 제 스스로의 약점을 살피는 세심한 마음도 갖춰야 한다. 그래야 싸움에서 커다란 패배 없이 적을 맞아 싸울 수 있다. 맥아더에 관한 평론이 분분하지만, 내가 볼 때 1950년의 맥아더는 작음과 큼을 모두 아우를 수 있는 장수의 '능소능대能小能大'라는 덕목에서 앞의 하나를 갖추지 못했다.

중국은 그런 와중에도 제 갈 길을 잘 찾았다. 맥아더가 이끄는 전선의 빈 구석을 봤고, 전선을 우선은 평양과 원산 이북으로 설정하는 노련함도 보였다. 누가 약한지를 금세 간파해 자신의 주력을 '먹잇감'으로서 노리기가 가장 손쉬웠던 국군의 전면에 집중할 줄 알았다. 앞서 소개한 대로 그들은 미군이 압록강을 쉽게 넘어서지 못하도록 평북 일대에 진출한 뒤 전략적인 방어선을 설정했다. 적을 알고 나를 알아야 한다는 손자孫子의 '지피지기知彼知己' 식 전쟁 원칙에도 매우 충실했다.

그러나 내가 "중공군은 강했다"고 하는 이유는 여기서 그치지 않는다. 그들은 한반도 참전을 통해 자신의 부족한 점을 메울 줄 알았고, 자신의 약점을 보완할 줄 알았다. 그들은 한국에서의 전쟁을 통해 자신을 키울 수 있었다는 얘기다. 나는 그런 점이 중국의 강점이라고 생각한다. 전쟁을 제대로 이해하는 안목이 없다면 결코 그렇게 하기가 쉽지 않다.

북한군과 중공군의 차이

'매복'에 강했던 중국 군대

중국 대륙을 침략한 일본군은 쉽게 패하지 않았다. 그래서 1937년 일본이 중국을 본격적으로 파고 들어가던 무렵에는 "일본군은 결코 지지 않는다"는 얘기가 떠돌았다. 일본 군대 스스로가 그런 말을 했고, 번번이 그 앞에서 무릎을 꿇는 중국의 군대도 그런 속설에 전전긍긍하며 길을 내주고 있었다.

그런 분위기를 일소하는 데 꽤 큰 역할을 한 게 1937년 벌어진 '평형관不型關 전투'다. 이곳은 예로부터 군사요새가 들어섰던 험지險地다. 높고 험한 준령峻嶺 속에 구불구불한 길이 발달했고, 공격하는 공자攻者에 비해 수비를 하는 방자防者에게 아주 유리한 지형이었다.

이곳 일대에서 국민당과 공산당이 합작으로 나서서 전투를 벌였고, 특히 평형관의 험로에 진출한 공산당 팔로군 소속 115사단의 린뱌오林彪가 대오를 이끌었다. 국민당과 공산당 군대 병력은 모두 10만 명에 달했으나, 이곳에서 승리를 거둔 115사단 병력은 1만 2,000명이었다고 한다.

이 전투 결과로 일본군 수송부대 병력 1,000여 명이 사망했다. 일본군은 다수의 무기와 차량도 빼앗겼다고 한다. 이 전투의 큰 특징은 매복埋伏이었다. 일본군 수송 병력이 이곳에 도착하기 직전에 폭우暴雨 등 열악한 기상조건에도 불구하고 팔로군이 먼저 평형관 동남쪽에

항일전쟁과 국공 내전 등으로 다양한 전투 경험을 쌓았던 중공군 수뇌부. 내전 기간 중의 사진이다.
왼쪽이 펑더화이 참전 중공군 총사령관, 오른쪽 끝이 개혁개방을 이끈 덩샤오핑(鄧小平).

매복하는 데 성공했다.

일본군 수송 대열 후미가 포위권에 들어올 때까지 중공군은 침착하게 기다렸다가 반나절에 걸쳐 공격을 벌여 일본군에 막심한 피해를 안겼다. 중공 팔로군의 피해도 만만치 않았으나, 어쨌든 이 평형관 전투로 인해 '불패不敗의 군대'로 인식됐던 일본군의 명예는 크게 추락했다.

1950년 10월 청천강을 넘으며 '혹시 중공군이 참전하지는 않았을까'라는 생각과 함께 나의 뇌리에 떠올랐던 것은 바로 이 평형관 전투다. 중국의 군대는 그렇게 '매복'의 이미지와 함께 뚜렷한 인상을 던지는 존재였기 때문일지 모른다. 제 것은 철저하게 감추면서 남을 시야에 고스란히 노출시킨 뒤 공격을 가하는 그런 군대 말이다.

중공군을 실제 이끌었던 덩화

이 전투를 이끌었다는 린뱌오는 나와 인연이 없다. 중국 지도부가 중공군의 한반도 전쟁 참전을 결정하던 무렵 스스로 전쟁 지휘를 고사했기 때문이다. 그러나 여기서 한 사람 기록해 둘 인물이 있다. 펑더화이彭德懷를 보좌하면서 실질적으로 중공군의 한반도 참전을 직접 지휘했던 덩화鄧華라는 인물이다.

그는 펑더화이 밑의 2인자였다. 중공군 제1부사령관을 맡아 전쟁을 실질적으로 이끌었다. 그는 1910년 출생으로 나보다는 나이가 열 살 위다. 그 또한 중공군 소속 고위직 장성들이 대개 그렇듯이 아주 일찍이 군사 분야에 뛰어들었다.

일본의 대륙 침략에 따른 항일전쟁, 그 뒤에 벌어진 국민당과의 수많은 내전에서 다양하게 전쟁 경험을 쌓은 인물이다. 아무튼 덩화는 17~18세에 이미 공산당이 이끄는 무장 세력에 가입해 군사적인 경력을 쌓았다. 아울러 그 또한 1937년 벌어진 평형관 전투에도 115사 정치 주임 신분으로 참여했다.

전쟁 중에 적장敵將과 직접 대면하는 일은 그리 많지 않다. 그러나 덩화는 나와 얼굴을 마주한 적이 있다. 한반도의 그 참혹한 전쟁이 크게 밀고 밀리는 긴박한 다툼을 다소 벗어난 때였다. 나는 1951년 7월 벌어진 최초의 6.25전쟁 휴전회담 한국 대표로 개성에 갔다. 앞에서 먼저 소개한 내용이다.

그 때 공산 측 대표는 아군 측 대표와 동수同數인 5명이 나왔는데, 중공군을 대표해 회담에 나선 사람이 바로 덩화였다. 그는 나중의 중공군 측 자료에도 자세히 나와 있듯이 전쟁을 아주 교활하다 싶을 정도로 이끌었던 중공군의 실제 지휘관이었다.

휴전회담 직전까지의 전쟁 국면은 이 자리에서 여러 번 소개했다. 중공군은 한반도 참전 직후 아주 빼어난 매복 작전을 선보였다. 그런 중공군 매복에 걸려 미군을 비롯한 아군의 희생이 참담할 정도로 컸다. 그런 중공군의 공세가 리지웨이의 강력한 반격으로 꺾인 뒤 벌어진 게 첫 휴전회담이었다. 막후에서 그런 모든 중공군 공세를 실제 계획하고 집행했던 사람이 덩화였다.

결론적으로 말하자면, 나는 개성에서 열린 공산 측과의 첫 휴전회담에서 묘한 기분에 젖었다. 내 나름대로의 관찰에서 오는 뚜렷한 인상 때문이었다. 북한군을 대표한 사람은 남일과 이상조, 그리고 장평산이었다. 그리고 중공군 쪽에서는 덩화와 함께 참모장인 셰팡解方이 나왔다. 다섯 사람 모두 공산주의자였다. 남일을 비롯한 북한 인민군 장군 셋은 한국인, 나머지 덩화와 셰팡은 중국인이라는 차이만 빼놓고서는 생각과 관념이 다를 게 없으리라고 생각했다.

그러나 테이블에 앉았던 북한 대표와 중국 대표는 아주 달랐다. 공산 측 수석대표는 남일이었다. 당시 그가 회담 테이블에서 어떤 태도를 보였는지는 잘 알려져 있다. 그는 우선 골초였다. 늘 담배를 피워 물고 험악한 인상을 지었으며, 욕설에 가까운 발언으로 상대를 윽박지르기에 골몰했다.

물론 규정 때문에 회담 테이블에서의 발언은 양측 수석대표만 가능했다. 아군 측에서도 터너 조이 제독이 수석대표로서 발언했다. 나머지는 모두 그냥 앉아서 상대방을 마주보고 있어야만 했다. 그럼에도 북한 대표와 중국 대표는 분위기와 태도 등에서 상당히 다른 모습이었다.

조선공산당과 중국공산당의 차이

남일은 아마 정치적인 부담감이 있었을 것이다. 회담 수석대표로서 정치적인 발언과 분위기를 연출해야 했던 부담 말이다. 따라서 그는 그렇다 치더라도, 이상조와 장평산이 보이는 분위기는 남일과 같았다. 특히 이상조는 내 정면에 앉아 늘 나를 째려보며 이상한 동작 등으로 신경전을 걸어왔다.

그는 줄곧 나를 자극하려고 노력했는데, 내가 아무런 반응을 보이지 않자 어느 날은 아주 자극적인 행동을 보였다. 나를 한참 째려보던 이상조가 갑자기 종이에다가 무엇인가를 끼적이다가 마침내 그것을 들어 내게 보였다. '제국주의의 주구走狗는 상갓집 개만도 못하다'는 내용의 글이었다.

참전한 중공군이 사열을 받고 있다. 무기와 장비 등에서는 부족했으나 빼어난 싸움 기술을 선보였던 군대다.

속으로는 우선 화가 치밀었다. 그렇지만 한편으로 생각하니 어이가 없었다. 기껏 상대를 자극한다는 의도가 저렇게 유치한 문장으로밖에 나타나지 않으니 그랬다. 나는 잘 참는 편이다. 그런 인내력 덕분인지 보잘 것 없는 정도의 국량局量으로 테이블에 버젓이 대표 자격으로 나와 있는 이상조라는 인물이 가련하다는 생각만 들었다.

이에 앞서 펴낸 회고록에서도 이상조를 자세히 묘사한 적이 있다. 잠시 소개하자면, 그렇게 도발적이었던 이상조의 얼굴에 어느 날 하루 큰 파리 한 마리가 날아와 앉았다. 그 파리는 이상조의 얼굴을 이리저리 기어 다녔다. 그러나 남을 압박하려고 초인적인 노력을 기울였던 이상조는 그 파리를 그냥 뒀다.

그 파리는 몸집이 꽤 컸다. 그래서 이상조 얼굴에 기어 다닌 파리의 모습은 아군 측 대표 다섯 명의 눈에 다 들어왔던 모양이다. 회담이 끝난 뒤 자유마을로 돌아온 우리 대표단의 최고 화제는 '이상조와 파리'였다. 모두들 그렇게 생각했던 모양이다. '공산주의 북한은 지독하다. 가려움과 더러움을 그렇게 참아가며 독한 인상 짓기에 골몰했으니 말이다'라는 느낌 때문이었다. 터너 조이, 알레이 버크 제독 등 아군 회담 대표 등은 이후에도 열심히 당시 상황을 입에 올렸다.

덩화와 셰팡은 그들과 달랐다. 그들은 역시 말이 없었으나, 특유의 웃음을 입가에 짓고 있었다. 우리 회담 대표 중 일부는 그를 '차이니스 스마일(chinese smile)'이라며 신기하게 여기기도 했다. 얼마 전까지 미군을 비롯한 아군 진영을 공격해 몰살시키기 위한 싸움을 지휘했던 제1부사령관답지 않게 덩화는 신중한 표정으로 제 속을 꽁꽁 감췄다.

셰팡은 아군의 로렌스 크레이기 미 극동공군사령부 부사령관이 사전에 내게 배운 중국어 인사말 "니하오你好?"를 건네자 아주 반갑다는 듯이 웃으면서 "하오好, 하오好"를 연발했다. 그리고 특유의 차이니스 스마일을 입가에 걸치면서 회담에 임하곤 했다.

남일은 매일 욕설을 내뱉었다. 그리고 이상조는 변함없이 도발적인 얼굴로 나를 째려봤고, 그 옆의 장평산은 딱딱하고 험악한 인상으로 앞만 열심히 바라봤다. 그에 비해 덩화와 셰팡은 회담장 분위기를 회담장처럼 이끌어 가는 데 열심이었다. 이 두 묶음의 공산주의자들은 왜 이렇게 서로 다른 모습을 보일까. 끊어졌다 이어졌다를 반복하는 휴전 첫 회담은 진전이 없었다. 두 달여 동안 그 회담에 참석했던 내 머릿속에는 늘 그 궁금함이 맴돌았다.

휴전회담의 '차이니스 스마일'

북한군 대표 셋의 말로

회담 대표로 나섰던 남일은 1970년대에 비명非命으로 세상을 떴다. 그를 사망에 이르게 한 것은 교통사고다. 액면으로는 그렇다. 그러나 자동차가 별로 없는 북한에서 교통사고로 숨지는 요인要人이 많다는 점은 이상하다. 그래서 일부에서는 그가 김일성으로부터 정치적 견제를 받아 사망한 것 아니냐는 의혹을 제기한다.

부산 동래 출신으로 회담 현장에서 늘 험상궂은 얼굴로 도발을 일삼던 이상조의 말로도 그리 편치 않다. 그는 소련 주재 대사를 맡다가 망명의 길에 들어선다. 그는 결국 말년에 벨라루스의 민스크에서 지냈다. 그곳의 한 연구소에서 일본어를 가르치며 보냈다.

다른 한 사람의 북한군 대표 장평산은 김일성에게 숙청을 당했다. 그는 팔로군八路軍 경력이 있는 사람이다. 그래서 북한 정권 안에서 중국 출신을 가리키는 '연안파'로 통했다. 1950년대 말에 김일성이 주도한 연안파 숙청 과정에서 장평산도 결국 사라지고 말았다.

그에 비해 중공군 대표로 나왔던 사람들의 운명은 순탄했다. 덩화鄧華는 비록 장수했다고는 할 수 없지만, 나름대로 편안한 말년을 보냈다. 그의 참전 때 상사였던 펑더화이彭德懷가 중국의 최고 권력자였던 마오쩌둥毛澤東의 견제로 문화혁명 기간 중 모진 굴욕을 당하다가 숨지면서 그 또한 영향을 받았으나 결국 자신의 명예를 끝까지 유지하면서 말년을 마감했다.

미군 대표의 "니하오你好"라는 인사말에 밝게 웃었던 중공군 대표 셰팡解方도 마찬가지다. 그는 동북지역의 군벌 군대에서 군인으로서의 경력을 시작했지만 결국 항일전쟁과 국민당 군대와의 싸움, 나아가 한반도 참전 등의 경력을 쌓으면서 명예롭게 은퇴한 뒤 평안한 삶을 살았다. 그는 참전을 지휘한 펑더화이로부터 "비상한 판단력과 뛰어난 사고력을 갖춘 훌륭한 장수감"이라는 평을 듣기도 했다.

첫 휴전회담에서 만난 공산군 측의 대표들이 나중에 어떤 인생의 길을 걸었느냐는 내가 기울이는 하나의 관심거리다. 북한과 중국은 정전 뒤에 비슷한 길을 간다. 북한은 김일성이 연안파 등에 대한 숙청을 단행하면서 본격적인 개인숭배의 길로 치달았다. 중국 또한 비슷

공산군 휴전회담 대표. 왼쪽부터 중공군 셰팡과 덩화, 가운데부터 북한군 수석 남일, 이상조, 장평산

했다. 마오쩌둥의 권위가 하늘을 찌를 정도로 높아져 그와 유사한 형태의 정치 체제를 구축했다.

같은 공산주의, 그러나 다른 길

중국은 그 과정에서 대약진운동大躍進運動과 문화혁명 등의 정치적 풍파를 겪어야 했다. 그럼에도 중국은 왕조식의 통치체제로 흐르지는 않았다. 그 점은 북한과 뚜렷한 대조를 이룬다. 북한이 정전 뒤에 걸었던 길은 여기서 다시 설명할 필요는 없을 정도다. 그들은 또 하나의 왕조를 건설하고 말았다.

김일성을 따라 남침을 벌인 군대의 선봉은 마오쩌둥이 6.25전쟁 전에 김일성에게 보내준 중국 홍군紅軍 소속의 한인韓人 병력의 부대였다. 숫자는 어림잡아 5만 명이 넘었던 것으로 알고 있다. 그들은 김일성의 의도에 따라 파죽지세破竹之勢로 대한민국을 유린하고 들어온 북한군의 주력이었다. 그럼에도 그 병력을 이끈 지휘관들은 김일성이 벌인 연안파 숙청과정에서 대부분 비명으로 생을 마감했다.

중국은 마오쩌둥이 역사의 무대에서 사라진 뒤 홍군에서 활약했던 덩샤오핑鄧小平이라는 인물을 무대 위에 올렸다. 그 뒤의 결과는 오늘 우리가 지켜보는 그대로다. 불과 30여 년의 개혁과 개방을 통해 이른바 'G2'라고 이야기하는 세계 2강의 위치에 올랐다. 특히 그들은 경제발전과 함께 우선 국방력의 신속한 확장에 성공했다. 전쟁을 늘 회고하는 내 시선으로 볼 때 그들은 '싸움'의 의미를 깊이 이해하고 있는 사람들이다.

북한의 공산주의와 중국의 공산주의를 비교하는 일은 거창한 주제다. 여기서 내가 자세히 다룰 항목은 아니다. 그럼에도 전쟁을 겪은

휴전회담장인 개성의 내봉장에서 중공군 대표 셰팡(왼쪽)과 북한군 이상조가 이동하고 있다.

내 입장에서는 둘이 겉은 비슷해 보여도 어딘가는 사뭇 다르다는 느낌을 준다. 남일과 이상조, 장평산이 풍기는 분위기와 노련한 전략전술가였던 덩화와 셰팡이 주는 느낌은 아주 달랐듯이 말이다.

1953년 정전협정이 맺어지고 나서도 한참 시간이 흐른 때였다. 1980년대 후반으로 기억한다. 이상조는 그 때 이미 소련으로 망명한 뒤 벨라루스에 정착해 한 대학 연구소에서 일본어를 가르치며 말년을 보내고 있었다. 그는 몇 번인가 한국을 방문했다.

언론사가 자리를 마련했던 것인지는 기억이 분명치 않다. 서울 시내 모 호텔에서 나는 그와 두 차례 정도 만났다. 처음 만났을 때 그는 꽤 늙어 보였다. 그리고 지친 기색이 역력했다. 그는 당시 한국 언론을 접촉하면서 김일성을 아주 날카롭게 비판했다.

서울에서 처음 나와 마주쳤을 이상조는 조금은 어색한 표정을 지어보였다. 자신의 신분이 조금은 이상했던 것이다. 북한군을 대표해 휴전회담에 나왔던 사람이 이제는 나이가 들어 제가 옹호했던 북한을 버리고 대한민국의 수도를 방문했으니 그랬을 법하다. 게다가 그는 한때 자신이 따랐던 김일성을 비난하는 입장이었다. 쑥스럽고 민망한 심정이 분명히 있었을 것이다.

서울서 다시 만난 이상조

우리는 거의 38년 만에 다시 만난 셈이었다. 전선에서 지휘관을 지냈던 군인들은 서로 만났을 때 제가 치렀던 전쟁 이야기를 먼저 입에 올리기를 꺼려한다. 특히 전선의 양쪽에서 서로 적대敵對하며 죽느냐 사느냐를 다퉜던 사이의 군인들은 그 전쟁 이야기를 꺼내기가 아주 어렵다.

여러 가지 이유가 있겠지만, 우선은 서로 뻔히 아는 무엇인가가 있기 때문이다. 아울러 가슴에 지니고 있는 상처도 깊은 법이다. 그래서 섣불리 전쟁 이야기를 입에 올리지 않는다. 1980년대 말 서울에서 이상조가 그랬고, 나 또한 마찬가지였다. 우리는 서로 전쟁에 관한 이야기는 극력 피했다. 그는 전쟁 이야기를 피하는 대신에 김일성을 언급했다.

"김일성이가 개인숭배 벌이고 있는데, 말도 안 되는 짓을 하고 있습니다. 여기서 우리와 의견이 갈렸어요. 주체사상이고 뭐고 하는데, 다 같은 짓입니다. 김일성에게 개인숭배는 해선 안 된다고 여러 번 말을 했는데, 결국 먹히지 않았어요⋯."

그는 북한군 부참모장을 지냈고, 전쟁 뒤 고위직을 거쳤던 사람이다. 김일성을 수시로 접촉하는 위치에 있었을 테니 그의 말이 거짓이리라고는 생각할 수 없었다. 그는 그러면서 김일성에 대해 가시 돋친 비판을 털어 놓았다. 내용은 거의 비슷했다. 김일성의 개인숭배에 관한 내용이었다.

그는 노년에 들어서는 인상이 많이 좋아진 편이었다. 주름이 늘었고, 머리에는 어느덧 서리가 하얗게 내려앉았으니 그랬다. 그는 1915년 출생했으니, 나보다는 5년이 연상이다. 당시 70대 중반에 접어들었던 그의 표정은 1951년 휴전회담장에서 마주 앉았을 때보다는 풀이 꽤 꺾여 있었다. 험상궂기만 했던 인상이 그래서 한결 편안해 보였다.

나는 어느덧 그의 얼굴을 기어 다녔던 파리를 기억하고 있었다. 그파리에 관한 일화는 물어볼 수 없었다. 그러나 그가 '제국주의의 주구走狗는 상갓집 개만도 못하다'라고 했던 대목은 그냥 지나치기 어려웠다. 내 장난기가 슬쩍 동했던 모양이다. 왜 그가 그랬는지를 알기 위해서라기보다는, 당시 망명객으로 서울을 방문한 이상조가 그 기억을 떠올릴 때 어떻게 반응하는지를 지켜보기 위해서였다.

"첫 휴전회담 때 당신이 나더러 '상갓집 개만도 못하다'고 써서 보여준 일 기억하느냐?" 나는 이렇게 물었다. 그러자 이상조가 자세를 고쳐 앉는 듯했다. 조금 어색했던 모양이다. 이어 그는 마른기침을 한두 번인가 하더니 "기억나지 않는다"고만 말했다.

그는 1996년에 타계했다. 그에 앞서 남일과 장평산 모두 석연치 않은 교통사고와 정치적 숙청으로 유명을 달리했다. 말년도 좋지 않았지만, 1951년 휴전회담장에서 마주했던 그들 셋의 자세는 한결 딱딱하고 여유가 없어 보였다. 그에 비해 중공군 대표 덩화와 셰팡은 그들과는 아주 다른 분위기를 연출했다.

느긋했고, 여유가 있었으며, 아울러 매우 냉정했다. 회담을 이리저리 저울질하는 분위기도 역력했다. 기싸움과 말싸움은 남일에게 맡겨놓고서 냉정하게 판을 들여다보려는 자세를 취했다. 실제 휴전회담의 막후에서는 중국의 입김이 강하게 미치고 있었다. 나는 기싸움을 시도하는 이상조나 남일, 장평산보다는 왠지 모르게 덩화의 냉정함, 셰팡의 여유로움에 더 눈길이 미치곤 했다.

기만에 매우 능했던 중공군 지휘부

대민 폐해 적었던 군대

참전했던 중공군을 두고 여러 이야기가 전해진다. 전체적으로 볼 때, 중공군이 점령했던 지역의 한반도 주민들이 그들로부터 받은 인상은 그리 나쁘지 않다. 물론 그들과 싸웠던 국군과 유엔군의 기억을 제외하면 말이다. 가장 뚜렷했던 인상은 그들 중공군의 대민對民 폐해가 적었다는 점이다.

중공군은 우선 기율이 엄격했다. 여러 가지 행동 수칙이 있었겠지만, 중공군은 우선 민가 등에 피해를 끼치지 않도록 꽤 많은 주의를 기울였으며 또 실제 그렇게 행동했던 것으로 알고 있다. 예를 들자면 그들은 가능한 한 점령지인 한반도 민가에서 숙영宿營하는 일을 피했다.

설령 어쩔 수 없는 상황에서 민가에 숙영하더라도 머문 장소를 깨끗이 정리했으며, 반드시 화장실을 청소한 뒤 떠나는 모습을 보였다. 이는 중국 지도부가 참전 전과 후에 철저하게 시행한 내부 교육 때문이었으리라고 볼 수 있다.

중국인으로 구성한 군대의 특징은 6.25전쟁 참전 이전까지는 그리 좋지 않았다. 부패하기 쉬웠으며, 그에 따라 기강이 없었다. 만주사변 당시의 상황은 앞에서 이미 소개했다. 군벌 장작림張作霖의 최정예 2개

중공군 1~2차 공세에서 포로로 잡혔다가 1951년 초 풀려난 미군들 (출처: 트루만 박물관)

사단은 무기를 시장에 내다 팔다가 그 약점을 노리고 들이닥친 일본
군 1개 대대에게 일거에 사라지고 말 정도였다.

장제스蔣介石의 국민당 군대도 부패와 무능의 덫에 걸려 있다가 마
오쩌둥毛澤東이 지휘하는 소수의 홍군紅軍에게 밀려 하루 사이에 수십 만
의 병력이 무릎을 꿇고 말았다. 그러니 중국 군대라고 하면 우선은 그
런 부패와 무능을 먼저 떠올리는 사람이 많았다.

그러나 1950년 한반도 전쟁에 뛰어들었던 중공군은 그들과 많이
달랐다. 중국 지도부는 특히 참전 뒤에도 중공군 각 부대에 지속적으
로 작전 수칙守則을 보내 예하 장병들을 교육했다. 그 내용 중에는 '현
지 인민의 풍습과 습관을 존중한다' '학교와 문화, 교육기관, 명승지
와 유적지 등을 보호한다' '사사로이 민가에 들어가지 않는다' '인민
의 것은 하나라도 들고 나오지 않는다' '교회나 사찰 등에 간섭하지

않는다' 등이 들어 있다.

베이징北京에서 전쟁을 모두 지휘한 마오쩌둥의 군사사상 중에 돋보이는 내용 중의 하나가 이른바 '물과 물고기'에 관한 이론이다. 그는 홍군을 물고기에, 그 바탕을 형성하는 인민을 물에 비유했다. 물고기는 물을 떠나 살 수 없듯이 홍군은 인민의 토대 위에서 활동해야 한다는 점을 강조한 내용이다.

중국 공산당은 그런 점에서 자신의 약점을 어떻게 보완해야 하는지를 정확하게 알았다. 작전의 토대를 인민 위에 둠으로써 부패와 무능의 가능성을 막았고, 그로써 다시 내전과 항일전쟁에서의 '정의正義'를 선점할 줄 알았다. 6.25전쟁 참전 뒤에도 그런 기강은 그대로 살아 있었고, 참전 중공군 장병들은 그에 충실히 따르는 편이었다.

사병들에게도 작전계획 고지

1950년 10월 말 운산에서 전면의 15연대 수색대가 붙잡은 중공군 포로를 심문할 때 나는 이상한 점을 느꼈다. 중공군 포로가 일개 사병 신분임에도 불구하고 부대 이동과 배치, 병력 수 등을 비교적 상세히 알고 있었기 때문이다. 나중에 전사를 보면서 나는 그 궁금증을 풀었다. 중공군 지도부는 싸움에 임하는 장병들에게 작전에 관한 고급 정보를 알려줘 함께 공유토록 했기 때문이다.

이는 중공군의 단점이기도 했다. 중공군이 포로로 잡힐 경우 제법 많은 정보가 상대 진영에 넘어갈 위험이 있었던 까닭이다. 그런 단점에도 불구하고 중공군은 하나로 묶여 있었다. 한반도에서 벌어진 전쟁이 곧 중국으로 번질 것이라며 保家衛國(보가위국: 집과 나라를 지키자는 뜻) 식의 구호를 만들어 위기의식으로 무장했고, 당시에는 없었던 계급 때문에 아래 위가 한결 강한 동료의식으로 묶였다.

아주 단일한 명령체계와 기율, 그리고 가정과 나를 지킨다는 식의 단순한 목적의식으로 중국인들이 한데 묶일 경우 어떤 현상이 벌어지는지를 당시 중공군의 한반도 참전 상황은 잘 보여주고 있다. 전쟁의 배후 지휘자 마오쩌둥은 그 점에서 매우 대단한 전략가였다. 그는 명분을 만들고, 그를 집행할 세부의 틀을 조작할 줄 알았던 것이다.

그럼에도 전체적으로 볼 때의 중공군 작전 스타일은 우직하다기보다는 교묘했다. 강한 체력을 바탕으로 힘차게 내지르는 타입은 아니었고, 대신 상대의 빈 구석을 파고들어 화려한 기만欺瞞과 변칙變則을 구사하는 군대였다. 그들은 처음부터 미군의 정면에 나서 총을 뽑아들 생각이 없었다. 문제는 그런 기만과 변칙 스타일의 중공군에게 미군이 번번이 당했다는 점이었다.

중공군 참전과 1차 공세가 벌어진 때는 앞서 소개한 대로 1950년 10월 말이었다. 국군 1사단장이었던 나는 당시 평북 운산에 진출해 있었다. 전황戰況이 아주 급박해 당시로서는 중공군 지도부가 어떤 기만을 펼쳤는지 제대로 살필 기회가 없었다. 그러나 국방부 군사편찬연구소의 『6.25전쟁사』를 보면 그 내용이 자세히 나온다.

기만과 변칙의 깊은 덫

중공군은 1차 공세에서 상당한 전과를 올렸다. 따라서 국군과 미군을 비롯한 다수의 유엔군을 포로로 잡았다. 그러나 그들은 포로를 교묘하게 활용했다. 일부러 풀어줬던 것이다. 그러나 그냥 풀어주지는 않았다. 포로들을 '교육'해서 석방했다. 그 핵심은 "우리는 곧 돌아간다" "식량이 부족해서 귀국할 예정"이라는 내용이었다.

중공군 참전 뒤 중국 민간에서 벌이고 있는 지원 대회 모습

아울러 중국 지도부는 1차 공세에서 가시적인 성과를 거둔 11월 초에 접어들어 전군全軍에 유엔군 추격 금지 명령을 하달했다. 지도부가 추격을 금지하면서 중공군은 느닷없이 전선 곳곳에서 사라졌다. 아군의 입장에서는 당황할 수밖에 없는 상황이었다.

중공군 1차 공세 때 붙잡혔다 아군 진영으로 살아 돌아온 포로는 국군 76명, 미군 27명이었다. 이들은 자신들이 중공군 진영에 붙잡혔을 때 들었던 이야기를 그대로 전했던 모양이다. "중공군이 곧 돌아갈 것"이라는 내용이었다. 아울러 중공군은 산발적으로 벌어진 작은 전투에서 일부러 도주하는 모습을 연출했다고 한다.

별로 쓸모가 없는 물자 등이 들어가 있는 배낭을 길가에 버렸고, 역시 용도가 별로 없는 구식舊式 중소화기中小火器 등을 도로 등에 내던지고 도망쳤다. 산발적 전투에서 그런 중공군의 모습을 지켜봤던 아군 장병들은 이를 있는 그대로 보고했을지 모른다. 이는 정보 형태로 상부에 전해졌을 것이다. 그런 여러 가지 조각 정보가 모이면서 아군 진영을 이끌었던 도쿄의 유엔군 총사령부가 어떤 판단을 했는지는 분명해 보인다.

『6.25전쟁사』에 따르면 아군 포로가 중공군에게 붙잡혔다가 풀려난 상황은 서방 언론에게는 매우 중요하고 흥미로운 뉴스거리였다. 특히 전쟁 당사자로 나선 미국의 언론들은 이를 대대적으로 보도했다고 한다. 그들은 '중국이 포로를 인도적으로 대우했다' '중국은 인권을 중시한다' 등의 내용으로 그 소식을 전했다.

마오쩌둥의 기분이 이 때문에 크게 좋아졌다고 한다. 미 언론들이 대대적으로 포로 석방 소식을 전하자 그는 베이징에서 "300~400명을 더 풀어주라"고 지시했다는 것이다. 마음씨 좋은 척 마오쩌둥은 선심을 베푸는 모양새였다. 그러나 '인권'이라는 가치를 중시하는 서방 언론은 그 안에 담긴 전략적 의도를 읽었을 리 없다. 그들이 칼로 두드리는 장단에 맞춰 춤을 추기에 바빴을 뿐이다.

중국은 그 때 이미 12월 들어 벌이는 2차 대규모 공세를 준비 중이었다. 만주지역으로부터 압록강을 도하한 후속 부대의 한반도 진출로 중공군의 병력은 크게 늘어난 상황이었다. 40만에 달하는 중공군이 차분하게 강을 넘어와 적유령과 낭림산맥 일대에 포진하는 중이었다. 그들은 아군을 유인하고 있었다. 포로를 풀어주고, 산발적인 전투에서 등을 보이며 쫓겨 가는 모습을 연출하면서 말이다.

트루먼 대통령의 미 워싱턴 행정부, 도쿄의 맥아더 장군이 이끄는 유엔군 총사령부는 그런 중공군의 의도를 전혀 짐작조차 못했다. 당시 미 중앙정보국은 중공군 병력을 "특수부대 형태의 1만 5,000~2만 명의 중공군이 한반도 북부에 있고, 주력은 아직 만주 일대에 남아 있다"고 파악했다. 도쿄의 유엔군 총사령부도 마찬가지였다. 전쟁 지휘부나 언론 등은 모두 그런 중국의 덫에 빠져들고 있었다. 깊고 복잡한 기만과 변칙의 덫 말이다.

애병哀兵과 교병驕兵

맥아더가 기억한 엉뚱한 적장

맥아더 장군은 휴전협정이 맺어지고 세월이 꽤 지난 뒤 회고록을 집필할 때까지 1950년 10월 전쟁에 뛰어든 중공군의 총사령관을 린뱌오林彪로 알고 있었다는 이야기가 있다. 국방부 군사편찬연구소가 펴낸 『6.25전쟁사』가 소개한 것이다. 나는 그 대목을 읽을 때 '이게 정말 사실일까'라는 생각을 했다. 믿고 싶지 않은 내용이었다. '설마' '그 정도는 아니겠지'라는 생각이 앞섰다.

노년의 맥아더는 누구도 피해갈 수 없는 세월의 무게 때문에 역시 아주 노쇠했을 것이다. 아울러 흐릿해지는 기억력으로 인해 자신이 마주했던 적장敵將을 다른 인물로 착각했을 가능성도 있다. 그래서 당시 중공군을 이끌었던 펑더화이彭德懷를 린뱌오로 잘못 기억했을 수 있다.

그럼에도 불구하고 1950년 10월 평양을 탈환하고 압록강을 향해 진군하던 미군은 중공군의 여러 정황을 제대로 인식하지 못했던 점만은 분명하다. 그들이 어떤 군대인지, 그리고 병력을 이끌고 있는 장군은 어떤 인물인지를 전혀 몰랐다. 몰랐다고 하기보다는 어쩌면 알려고 노력을 하지 않았다고 해야 옳을지 모른다.

동양의 병법 사상에는 애병哀兵과 교병驕兵의 이야기가 자주 등장한다. 사전적인 정의에 따르자면 앞의 애병은 누군가에, 또는 어떤 상황에 눌려 분노의 심정을 지닌 군대를 뜻한다. 그러나 달리 말하자면 상대에 비해 열세劣勢에 놓여 있지만 그를 극복하기 위해 떨치고 일어나서 싸울 수 있는, 분투奮鬪의 가능성을 보이는 군대다.

그 반대의 개념이 교병이다. 쉽게 풀자면 '교만한 군대'다. 상대에 비해 우세優勢를 보이며, 따라서 적을 쉽게 제압할 수 있다고 스스로 믿는 군대를 일컫는다. 이를테면 적을 깔보면서 자신의 우월함을 단순하게 믿고 있는 군대다. 이는 외형적인 조건이 뛰어난 군대가 흔히 보이는 특징이기도 하다.

1950년 말 한반도 전쟁에 뛰어드는 중공군과 그를 맞아 싸웠던 미군이 꼭 그렇다. 중공군은 애병에 해당했고, 미군은 교병이었다. 중공군은 여러 가지 조건에 있어서 미군에 견줄 군대는 아니었다. 식량과 보급이 그랬고, 화력에서도 현격한 차이를 보였다. 미군은 지금도 그렇지만 당시에 있어서도 '세계 최강'의 이름을 달기에 전혀 손색이 없었다.

哀兵과 驕兵이 드러낸 차이

중공군은 그러나 유일한 장점이 하나 있었다. 바로 병력이었다. 방대한 인구에서 뽑아내는 병력이 우선 압도적이었다. 그럼에도, 다른 조건은 아주 빈약했다. 게다가 동양의 병법에 아주 밝은 마오쩌둥毛澤東은 자신의 군대를 위기의식으로 똘똘 뭉치도록 만드는 재주를 보였다. "미군이 중국을 침략할 것"이라는 강한 위기감을 불어넣어 그 휘하의 수많은 장병들이 전선에서 상대를 향해 힘껏 내달리도록 '최면'을 걸었던 것이다.

그런 점에서 볼 때 중공군은 애병이었다. 그에 비해 새로 나타난
적의 존재조차 확인하지 못했고, 그들이 은밀하게 다가와 갑자기 눈
앞에 나타나 집요한 공격력을 선보일 때도 그 현실을 제대로 인정하
지 않은 미군은 교병의 특징을 지니고 있었다.

불리한 여건 속에서도 싸우려는 의지가 확실한 애병은 반드시 이
긴다고 했고, 적을 깔보면서 자신의 우월함만을 믿는 교병은 반드

중국인들이 참전한 중공군에게 보낼 누비옷을 만들고 있다.

시 싸움에서 진다고 했다. "哀兵必勝(애병필승)이고, 驕兵必敗(교병필패)"가 바로 그를 말해주는 경구다. 적을 얕잡아 보는 이른바 '경적輕敵'의 사고는 아주 위험하다. 군기가 풀어지면서 이루 다 추스르기 어려운 상황을 낳기 때문이다.

원칙적으로는 그렇다는 얘기다. 그러나 전쟁은 참 묘하다. 전략과 전술이 아주 중요해 보이면서도 때로는 그런 게 필요 없는 경우도 생긴다. 한쪽의 힘이 압도적일 때가 그렇다. 소련과 일본 관동군이 맞붙었던 1939년의 노몬한 전투가 그랬다.

만주와 몽골 접경 지역의 노몬한에서 벌어진 양측의 충돌은 소련군의 압도적인 승리로 끝을 맺었다. 나름대로 공격력을 갖춘 관동군이었으나 수많은 전차와 강한 화력을 갖춘 소련군에게는 상대가 되지 못했다. 그 때는 전략과 전술이라는 게 없었다. 소련군은 압도적인 병력과 화력으로 상대를 그대로 밀어붙이고 만 것이다.

소련군의 당시 특징이 그랬다. 상대를 압도하는 병력과 화력으로 별다른 전략과 전술 없이 힘으로 밀어내는 식이다. 미군도 그런 군대였다. 소련보다 더 탁월한 화력과 장비로 상대를 우직하게 밀어내는 군대가 미군이었다. 맥아더는 그 점을 믿었다고 봐야 한다. 그러나 중공군은 일본군과 조금 달랐다.

미군이 지닌 힘의 크기를 아주 날카롭게 파

악했고, 용의주도하다고 해도 좋을 정도의 치밀한 전술을 개발해 싸움에 나설 줄 알았다. 싸움에 나서는 명분을 정말 그럴 듯하게 조작해전 장병을 무장시켰고, 빈궁을 면치 못했으나 대대적인 동원으로 물자를 만들어 전선으로 보내는 기민함도 보였다.

중공군의 식량은 우리식으로 말할 때의 미숫가루가 주를 이뤘다. 밀가루가 70%를 차지했고, 콩과 옥수수 또는 수수를 30% 못 미치게 섞은 뒤 소금을 조금 가미하는 식의 가루가 주식이었다. 1950년 9월부터 중국이 만주지역 일대에 비축한 전쟁 식량은 3,384만 톤에 달했으나 이는 오래 버틸 양은 아니었다.

미군엔 6배, 국군엔 3배 병력 투입

중국 전역에서는 참전 뒤 전선에 보낼 식량을 모으는 운동이 벌어졌다. 중국은 당시 저우언라이周恩來 총리까지 직접 나서서 팔을 걷어붙인 뒤 가루식량으로 만들 콩과 옥수수 등을 직접 볶으면서 이를 대대적으로 선전하는 등 총력을 기울여 전쟁을 펼쳤다.

그러나 중공군의 무기 체계는 형편이 없었다. 전차와 야포 등 크고 굵직한 화력을 선보일 수 있는 무기가 미군에 비해 절대적으로 부족했다. 현대전의 총아라고 할 수도 있는 야포는 전체 보유 대수가 미군의 45%에 이르렀지만, 내용을 보면 매우 질이 떨어졌다. 러시아, 미국, 일본, 프랑스, 영국 등 9개 국가가 만든 구식 야포가 뒤섞여 있는 상황이었다.

병사들이 손에 쥐고 싸워야 하는 소총이나 권총, 기관총 등도 소련제와 옛 국민당 군대 것, 일본군이 대륙에서 패퇴할 때 남기고 간 것, 그리고 중국이 만들어 낸 것 등이 두루 섞여 있었다. 따라서 탄약

참전한 중공군을 위문하고 있는 중국 공연단

도 다양했다. 무전기의 경우는 극단적인 경우 1개 군단이 겨우 69대만
을 보유하는 곳도 있었으며, 수송 차량 또한 절대적인 부족의 수준에
허덕여야 했다.

이를 극복하기 위해서 중국이 내세울 수 있는 것은 역시 압도적인
우세에 있던 병력이었다. 『6.25전쟁사』에 따르면 중국 지도부는 압도
적인 병력을 활용하되 '선택과 집중'에 철저를 기했다. 특히 중공군은
미국 군대에 비해 현격하게 화력과 전기戰技가 떨어지는 국군의 전면을
노리고 들어왔다.

국군에는 3배의 병력을 투입했고, 어쩔 수 없이 미군과 싸울 때는
그의 6배에 달하는 중공군을 투입한 것으로 알려졌다. 마오쩌둥이 참
전 초기의 중공군에게 지시한 작전의 목표는 '섬멸殲滅'이었다고 한다.

상대 병력과 화력의 50%를 없애는 게 자신들이 설정한 '섬멸'의 수준이라고 했다.

그들은 1950년 10월 말과 11월 초에 벌인 참전 뒤 1차 대규모 공세에서 상당한 성공을 거뒀다. 우선 중서부전선에서 가장 돌출해 있던 국군을 집중적으로 노리고 들어와 압록강 근처까지 올라갔던 국군 6사단을 와해시켰으며 덕천과 영원으로 진출한 국군 7사단과 8사단에게도 막대한 타격을 입혔다.

아울러 국군 1사단과 어깨를 함께 하고 북진했던 미 1기병사단의 8연대가 중공군의 기습과 우회, 매복에 걸려 처절하게 당하고 말았다. 그러나 전쟁을 지휘하고 있던 중공군의 수뇌부는 거기서 잠시 멈추는 전략을 구사했다.

앞에서 소개한 내용처럼 그들은 잠시의 성과에 만족치 않고 포로 등을 일부러 놓아주면서 거짓 정보를 흘리는 기만과 변칙을 선보였다. 그런 심상찮은 조짐에도 불구하고 유엔군 총사령부는 12월 대공세를 기획하고 있었다. 자신의 불리한 여건을 철저하게 파악해 기만과 변칙의 수로 나서는 애병, 중공군의 눈초리는 더욱 날카로워졌을 것이다.

그해 12월 한반도 북부전선은 피의 냄새가 가득했다. 국군과 미군, 그리고 참전 우방의 유엔군은 중공군이 도사린 적유령과 낭림산맥 속으로 행군했다. 그 결과는 잘 알려져 있다. 서부전선은 급격히 무너졌고, 장진호의 미 1해병사단은 눈 덮인 계곡에서 중공군의 매복에 걸렸다. 『The Coldest Winter』. 당시 상황을 묘사한 미국의 책 제목이다. 그해 겨울은 그 말 그대로 아주 추웠다.

그러나 미국은 강했다

장진호와 군우리 전투의 차이

중공군 2차 공세가 벌어진 1950년 11월 말~12월 초 서부전선에서 아군의 참패는 아주 기록적이었다. 앞에서 설명한 그대로다. 미 2사단은 11월 말 크리스마스 공세 뒤 중공군에게 밀리다 평북 군우리 남쪽 계곡에서 집중적으로 당했다. 전선을 우회에 이곳에 매복해 있던 중공군에게 이른바 '인디언 태형笞刑'이

라는 이름의 공격을 받고 2개 연대 병력이 무너지고 말았다.

그 당시의 피해가 얼마나 혹심했는지는 이미 소개했다. 그런 서부전선의 피해보다 더 상징적으로 언급하는 전투는 중동부 전선의 장진호長津湖 일대에서 벌어졌다. 미군은 1해병사단이 주축을 이뤘고, 중공군은 9병단 소속 7개 사단이 뛰어들었다.

그곳은 낮 기온이 영하 20도, 밤에는 영하 32도까지 내려가는

1950년 12월 장진호 전투를 벌인 뒤 흥남에서 마지막 철수를 앞둔 미 1해병사단의 스미스 사단장이 전사한 대원들의 묘지에서 묵념하고 있다.

추위를 보였다. 상대도 상대지만 우선 '추위'와 싸우는 게 다급한 곳이었다. 11월 말에서 12월 초까지 벌어진 이 장진호 전투에서 사람들은 미군의 정예인 1해병사단의 피해를 우선 떠올린다. 미국의 한 언론은 이 전투를 두고 "진주만 피습 이후 최악의 패전"이라고 비판했다.

그러나 전쟁을 다루는 사람의 시각에서 볼 때 이 장진호 전투는 군우리 남쪽에서 미 2사단이 보였던 전투와는 달랐다. 공격 목표에 도달하는 데는 실패했으나, 적어도 적의 공세에서 제 병력을 보전하며 후퇴하는 데는 성공한 전투다. 아울러 자신을 공격했던 중공군에게도 막심한 피해를 안겼다.

군우리 남쪽에서 부대 병력의 3분의 2를 잃은 로런스 카이저 당시 미 2사단장의 이야기는 앞서 소개했다. 그는 후퇴의 시점을 결정하면서 주저했고, 공격을 벌이면서도 반드시 챙겨야 할 퇴로退路 확보에 전혀 신경을 쓰지 않았다. 그에 비해 미 1해병사단장 올리버 스미스(Oliver P. Smith) 소장은 아주 달랐다.

맥아더 사령부의 막료로 있다가 전선으로 부임해 당시 동부전선 전체를 이끌고 있던 미 10군단장 에드워드 아몬드 장군은 북진 속도를 높이라고 재촉했으나, 스미스 사단장은 원칙에 충실했다. 원산에서 장진호 쪽으로 진출하면서 그는 곳곳에 거점을 마련하는 데 신경을 썼다. 혹시 있을지 모를 후퇴에 대비하기 위함이었다.

전쟁은 변수와의 싸움

전쟁은 이론과 계획으로만 이뤄지지 않는다. 전선에 서서 싸움을 벌였던 사람들은 이 말이 무엇을 말하는지 금세 알아차릴 수 있다. 전쟁은 변수變數의 연속이다. 도상圖上에서 마련한 계획으로는 천변만화千變萬化라고 해도 좋을 그런 전장에서의 변수에 대응치 못하는 경우가 허다하다.

따라서 전장에서 싸움을 잘 이끄는 지휘관의 성품은 신중할수록 좋다. 예상치 못한 변수에 대응하기 위해 신중에 신중을 기하는 사람, 혹시 있을지 모를 상황에 대비해 조그만 위기 요소에도 주목하는 사람이 싸움에서 이기거나 적어도 커다란 패배에 직면하는 일을 피할 수 있는 법이다.

스미스 미 1해병사단장은 그런 인물이었다. 그는 유엔군 총사령부가 내린, 물밀 듯했던 북진의 흐름 속에서도 혹시 있을지 모를 위기의 요소에 충실히 대비했던 사람이다. 진출하는 곳에 사단 자체가 보유한 항공대의 비행기가 이착륙할 수 있는 비행장을 닦았고, 거점 형성을 위해 부대 일부를 그곳에 잔류시켜 만일의 사태에 대비하는 신중함을 보였다.

그 장진호 전투를 여기에서 다시 상세하게 다루는 일은 불필요하다. 그 전투의 전개 과정은 여러 기록에 풍부하게 남아 있기 때문이다. 전체적 국면으로 볼 때 장진호 전투는 미 해병사단의 눈물겨운 분투와 지휘관의 용의주도함이 빛을 발한 전투다.

그해 12월 초까지 벌어졌던 아군의 '크리스마스 대공세', 그리고 중공군이 그에 맞서 벌인 '2차 공세'의 결과는 잘 알려진 그대로다. 중공군의 매복과 우회는 빛을 발해 아군의 전선이 크게 밀렸다. 그는 다시 아군이 서울을 내주고 북위 37도선으로 밀리는 이른바 '1.4후퇴'로 이어지고 말았다.

중공군을 원거리에서 조종했던 마오쩌둥毛澤東을 비롯한 중국 지도부는 이 2차 공세로 의기양양했다. 서부전선에서는 미 2사단에게 사단 병력 3분의 2를 잃는 치욕적인 참패를 안겼고, 중동부전선에서는 막강한 미 1해병사단을 꺾었다고 봤기 때문이다. 특히 그들은 장진호 전투에서 미 해병사단을 물리쳤다는 점에 더욱 흥분했다고 한다.

역사적 곡절이 있었기 때문이다. 1900년 벌어진 8국 연합국 군대의 베이징北京 점령 사건은 중국인들이 결코 잊지 못하는 치욕이다. 외세 배척을 기치로 내걸었던 의화단義和團의 활약으로 베이징에 주재했던 외교 사절들이 습격을 받자 영국과 프랑스, 일본과 미국 등 8개 국가가 군대를 톈진天津에 상륙시켜 베이징을 점령했던 사건이다.

당시 미군이 파병한 군대가 해병대였다. 당시의 그 해병대가 미 1해병사단의 모체는 아닐지라도, 50년 전 제 자신에게 치욕적인 사건을 안긴 미 해병대에게 앙갚음을 했다는 점에서 중국 지도부는 이를 대대적으로 선전했던 모양이다. 관영 언론 등을 통해 중국 지도부는

장진호 전투의 주역 미 1해병사단의 스미스 사단장(왼쪽)과 미 10군단장 에드워드 아몬드 장군

이를 자랑스럽게 대내외에 알리기에 바빴다.

그러나 그런 행위는 전쟁의 '실實'에 주목하는 일이 아니었다. 그들은 미국을 비롯한 1900년도의 제국주의 세력에 대한 콤플렉스를 감성적으로 벗었을지는 모르나, 실제로는 그들이 당면한 제국주의 시대 이후의 서방 세력이 지닌 '실력'에 눈을 떠야 했다. 그 점은 아주 엄연한 현실이었다.

중공군을 덮은 새 불안감

미 1해병사단은 자신의 다섯 배에 달하는 중공군 병력을 맞아 처절하게 싸웠다. 기록에 따르면, 미 1해병사단은 약 3,700여 명의 사상자를 낳았다. 중공군이 장진호에서 입은 손실은 잘 알려져 있지 않다. 국방부 군사편찬연구소가 펴낸 『6.25전쟁사』에는 중공군의 2차 공세에서 아군과 중공군의 피해 상황이 대략이나마 나와 있다.

그 기록에 따르면 1950년 11월 말~12월 11일까지의 전투에서 미군의 사상자는 약 1만 7,000여 명이다. 그에 비해 중공군은 2차 공세에서 약 10만에 가까운 손실을 입은 것으로 나온다. 전사자 약 3만 700명, 동상凍傷 5만여 명을 기록했다고 한다. 미군의 사상자 중 상당수도 동상에 의한 숫자다. 그러나 동상에 의한 환자, 그로 인해 전투력을 상실한 사람의 수가 중공군에 훨씬 많은 점을 주목할 필요가 있다.

겉으로 요란하게 선전전을 펼치는 중국 지도부의 속내도 결코 편치 않았다. 앞에서 소개한 대로 전쟁을 막후에서 이끌었던 마오쩌둥의 당초 계획은 아군의 몇 병력을 '섬멸'하는 데 있었다. 한 부대의 전력 중 50% 이상을 상실토록 하는 게 자신들이 설정한 '섬멸'의 개념이었다.

그러나 그들의 계획은 전투력이 약한 국군 2군단을 주저앉히는 데서만 이뤄졌다. 미 2사단이 전력의 3분의 2를 상실했다고는 하지만, 그를 이끄는 프랭크 밀번의 미 1군단 전력은 아주 멀쩡하게 후퇴하고 말았다. 따라서 전체를 형성하고 있는 서부전선의 미 8군에게 중공군이 가했던 공격은 그들이 구상했던 '섬멸'과는 아주 큰 차이가 있었다.

장진호 전투에서도 마찬가지였다. 이 전투를 통해 미국이 상징하는 서방의 힘을 꺾었다면서 "공미恐美(미국을 두려워함)를 극복했다"고 자랑했으나, 실상은 전혀 달랐다. 상대를 압도하는 무기와 장비, 체계적인 훈련에 따라 차분하게 방어전을 펼치며 후퇴했던 미 해병대를 바라보는 중공군 전선 지휘관들의 마음은 아주 복잡해졌다.

'이 전쟁에서 미군을 이기기는 불가능하다'는 생각이 점차 움트고 있었다. 아주 멀리 떨어진 마오쩌둥은 그 점을 진지하게 들여다보지 않았으나, 한반도 참전과 그 직후의 공세를 이끌었던 펑더화이彭德懷의 눈에는 그 점이 뚜렷이 보이고 있었다.

『The Coldest Winter』. 앞에서 소개한 책이다. 미군을 비롯한 아군이 맞았던 1950년 12월의 겨울은 그렇게 혹독했다. 그러나 중공군의 그 해 겨울도 결코 다르지 않았다. 그들은 아주 큰 두려움에 새롭게 직면하고 있었다. 현대화한 군대의 위력을 직접 목격하고 있었기 때문이다.

펑더화이를 비롯한 전선의 지휘부는 그 점을 체감하고 있었다. 『6.25전쟁사』는 중공군 부상자의 입원 비율이 4.5%였다고 소개한다. 이는 후방의 병원이 없었다는 얘기와 같다. 27군단 94사단의 소대 간부는 그런 두려움에 쫓겨 그만 탈영했다. 전선을 이탈해 도망친 소대장급 이상의 간부는 188명, 그 가운데 옷을 벗은 사람은 67명이라고 책은 소개했다. 상대를 전선에서 밀어내기는 했지만 중공군은 아주 큰 불안감에 휩싸이고 있었던 것이다.

워커 장군 리더십의 명암

월튼 워커 장군의 인상

손자孫子가 강조했던 몇 가지 중요한 개념 중에는 세勢라는 게 있다. 크게 보자면 이는 전쟁 등의 국면에서 함부로 돌이킬 수 없는 그 무엇인가를 설명하는 개념이다. '파죽지세破竹之勢'라는 말에서도 드러나듯이 그는 한 번 이뤄진 기운이 줄곧 이어지는 상황을 가리킨다. 이기는 기운이면 승세勝勢, 그 반대의 경우라면 열세劣勢다.

중공군은 2차 공세를 펼치고서도 잠시 사라졌다. 나중에 안 일이지만, 중공군의 공세는 그렇게 줄곧 이어지지 못했다. 당시 그들이 2차 공세를 펼 때는 알기 힘들었으나, 그 이후에 벌인 여러 차례의 공세에서도 그런 특징은 반복적으로 나타났다. 보통 5일에서 1주일 정도 이어지던 공세는 거짓말처럼 곧 끊어지고는 했다.

시간이 경과한 다음에 안 일이기는 했으나, 중공군은 보급상에 심각한 문제를 보이고 있었던 것이다. 1950년의 10월 말에 펼친 1차 공세, 그리고 한 달 뒤에 벌인 2차 공세를 볼 때 중공군은 분명히 승세를 타고 있었다. 그러나 보급상에 문제를 드러내면서 그런 승세를 이어가지 못했다. 아울러 그들은 펼쳤다가 다시 접는, 전술적으로는 공세의 강약強弱을 구사하고 있기도 했다.

다 지나간 일이기는 하지만 이런 대목이 우리 아군에게는 아쉬웠다. 중공군의 특성을 재빨리 간파했다면 우리는 그에 맞춰 다른 전략과 전술을 구사할 여지가 있었다는 얘기다. 그러나 중공군의 그런 약점을 들여다 볼 여유는 당시로는 없었다. 아군 지휘부도 느닷없이 나타나 인해전술人海戰術로 강력한 공격을 펼치는 중공군에 아주 당황했다.

중공군 공세로 후퇴하는 유엔군을 따라 피난하려는 평양 시민들의 모습 (출처: 미 항공 박물관)

미 8군을 이끌고 서부전선의 주공主攻을 담당했던 월튼 워커 장군도 마찬가지였다. 그는 전차전戰車戰으로 제2차 세계대전에서 명망을 얻은 조지 패튼 장군의 적자適子라고 봐도 좋을 경력의 소유자다. 그 패튼의 지휘 아래에서 그는 군 경력의 큰 줄기를 이룬 사람이다. 그 패튼의 불도저와 같은 강공强攻을 직접 배우고 익힌 사람이다.

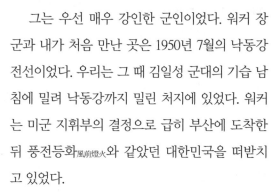

그는 우선 매우 강인한 군인이었다. 워커 장군과 내가 처음 만난 곳은 1950년 7월의 낙동강 전선이었다. 우리는 그 때 김일성 군대의 기습 남침에 밀려 낙동강까지 밀린 처지에 있었다. 워커는 미군 지휘부의 결정으로 급히 부산에 도착한 뒤 풍전등화風前燈火와 같았던 대한민국을 떠받치고 있었다.

그는 전쟁의 현장을 늘 누비고 다녔다. 지뢰의 위험 때문에 그는 자신이 타고 다녔던 지프에 철판을 하나 더 부착한 다음에 그를 타고 부지런히 현장을 쫓아 다녔다. 그는 일본으로부터 급히 부산에 도착해 낙동강 전선에 섰던 미군 장교들을 심하게 다그쳤다. 그가 즐겨 하던 말이 하나 있다. "Stand or die!"였다. 우리식으로 풀자면 "버텨라, 아니면 죽어라!"였다. 한자로 풀면 바로 죽음으로써 지키는 '사수死守'다.

그는 심할 경우 늘 지니고 다니던 지휘봉으로 미군 장교의 철모를 사정없이 내리쳤다. 조금이라도 허물어진 모습을 보이면 그는 특유의 강인한 눈빛으로 상대를 쏘아 보면서 "Stand or die!"를 외치곤 했다. 그런 대단한 파이팅 덕분에 미군을 비롯한 아군은 힘을 얻었고, 마침내 막바지 안간힘을 쏟던 김일성 군대를 물리치고 전선을 북상시킬 수 있었다.

"평양을 너무 빨리 내줬다"

그해 12월 말 의정부에서 불의의 교통사고로 숨을 거둔 워커 장군은 우리가 역시 잊을 수 없는 고마운 인물이다. 그로 인해 대한민국은 낙동강 전선에서 기사회생起死回生의 전기轉機를 마련했으니 말이다. 고인故人에게는 다소 미안한 표현이겠으나, 그는 인상이 마치 사나운 불독을 연상케 했다. 눈빛도 그랬고, 전선을 분주히 오가는 활력 넘치는 자세 또한 그랬다.

나는 조지 패튼 장군의 활약상을 그저 풍설로 들은 정도에 불과하다. 그러나 워커 장군을 보면서 나는 불리한 전장戰場에서도 결코 움츠러들지 않는 군인의 기개를 읽었고, 그로써 조지 패튼의 면모를 조금이나마 짐작할 수 있었다. 파이팅 넘치는 군인의 모습도 어느샌가 나의 뇌리에 깊이 박혀 들기도 했다.

그런 강인한 지휘관이었으나, 워커 또한 중공군이 펼친 2차 공세에서는 많이 당황했던 것으로 알고 있다. 그는 중공군 공세에 밀려 38도선으로 병력을 후퇴시킬 때 이승만 대통령을 찾아갔다고 했다. 그는 이 대통령에게 "곧 부산으로 내려가거나, 마지막에는 제주도 등으로 피해야 할 것"이라고 건의했다고 한다.

물론 이승만 대통령이 그런 건의를 받아들일 리 없었다. 이 대통령은 "절대 못 간다" "대한민국 땅을 내주고 내가 어디를 가겠느냐"

면서 워커 장군에게 호통을 쳤다고 한다. 그런 건의까지 한 것을 보면 워커 장군은 전세戰勢를 매우 비관적으로 볼 만큼 당황했음이 분명하다. 미 8군은 축차적으로 부산을 거점으로 한 낙동강 방어선까지 후퇴할 것을 염두에 두고 있었으며, 극단적인 경우에는 국군을 남해안 도서島嶼 지역으로, 미군을 일본으로 철수시킨다는 계획까지 세워 두고 있었다. 앞에서 소개한 내용이다.

『6.25전쟁사』 역시 미 8군의 당혹감을 전하고 있다. 책은 중공군 2차 공세에 밀린 아군의 전술적 오류를 지적하고 있다. 우선 평양에 주목했다. 결론적으로 말하자면, 아군은 너무 빨리 평양을 포기했다

전쟁 초반 낙동강 전선을 형성해 김일성 군대의 공격에 맞섰던 월튼 워커 미 8군 사령관(지프 앞 좌석)이 지휘관들과 의견을 나누고 있다. (출처: 미 육군)

는 지적이다. 아군이 지닌 압도적인 공습력空襲力, 그리고 탁월한 전선 물자 보급력 등을 두고 볼 때 평양으로부터의 철수는 너무 성급했다는 얘기다.

따라서 평북 일대에서 중공군에게 밀린 뒤라도 전열戰列을 가다듬어 평양 고수 작전을 벌였다면 중공군을 그 북쪽 전선에서 막아낼 수 있었다는 분석이다. 책은 아울러 당시 미 8군의 일부 장군들이 평양을 왜 빨리 포기하는지에 대해 매우 회의적인 생각을 지니고 있었다고 소개했다.

숨이 차오르던 중공군

그 때 평양에는 많은 전선 물자가 있었다. 화물 열차에 실린 전차도 있었으며, 막대한 물량의 보급 물자가 산더미처럼 쌓여 있었다. 당시 나는 휘하의 국군 1사단을 이끌고 평양의 외곽을 돌아 대동강을 건너 후퇴했다. 평양은 그 때 시커먼 연기로 자욱했다. 미군의 전선 물자를 태우는 연기였다. 산더미와 같았던 물자가 불길에 싸이면서 검은 연기를 뿜고 있었으며, 간혹 그 연기 사이로 미군 물자를 손에 넣으려는 사람들의 그림자가 어른거렸다.

나는 후퇴에 전념하느라 당시 평양을 사수하느냐 마느냐의 문제를 곰곰이 생각할 겨를이 없었다. 그러나 세월이 지난 뒤에 그 당시의 전쟁을 들여다보면서 늘 찾아들었던 생각은 책이 지적하고 있는 내용과 같다. 전쟁은 사람의 기대 또는 예상과는 달리 벌어질 때가 많다. 따라서 진로進路가 있으면 퇴로退路 또한 있음을 늘 기억해야 좋다.

중공군은 분명히 승세를 타고 있었다. 강인하기 짝이 없었던 워커 장군은 그 세勢에 눌린 상태였다. 강력한 공세를 펼치며 아군이 북한군을 밀어붙일 때 우리가 조금이나마 퇴로를 미리 상정했다면 평양은 크게 주목할 만했다. 그곳은 산악이 아닌 너른 평원이 펼쳐진 곳이었다. 북쪽의 산악에 전선을 형성한 뒤 공습의 장점을 살리고, 물자의 보급을 더 원활히 한다면 중공군의 공세에 충분히 대항할 수 있었을 것이다.

그러나 이는 역시 세월이 지난 뒤의 생각에 불과하다. 당시에는 아군 모두 공황恐慌의 심리에 젖어 있었다. 중공군은 두 차례의 기습적 공격으로 분명한 승기勝機를 잡았고, 그렇게 부풀려진 분위기는 일정하게 세勢를 형성하고 있었다. 패튼의 강인한 돌파력을 사사師事했던 워커도 그만 그런 세에 눌리고 말았던 것이다.

그러나 중공군의 실체가 서서히 드러나고 있었던 점은 아주 다행이었다. 매우 뒤떨어지는 보급력이 때로 바닥을 드러내면서 그들의 공세가 간헐적으로, 또 주기적으로 끊긴다는 점이 보이기 시작했던 것이다. 싸움에서는 상대가 누군지 몰라야 무서운 법이다. 상대의 모습을 파악하면 파악할수록 그 두려움은 크게 잦아든다.

나는 국군 1사단을 이끌고 평양 외곽을 돌아 남하했다. 우리가 진지를 형성해야 할 곳은 임진강의 고랑포였다. 나는 워커 장군으로부터 직접 전화를 받았다. "그곳에서 후퇴하는 아군 병력을 수습하라"는 명령이었다. 임진강은 천혜의 요새와도 같았다. 그곳을 의지해 제대로 싸워본다는 생각도 굳어졌다. 중공군은 그곳으로 점점 다가오고 있었다. 결과적으로 볼 때 그 공세는 막바지였다. 그러나 그들이 지닌 여세餘勢는 결코 가볍지 않았다.

끝내 중공군에 서울을 내주다

임진강에서의 후퇴 작전

1950년 8월의 다급했던 낙동강 전선에서 나와 어깨를 함께 하고 김일
성 군대의 막바지 공세를 이겨낸 사람이 있다. 그는 당시 미 27연대 연
대장 존 마이켈리스(John H. Michaelis) 대령이었다. 그는 나중에 대
장까지 승진해 1970년대 초반 주한 미 8군 사령관까지 역임했다.

그는 나와 낙동강의 다부동 전선에서 김일성 군대를 막아낸 인연
으로 아주 친한 사이로 변했다. 나는 휘하의 국군 1사단과 함께 1950년
12월 임진강으로 후퇴할 무렵 다시 그를 만났다. 아마 12월 15일 정도
였으리라 기억한다. 사리원 남쪽에 있던 1사단 사령부를 그가 찾아온
것이었다. 반갑게 인사를 나눈 뒤 나와 이런저런 이야기를 나누던 그
의 표정이 갑자기 어두워지고 있었다. 여담이지만, 그는 내가 전쟁 중
에 만났던 미군 지휘관 중에 가장 빼어난 미남이었다.

영화배우를 연상시키는 듯한 외모에 미 웨스트포인트의 엘리트답
게 예의와 범절이 아주 좋았으며, 행동거지 하나하나가 신중함과 묵
직함을 풍기는 사람이었다. 전선에서 생사生死를 넘나들며 쌓은 우정
은 보통 이상의 것이다. 그는 다부동 전투 이후 몇 차례 만날 때마다
격의 없이 자신의 생각을 전하곤 했다. 그는 잠시 뜸을 들이다가 이런
말을 했다. "우리가 철수할 가능성도 있다는데…."

나는 속으로부터 '아…!'하는 탄식이 흘러나오는 것을 느꼈다. 그러나 삼켰다. 그가 말하는 철수는 낙동강 전선으로, 더 나아가서는 한반도 밖으로의 철수를 의미한다는 점이 분명했다. 마이켈리스는 자세한 언급을 피했다. 전선에서 방어선을 펼치는 동료인 내게 자신이 전달받은 극히 중요한 정보를 흘려줘 참고하라는 의미였으나, 나는 온몸에서 힘이 빠져나가는 느낌이었다.

그는 내 분위기를 알아챘던 모양이다. 그는 신중하게 흘려준 그 '정보'에 당혹감을 감추지 못하는 내게 "그래도 최선을 다하는 수밖에 없다. 힘을 내자"라고만 다독였다. 나는 마이켈리스가 다녀간 무렵에 다시 말라리아를 앓았다. 힘겨운 전쟁터에서 극도의 스트레스를

1950년 중공군 3차 공세에 밀려 임진강으로 후퇴해 있었을 때, 한국일보 창업주로 당시 한국은행 이사였던 장기영(왼쪽에서 둘째) 등이 위문품으로 가져온 김장 김치를 받은 뒤 기념촬영했다.

받을 때면 어김없이 찾아왔던 병이었다. 한낮에도 오한이 오고, 그로써 가끔은 정신이 아득해지기도 할 정도였다.

마침 워커 미 8군 사령관이 불의의 교통사고로 의정부 인근에서 세상을 떠났다는 소식도 전해졌다. 함께 참전 중이었던 미 24사단 소속의 아들 샘 워커 대위의 은성무공훈장 수상을 축하해주고 가던 길이었다고 했다. 마음은 더 어두워졌다. 6.25가 벌어진 뒤 직접 그의 지휘를 받으면서 네 번을 직접 만났던 장군의 타계 소식에 몸은 더 떨리고 있었다.

말라리아는 끈질기게 내 뒤를 쫓아다녔다. 그 때는 오한이 더욱 자주 찾아왔다. 중공군의 대병력은 곧 우리 눈앞에 나타날 게 분명했다. 여기저기서 그들의 동향이 전해지고 있던 시점이었다. 몸의 상태가 나빠지면서 마음도 약해질 태세였다. 어떻게든 위기를 이겨야 한다고 다짐했지만 몸은 그를 따라주지 않았다.

새 김장 김치까지 받았으나…

그해의 마지막 날이었다. 12월 31일 오후에 손님들이 찾아왔다. 한국은행 이사로 재직 중이던 장기영(한국일보 창업주) 씨와 나중에 재무장관을 역임하는 송인상 씨 등이었다. 모두 한국은행에 몸을 두고 있던 분들이었는데, 전선의 장병들을 위문하기 위해 갓 담근 김장 김치를 두 개의 큰 항아리에 싣고서 부대를 찾아온 것이었다.

그 김치를 각 부대에 골고루 나눴다. 그 김장 김치의 맛은 좋았을 것이다. 장병들의 분위기가 잠시 환해졌다. 그러나 전선의 불안감은 자꾸 높아만 가고 있었다. 나는 오한이 찾아오는 와중에서도 열심히 전선의 여러 가지를 챙겼다. 그러나 겨울에 앓는 말라리아는 고약하기만 했다. 후퇴를 거듭하던 시점에 찾아든 말라리아여서 더 그랬는지 모르겠다.

내가 지휘소 한구석에서 덜덜 떨고 있으면 꼭 나타나는 사람이 있었다. 미국 고문관으로서 국군 1사단에 파견온 뒤 나와 함께 생사고락을 함께 했던 메이 중위였다. 그는 키가 훌쩍 컸다. 그리고 나이에 걸맞지 않게 벌써 머리에는 은발이 가득했다. 그러나 여러 가지 군사적 도움을 위해 그는 정성껏 자리를 지키는 사람이었다.

그는 내가 말라리아의 오한으로 몸을 떨 때마다 늘 조그만 버너 하나를 가지고 왔다. 그리고 버너 아래 부분에 있는 작은 펌프를 밀었다가 당기면서 불을 댕긴 뒤 신속하게 물을 끓였다. 버너 위의 코펠에서 물이 끓으면 그는 곧 능숙한 솜씨로 커피를 진하게 한 잔 타서 내게 건넸다.

그는 늘 "따뜻한 커피 한 잔 마시면 오한이 멈출 것"이라며 나를 진정시켰다. 오한과 함께 찾아오는 불안감도 많이 줄었다. 따뜻한 차 한 잔으로라도 그런 떨림과 막연한 불안감을 잠시나마 잊을 수 있어서 좋았다. 메이는 늘 그렇게 내 곁을 지켰다.

장기영 씨와 송인상 씨 일행이 돌아가고 부대는 다시 분주해졌다. 적정敵情에 관한 보고가 쉴 새 없이 들어왔다. 저녁에는 드디어 평양에서 후퇴한 이후로 잠잠했던 중공군의 공세가 벌어지기 시작했다. 그들이 펼치는 3차 공세였다. 아주 많은 병력의 중공군이 부대 전면을 강하게 때리고 들어왔다.

그들은 교활하다 싶을 정도로 빈 곳을 찾아낸다. 1950년 10월 말 펼친 1차 공세부터 그랬다. 이번에도 마찬가지였다. 내가 이끄는 1사단과 인접 6사단의 경계가 있는 지경선地境線이 밀렸다. 중공군은 역시 그 틈을 정확하게 노리고 들어왔다. 그들은 우회와 포위의 명수다. 우선 틈을 찾아내 그곳을 밀어붙인 뒤 깊게 종심을 뚫고 들어와 아군의 후방을 포위할 참이었다.

1사단 12연대가 먼저 물러나기 시작했다. 전투 지휘소에 들어오는 다급한 보고를 통해 중공군이 막대한 병력을 앞세워 전선을 돌파하는 정황이 잡히고 있었다. 15연대를 예비진지에 투입한 뒤에도 상황은 나아질 줄 몰랐다. 15연대와는 아예 통신 자체가 끊기고 말았다.

다급한 나머지 나는 공병대와 통신대 병력까지 투입했다. 그러나 중공군은 우리가 쳐놓은 철조망을 쉽게 넘었다. 앞의 동료가 쓰러지면 그를 밟고, 때로는 자신들이 지닌 담요를 철조망에 올려 놓고 그 위를 넘었다. 전형적인 인해전술人海戰術이었다. 나는 우선 후퇴 명령을 내렸다.

한강을 넘을 때의 심정

지휘소를 이루는 참모들과 미 고문관들에게 모두 후방으로 이동하라고 했다. 나는 주요 참모 몇몇과 지휘소에 남아 후퇴상황을 점검했다. '승패병가상사勝敗兵家常事'는 말이 있다. 싸움에서 이기고 지는 일은 군대가 늘 맞이하는 일이라는 뜻이다. 그러나 실제로 마주치는 패배 앞에서는 누구라도 담담해질 수 없다.

앞에서도 잠시 소개를 했던 장면이다. 나는 그 때 정신을 잠시 잃었던 듯하다. 내 옆을 지키던 통신참모 윤혁표 중령은 그 때의 나를 "전화기를 손에 쥐어주면 통화를 한 뒤 제자리에 놓지 못하고 떨어뜨렸고, 무전기를 내려놓은 뒤에는 했던 말을 반복해서 했다"고 기억했다. 나는 당시의 내 모습에 관한 기억이 없다. 그저 머릿속에 '우-웅'

거리는 소리만이 울렸고, 그저 아무것도 기억을 하지 못할 만큼 아무런 생각이 들지 않았다.

그 때 나를 번쩍 들어 올린 사람이 메이 중위였다. 말라리아를 앓던 내게 늘 버너를 들고 와서 따뜻한 커피를 끓여주던 메이였다. 그는 "전투를 하다 보면 질 수도 있고 이길 수도 있는 법"이라며 나를 들어다가 지휘소 밖에 있던 지프 좌석에 앉혔다. 그렇게 나는 다시 후퇴했다.

파주군 법원리의 한 초등학교에 마련했던 지휘소를 빠져나와 우리는 한강까지 내려왔다. 그곳에서 다시 한강을 건너 시흥에 마련한 지휘소에 도착해 전열을 가다듬어야 했다. 서울을 또 내주는 상황이었다. 평양을 내주고 다시 서울까지 적의 수중에 넘겨주는 현실이 참담했다. 그러나 어쩔 수 없었다.

한강에는 미군이 설치한 긴 부교浮橋가 놓여 있었다. 추운 겨울이라 강에는 10~13cm 정도로 얼음이 얼어 있었다. 그러나 전차와 야포가 지나갈 만큼은 아니어서 미군이 그 위에 부교를 설치한 상황이었다. 사단장이 탄 차라서 미군이 통행을 통제해줬다. 6.25 개전 초기 서둘러 한강 다리를 끊는 바람에 생겼던 혼잡함은 없었다.

나는 지프에 탄 채 한강을 건넜다. 날씨가 매우 추웠다. 피난민 행렬이 옆에 있었다. 지프 앞자리에 앉은 나는 그들을 무심코 바라봤다. 귀에 귀마개를 단 꼬마와 눈이 마주쳤다. 스치는 듯 마주친 꼬마의 눈을 그저 바라보기가 쉽지 않았다. '저 아이의 눈에 내 모습은 어떻게 비치고 있을까….' 나는 앞만 보며 길을 달렸다.

중공군이 초기 공세 때 사로잡은 미군 포로들을 이끌고 이동하고 있다.

제6장

김일성은
전쟁에 무지했다

이 땅에 거대한 피바람을 몰고 온 김일성의 전쟁도발로
수많은 인명이 희생당했다. 1951년 겨울 유엔군을 따라
피난길에 나선 평양 인근의 주민들 모습

평양에 나타난 젊은 김일성

그 생가가 있는 대동군

평양의 외곽을 두르고 있는 행정구역이 대동군大同郡이다. 그 서쪽에는 강서군江西郡이 있다. 같은 평양 권역에 있지만, 둘은 비슷하면서도 다르다. 대동군은 전체적으로 볼 때 평양 시내에서는 평균 12㎞ 정도 떨어져 있다. 강서는 그 거리가 28㎞에 이른다. 평양으로부터 가까이 있어서 대동군이 좀 더 대도시의 영향을 받았으리라고 짐작들을 하지만, 실제는 그렇지 않다. 대동군은 강서에 비해 조금은 덜 개방적인 곳이었다.

강서에는 고구려 고분古墳이 많다. 고구려 도읍인 평양의 왕족과 귀족들이 그곳에 무덤을 많이 써서 그랬다. 내가 어렸을 적 서양의 문물에 어느 정도 눈을 떴느냐를 두고 말할 때 사용하는 개념은 '개화開化'였다. "이 지역이 어느 정도 개화했느냐"는 식의 말이 자주 등장했다. 그런 '개화'의 개념으로 따지자면 대동군은 강서군에 많이 뒤졌던 지역이다. 그 이유는 잘 알 수가 없다. 어쨌든 평양으로부터 더 가까운 거리에 있기는 했지만, 대동군은 강서군에 비해 개화의 정도가 많이 떨어졌던 곳이다.

그 대동군에 속해 있던 만경대가 김일성의 생가로 알려진 곳이다. 지금은 북한 왕조 정권에 의해 성역 중의 성역으로 떠받들어지는 곳이다. 북한이라는 왕조의 창업자가 바로 김일성이니 그럴 수밖에 없

1945년 10월 14일 평양 공설운동장에서 대중에게 처음 모습을 드러낸 젊은 김일성(왼쪽)

는 것이다. 나는 그의 생가라고 알려진 만경대로부터 훨씬 서쪽에 있는 강서군 출신이다.

나는 그곳 강서에서 일곱 살 때까지 살았다. 그러고서는 아버지를 여읜 뒤 어머니를 따라 3남매가 평양으로 이주했다. 따라서 내가 유년 시절을 보낸 강서에 대한 기억은 강렬하지 않다. 그러나 평양에서 살 때 그곳 분위기를 잘 파악할 수 있었다. 강서에는 일찍감치 기독교가 자리를 잡았다. 신자들이 꽤 많았고, 그런 이유 때문인지 서양 문물에 일찍 눈을 뜬 사람도 적지 않았다.

같은 평양 권역이라서 대동군과 강서군 사람들의 차이를 설명하는 일은 부질없을지도 모른다. 그러나 대동군 사람들은 비교적 투박했다. 강서 사람들은 그에 비해 도시에 적응하는 속도가 조금 더 빨랐던 특징은 꼽을 수 있다. 그 대동군의 만경대라는 곳에서 태어난 김일성의 생년은 1912년이다. 나는 1920년이 생년이니 그는 나보다 여덟

살이 많다.

　나는 평양에서 줄곧 자랐다. 보통학교를 마치고 평양 사범학교에
진학한 뒤 군문軍門에 들어가고자 만주군관학교를 지망했다. 그리고
만주군 장교로서 약 3년 일한 뒤 1945년에는 해방을 맞이해 평양에
머물고 있었다.

　김일성의 행적은 잘 알려져 있다. 그는 소련의 지원을 받아 해방정
국의 새로운 실력자로 행세하며 평양에 나타났다. 그가 원산항에 상
륙한 뒤 소련군의 보호를 받으며 평양에 나타나면서 시내 분위기는
변했다. 당시 남쪽은 미군이 장악했고, 38선 이북은 소련이 접수한 상
태였다. 따라서 소련이 대리 집정자로 누구를 내세우느냐는 꽤 큰 관
심거리였다.

해방 뒤 남북연석회의를 주도한 김일성(앞줄 왼쪽)이 보고를 하는 장면

공설운동장에서 비웃음 사다

평양에서는 당시 '김일성'에 관한 이야기가 많이 나돌았다. 해방 뒤 두 달이 지난 10월 14일 무렵이었다. 소련 군정이 개최하는 김일성 환영 군중행사가 평양 공설운동장에서 열렸다. 많은 사람이 그곳에 모여들었다. 그중에는 나도 끼어 있었다. 어떻게 흐를지 모를 북녘의 정국政局이었다. 소련이 지지하는 김일성이라는 사람이 누구일까에 대해서는 나도 호기심이 많을 수밖에 없었다.

꽤 소란스러울 정도로 많은 사람이 그곳에 모여 있었다. 시간은 몇 시였는지 기억이 별로 없다. 밝은 대낮임에는 분명했다. 가운데에는 무대가 차려져 있었고, 연단에는 소련 군정 장성들이 즐비하게 앉아 있었다. 사회자가 있었는지는 분명치 않다. 소련군 장성 하나가 무대에 서더니 통역을 통해 "여러분이 이제는 김일성 장군을 적극 지지해야 한다"라고 역설했다.

이어 나타난 사람이 김일성이었다. 나는 그 장면을 또렷하게 기억한다. 예상보다는 아주 젊은 사람이 무대 전면에 나섰다. 그리고 군중을 향해 인사를 했다. 연단 아래에서 그를 지켜보던 사람들 사이에서는 허무하다는 듯한 웃음이 터져 나왔다. "에이~ 뭐 저래" "야, 좀 이상하다"는 말이 흘러 다녔다. 대개가 웃음기가 담긴 말들이었다.

나는 잘 모르겠으나, 당시 평양 사람들 사이에는 '독립투사 김일성'에 관한 이미지가 따로 있었던 모양이다. 전설적인 항일 영웅으로 당시 평양 사람들이 생각하던 김일성 장군은 적어도 나이가 70대는 넘었어야 했다. 그런 대중의 기대와는 상관없이 아주 젊은 김일성이 무대에 등장하자 사람들이 일종의 야유를 보냈던 것이다.

그러나 무대에 나타난 젊은 김일성은 심상찮은 신호의 하나였다.

당시 평양을 비롯한 38선 이북의 모든 지역은 소련군의 장악 아래에 있었다. 이 소련군은 좀 특이한 군대다. 그들이 지닌 막강한 힘이야 이미 잘 알려져 있는 상태였다. 미군으로부터 물자를 지원 받았지만, 제2차 세계대전에 뛰어들어 독일과 일본을 차례차례 무릎 꿇렸던 군대였다.

그 뒤에서 무대 총감독을 맡아 전략을 구사하던 사람은 이오지프 스탈린이었다. 그는 치밀한 전략으로 국제무대에서 미국이 중심을 이루는 서방진영에 맞서 공산주의 세력을 규합하면서 새로운 냉전 구도의 한 축을 만들어 가고 있던 참이었다. 그런 스탈린 밑의 소련군은 욕심이 많은 군대였다.

소련군은 자신이 사용하는 많은 물자를 현지에서 최대한 조달한다는 방침을 지닌 군대였다. 그래서 그들은 북한에 진주한 뒤에도 현지 주민들로부터 원성을 들을 만한 행동을 서슴없이 벌이고 다녔다. 기차의 여객들을 검문하면서 승객들의 시계를 빼앗아 팔뚝에 여러 개 걸고 다니면서 전리품戰利品 쯤으로 과시하던 행동은 당시 사람들의 입에 많이 오르내린 내용이다.

조만식 사무실 찾은 김일성

그런 소련군이 진주한 평양의 분위기는 어수선했다. 밤에는 시내에서 총성이 멈추지 않았다. 이튿날 그 총소리의 연유를 캐물어보면 반드시 등장하는 존재가 소련군이었다. 그들이 일부 탈선 행동을 벌이면서 민가에 들어가 물건을 빼앗던 중 총소리가 울려 퍼지곤 했다는 것이다. 그렇게 민심은 흉흉해졌다. 소련군에 의한 물건 강탈이 제법 이어지면서 평양의 분위기는 점점 험악해지고 있었다.

김일성은 서서히 움직였지만, 그에게 모이는 힘은 나날이 커지고 있었다. 나는 그 점을 제법 민감하게 관찰할 수 있었다. 내 외종사촌인 송호경 형은 당시 조그만 사업을 벌여 부유했다. 그 때문인지 그는 정치에 관심을 보였고, 결국은 당시 평양에서 민족주의 진영의 가장 확실한 지도자로 떠올랐던 고당古堂 조만식曹晩植 선생을 모시고 있었다.

나는 해방정국에서 달리 할 일이 없었다. 그런 내 처지를 알았던 송호경 형은 내게 "함께 조만식 선생을 모시자"고 권유했다. 그래서 나는 조만식 선생의 비서로 일하기 시작했다. 김일성이 공설운동장에 나타나 새로운 지도자 행세를 하기 시작한 시점 직후였다. 나는 매일 양복을 입고 산수山手 초등학교에 있던 평양시 인민위원회 사무실에 출근했고, 아울러 조만식 선생이 거주하던 고려호텔에도 다녀야 했다.

당시 김일성은 여기저기를 분주히 다니면서 자신의 세력을 불리기에 여념이 없었다. 나는 조만식 선생의 비서실에 있으면서 그런 동향을 주의 깊게 살필 수 있었다. 나는 공설운동장 무대 위에 그가 나타났을 때 속으로 '생김새로 봐서는 뭔가 할 사람은 분명하다'는 생각을 했다.

그는 정치적 수완이 뛰어나 보였다. 속을 감추고서 여러 사람들과 접촉을 하고 있었다. 해방 뒤 평양에 나타난 김일성이 처음부터 줄곧 강한 이념성을 보였다고 이야기하는 경우가 있는데, 사실은 그렇지 않다. 그는 놀라울 정도로 자신을 감추면서 민족주의 진영을 비롯해 자신과 성향이 다른 사람들을 포섭하는 데 열심이었다. 누구든 만나서 "함께 일하자"는 권유를 하고 다녔다. 평양에 잠시 들렀던 만주군 선배 정일권과 김백일 등도 그의 포섭 범위에 들어 있었다. 대부분은 그런 김일성의 권유에 귀가 솔깃하는 편이었다.

그런 김일성이 서서히 조만식 선생을 포섭하기 위해 접근하고 있었다. 당시 김일성의 실체는 분명치 않았다. 소련을 등에 업어 공산주의를 내세우리라는 점은 분명해 보였으나, 정국을 이끌면서 자신과 이념적 지향이 다른 사람들을 어떻게 다룰지는 전혀 미지수였다. 그가 어느 날 갑자기 내가 있던 조만식 선생 사무실의 문을 두드렸다.

한강의 전략적 가치에 어두웠다

홀쭉하면서 제스처가 컸던 사람

내가 평양의 조만식 선생 사무실에서 만날 당시에는 김일성은 별로 뚱뚱하지 않았다. 키가 훌쩍 컸고, 다소 말랐다는 인상을 줬다. 그러나 말수가 많았으며 아주 활달한 기운을 자랑했다. 조만식 선생 사무실을 들어설 때의 김일성은 일행 몇 명인가를 데리고 나타났는데, 행동거지나 말수라는 면에서 그는 단연코 다른 이들을 압도했다. 아무래도 그가 당시 지녔던 정치적 위상 때문이었을 것이다. 그는 소련을 등에 업은, 그래서 곧 북녘의 정치권력을 손에 쥘 위치에 있었던 인물이었다.

나는 그들이 사무실에 들어설 때 한쪽에 조용히 서 있었다. 그러면서 나는 얼마 전 평양 공설운동장에서 처음 봤던 김일성을 주시하고 있었다. 그는 묘한 분위기를 풍기는 인물이기도 했다. 젊은 데다가 활력이 꽤 넘쳐 보였다. 말수도 적지 않았다. 그리고 제스처가 제법 크다는 인상을 줬다. 말을 할 때 손짓을 크게 하는 점도 따라서 눈에 자주 띄었다.

나는 그들을 사무실 안쪽으로 데리고 들어갔다. 조만식 선생이 있는 쪽이었다. 김일성과 대화를 나눌 기회는 없었다. 조만식 선생을 만나 그들이 어떤 대화를 서로 나눴는지는 알 수 없다. 내가 먼저 조만식 선생께 여쭙지도 않았고, 조만식 선생 또한 우리들에게 그들과 나눈 대화내용을 언급하지 않았다. 단지 분위기로 미뤄 볼 때 김일성은 조만식 선생을 자신의 진영에 포섭하기 위해 상당히 공을 들였으나 뜻을 이루지 못하고 있었다. 조만식 선생은 강력한 민족주의자로서의 지향을 보이고 있어서 어떤 다른 이념적 접근을 허락하지 않고 있었다.

그런 분위기 때문이었는지는 몰라도 김일성은 그 이후로도 열심히 조만식 선생 사무실을 찾아왔다. 나는 그런 김일성의 일행을 계속 안내해야 했다. 그는 늘 활기찬 모습으로 조만식 선생 사무실의 문을 두드렸고, 성과 없이 돌아가면서도 풀이 죽은 분위기는 보이지 않았다.

공산주의자들의 숙소

나는 조만식 선생 사무실의 용무 때문에 김일성 밑에서 일하고 있는 소련군 소속의 한인 장교들과 하사관들이 묵고 있는 숙소를 다녀왔던 적이 있다. 그들은 당시 산수山手 거리에 있는 예전 일본군 장교 숙소에 머물고 있었다. 한낮이었다. 정확히 그 때의 용무가 무엇이었는지는 기억에 없다. 단지 무엇인가를 전달하러 갔던 듯하다. 마침 그 숙소에는 아무도 없었다. 발길을 돌려 그곳으로부터 나오는데, 들어갈 때는 눈에 띄지 않았던 그들의 표어가 새삼 눈에 들어왔다.

'조선 공산당의 규율은 강철과 같다'

붉은 천에 시커먼 색의 글자였던 듯하다. 건물 정면에 그런 표어가 걸려 있었다. 그랬다. 새삼 머릿속으로 떠오르던 상념은 '김일성이나,

그를 따라 들어온 사람이나 모두 공산주의자'라는 생각이었다. 아직 충분한 인생의 숙성기를 거친 연령은 아니었으나 당시의 나는 공산주의를 믿지 않았다. 내 유년기에 절대적인 영향을 미친 모친이 독실한 기독교 신자였던 데다가, 인생의 학습기를 거치면서도 나는 어쩐지 공산주의의 신념을 믿지 않았다.

나는 그해 12월 28일 38선을 넘어 월남했다. 그에 앞서 12월 17일에는 김일성이 조선공산당 북조선분국北朝鮮分局의 책임비서 자리에 올랐다. 실질적인 권력 1인자 자리에 올라서기 위한 포석이었다. 그리고 그를 지원하고 있던 소련 군정은 조만식 선생을 연금했다. 그가 신탁통치안에 반대한다는 이유에서였다. 그를 모시고 있던 우리들은 조만식 선생에게 "이제는 남쪽으로 내려가셔야 합니다"라고 간곡하게 설득했으나 조만식 선생은 그에 전혀 귀를 기울이지 않았다. 우리의 건의

김일성이 해방 뒤 실질적인 권력자로 떠오르던 무렵의 사진이다. 오른쪽 끝이 김일성, 그 뒤가 박헌영

가 이어질 때마다 "그렇다면 수많은 북녘 동포들은 어떻게 하란 말이냐" "나 혼자 이들을 두고 갈 수는 없다"며 완강하게 버텼다.

나는 그에 앞서 서울을 다녀온 적이 있다. 북녘에 들어서는 공산주의 정권에 비해 남쪽의 분위기는 어떨까가 궁금해서였다. 그리고 마침내 나는 월남을 결행했다. 그리고 마침 그곳의 군사영어학교에 들어가 군문軍門에 몸을 담았다.

그로부터 약 5년 뒤에 벌어진 일이 6.25전쟁이었다. 김일성은 전광석화와 같이 정권을 장악했고, 그로부터 숨 돌릴 틈도 없이 벌인 전쟁 준비를 끝냈다. 마침내 1950년 6월 25일 새벽 38선을 기습적으로 넘어 한반도 전역을 전화戰火의 거칠고 피비린내 풍기는 구덩이로 몰아넣었다.

소련의 스탈린과 김일성의 초상을 들고 시위를 벌이는 평양 사람들

내가 그 때의 전쟁에 나서면서 느꼈던 참담함, 그리고 국군 장병들의 분투는 나중에 소개할 작정이다. 여기서는 아무래도 김일성에 주목하지 않을 수 없다. 나는 그가 벌인 전쟁의 초입에 국군 1사단을 이끄는 사단장이었다. 방어지역은 아울러 임진강이었다. 느닷없이 벌어진 전쟁이라서 당시의 나는 김일성을 떠올릴 여유는 없었다. '우선은 막고 봐야 한다'는 생각이 앞섰기 때문이었다.

그러나 전쟁이 어느 정도 소강 국면으로 들어설 때면 나는 그 김일성이라는 인물을 늘 떠올리지 않을 수 없었다. 평양의 공설운동장 무대에 섰던 홀쭉하고 키가 컸던 그의 인상으로부터, 조만식 선생 사무실에 들어서던 말수가 많고 제스처가 컸던 그 김일성이라는 사람의 됨됨이 등을 말이다.

전략에 둔감했던 김일성

결론적으로 말하자면, 그는 권력에는 매우 민감한 인물이었을지는 몰라도 적어도 전쟁을 잘 이해하는 사람은 아니었다. 우선 그는 전쟁의 두려움을 제대로 알고 있지 못했다. 해방을 맞이하기 전까지 그의 행적과 관련해서는 논란이 적지 않다. 제대로 항일 무장 운동을 펼친 것인지, 아니면 그런 척만 하다가 소련에 붙어서 권력을 탐했는지는 학자들이 제대로 진상을 규명할 영역이다.

그러나 대규모 전쟁이 몰고 오는 재난이 어떤 것인지를 전혀 알지 못했을 수 있다. 그러나 알았든 몰랐든 그는 전쟁을 벌임으로써 한반도의 무수한 생령들에게 거대한 고통을 안겼다는 점에서 '민족의 죄인'임에는 틀림이 없다. 다음으로 눈길이 가는 대목이 그의 전쟁에 대한 이해다. 나는 그 점을 따져보지 않을 수 없는 입장이었다. 그의 군대와 맞서 싸움을 펼쳐야 했던 대한민국의 군인이었기 때문이다.

그는 모두가 잘 알다시피 1950년 6월 25일 일찍이 없었던 동족상잔의 전쟁을 벌인다. 기습적인 남침이었던 데다가, 당시 대한민국의 군대는 그에 전혀 대비하지 못했던 상태였다. 전쟁 초반에 벌어진 국면은 여기서 다시 설명할 필요조차 없을 정도다. 그러나 눈에 띄는 점이 있다.

한강 방어선에 관한 문제였다. 대한민국은 급히 서둘러 후퇴를 하면서 한강의 유일한 인도교를 먼저 끊었다. 이는 중대한 실수였다. 한강 이북에 남아 있던 내 지휘하의 국군 1사단은 이 때문에 모든 중화기와 장비를 하나도 가져올 수 없었다. 국군 1사단뿐 아니라 다른 한강 이북에 남아있던 아군에게도 이는 마찬가지였다.

그 한강의 전략적 중요성에 주목하지 않았던 뼈아픈 실수였다. 그러나 이 점은 김일성에게도 마찬가지였다. 그 역시 한강의 전략적 중요성을 전혀 이해하지 못한 측면이 있다. 그는 어느 모로 보나 전쟁 초반의 주도권을 쥐었던 처지에 있었다. 만약 그가 전쟁을 이해하는 사람이었다면 당연히 한강에 먼저 주목해 그곳을 점령해야 했다. 그러나 그는 그 점을 고스란히 놓쳤다.

국방부 군사편찬연구소가 펴낸 『6.25전쟁사』에도 그 대목이 나온다. 김일성에게는 고속 기동부대가 있었다. 제105전차여단이었다. 그들은 전쟁 이틀째인 6월 27일 한강 인도교 점령을 목표로 움직였다고 했다. 그러나 그 무렵에 김일성으로부터 돌연 "한강교 점령 대신 중앙청을 비롯한 서대문형무소와 방송국 등 주요 시설을 점령하라"는 명령을 받는다.

실제 105전차여단은 그렇게 움직였던 모양이다. 일찌감치 국군이 대적하기 힘들었던 T-34 전차를 몰고 기동한 그들은 마음만 먹으면 한강 인도교를 점령할 수 있었다. 그럴 경우 북한군은 한강 이북에 남아 있던 국군 전력을 모두 없앨 수 있었다. 아울러 서울 점령 이후의 작전 전개도 한결 쉬워진다.

당시 북한은 커다란 강을 건너는 도섭渡涉 장비가 없었다. 소련으로부터 지원을 받아야 했는데, 서울을 점령한 북한군에게 도착했던 소련제 도섭장비는 하나였다. 적어도 둘은 확보해야 한강을 건너 서울 남쪽으로 공격을 펼칠 수 있었다.

그러나 서둘러서 많은 피해를 내기는 했지만 국군 지휘부는 결국 북한군이 도착하기 전 한강 인도교를 폭파했고, 그 때문에 북한군은 서울을 점령한 뒤 적어도 나흘 이상을 서울에서 지체해야 했다. 전쟁 초반에 드러난 여러 상황 중에서 북한군의 '서울 체류 나흘'은 가장 커다란 미스터리였다.

전쟁의 개념을 전혀 몰랐다

한강서 머뭇거리다 미군 상륙

잘 알려져 있다시피 남침을 시도한 김일성의 군대가 서울을 수중에 넣은 때는 1950년 6월 28일이다. 인민군의 주력이 서울 시내에 들어왔고, 대한민국 국군 지도부는 이미 한강을 넘어 수원으로 쫓겨 내려가 있었다. 북한 인민군은 이로부터 짧게는 나흘을 서울에서 지체했다. 그들이 한강을 넘어 수원을 공격하는 시점은 7월 4일 아침이다.

이런 정황으로 볼 때 김일성의 군대는 서울에서 머뭇거리다가 한강을 넘지 못해 결국 약 1주일가량을 지체하면서 시간상의 불리함을 자초해야 했다. 이는 중요한 시기에 해당했다. 여러 증언과 역사 연구가 밝히고 있듯이, 당시의 국군은 전력이나 전술 운용 등 모든 면에서 김일성의 군대에 비할 바가 아니었다. 서울을 내주는 과정에서 급히 한강 인도교를 끊는 바람에 한강 이북의 국군 1사단 등 보유 전력을 철수하지 못해 손실이 아주 컸다.

김일성이 서울 점령에 이어 당초의 기세대로 한강을 넘어 남진을 계속했다면 상황은 대한민국에게 아주 불리했을 것이다. 그러나 천행이랄까, 김일성은 결국 거기서 주춤거리고 말았다. 그가 왜 한강을 신속하게 넘지 못했는지에 관한 진정한 이유는 학자들의 연구 등을 통해 더 밝혀져야 할 부분이다.

어쨌든 김일성의 머뭇거림은 국군에게는 아주 다행이었다. 국군은 시흥사령부 사령관 김홍일 장군의 지휘 아래 튼튼한 한강 방어선을 구축한 뒤 나름대로 최선을 다해 방어에 나서고 있었다. 더 큰 변화가 있었다. 국군이 신속하게 재편에 착수했다는 점, 도쿄의 맥아더 장군이 미군 전력의 희생 가능성을 알면서도 일본에 주둔하고 있던 미군을 한국 전선에 급파急派했다는 점이다.

국군은 개전 초의 8개 사단에서 3개 사단의 병력을 손실한 상황이었다. 이에 따라 국군은 제1군단을 평택에서 창설한 뒤 한반도 전선의 축선인 서부지역을 급히 도착한 미군에게 인계한 뒤 중부전선으로 방어지역을 변경할 수 있었다. 북한군의 주공主攻이 닥치고 있던 수원~대전의 경부 축선은 일본에 주둔하다가 부산으로 상륙한 미 24사단이 맡았다.

한반도 전쟁의 가장 핵심적인 축선은 신의주~평양~서울~대전~대구~부산이다. 이는 예로부터 벌어진 한반도 전쟁에서 늘 가장 중요한 축선에 해당했다. 이곳을 차지하는 쪽이 한반도 전쟁에서는 승리를 거두기 때문이다. 교통이 가장 발달했고, 따라서 인구가 가장 밀집해 있으며, 아울러 곡물을 비롯한 자원 생산량이 가장 많은 곳이어서 그렇다.

국군이 맥아더의 결정에 따라 급히 상륙한 미 24사단에게 서부의 축선을 내준 것은 당연하다. 적의 가장 강한 공격력이 모이는 곳이기 때문이었다. 국군은 대신 숨을 돌려 적의 주공에 못 미치는 차하次下의 적 병력을 상대할 수 있었던 것이다. 미 24사단은 그를 이끄는 윌리엄 딘 소장이 개전 이후 첫 북한군 포로로 잡히는 불운에도 불구하고, 전체적으로 약 2주 동안 적 주공의 진격을 저지할 수 있었다.

국군도 재편에 성공

내가 이끄는 국군 1사단은 말이 사단이지, 사실은 '유랑 극단'과도 같았다. 임진강에서 적의 예봉을 4일 동안 막는 데는 성공했으나, 후방의 한강 인도교가 끊기면서 우리 사단 전원은 개별적으로 강을 넘을 수밖에 없었다. 뿔뿔이 흩어졌다가 시흥에서 모인 병력이 2,000명을 넘지 못했다.

수원 육군본부에서 나는 1사단과 5사단을 함께 지휘하라는 명령을 받았다. 국군 재편에 따른 조치의 하나였다. 우리는 그렇게 큰물에 떠밀리듯 내려가고 있었다. 나는 1사단 및 5사단의 잔여 병력을 이끌고 충북 증평과 음성을 거쳐 경상북도로 내려갔다가 8월에는 낙동강 전선에 도착한다.

7월 중순이 넘어가면서 김일성의 군대는 다급함을 보이고 있었다. 미군의 본격적인 상륙이 있었기 때문이었다. 그 이후의 상황은 이미 잘 알려진 내용이다. 그로써 볼 때 김일성 군대가 서울에서 미적거리며 한강을 넘지 못했던 점은 전략상의 매우 중대한 실수다. 그 점이 우리에게는 매우 다행이지만, 어쨌든 김일성은 작전의 가장 큰 요체인 승기勝機의 신속한 장악에서 중대한 결함을 드러냈음이 분명하다.

나중에 안 일이지만, 마오쩌둥毛澤東을 비롯한 중국의 지도부는 김일성에게 작전에 신중을 기

하라고 주문했다고 한다. 특히 중국 지도부는 개전 후 김일성 군대가 서울 남쪽으로 깊숙이 내려가는 일에 강한 경계심을 표시했다고 한다. 중국 지도부의 우려는 '미군의 상륙작전 가능성'이었다는 것이다. 그들은 북한 군대가 서울을 넘어 깊숙이 진격할 경우 전쟁의 종심縱深이 길어져 반드시 미군이 이를 차단하려는 상륙작전을 펼칠 것이라고

1950년 7월 5일 미군 최초로 부산에 상륙해 대전으로 급히 이동한 미 24사단 스미스 대대의 모습 (출처: 미 국방부)

봤다.

그러나 김일성은 그런 중국의 경고를 염두에 두지 않았다. 그는 하루 속히 부산까지 밀고 내려가 한반도 전역을 적화_{赤化}하는 데 혈안이었다. 김일성은 소련과 중국의 지원을 받아 전쟁의 불을 붙이면 한반도 전역이 일거에 모두 타 들어가는 것쯤으로 전쟁의 그림을 그렸을 것이다. 또 미군의 개입 가능성을 아예 무시했다.

"미 상륙 가능성" 중국 충고도 무시

그에 비해 중국 지도부는 미군의 개입 가능성을 높게 봤고, 그를 움직이는 도쿄의 맥아더 장군이 상륙작전의 명수라는 점을 잘 알고 있었다. 따라서 그들의 눈에 비친 김일성 군대의 동향은 매우 불안했을지 모른다. 그 때문에 김일성에게 한강 이남 지역의 공격에 신중을 기하라고 충고를 건넸을 것이다.

아무튼 김일성은 서울에서 머뭇거렸다. "전쟁을 벌이자마자 남한 전역에서 우리를 환영하는 남로당의 봉기가 있을 것"이라는 박헌영의 과대망상적 자신감을 섣불리 믿었을지도 모른다. 아니면 소련에 기대할 수밖에 없었던 한강 도섭_{渡涉} 장비를 기다리느라고 지체했을지도 모른다.

나는 그런 요인들에다가 김일성 본인이 전쟁을 잘 이해하지 못하는 점이 덧붙여졌다고 본다. 그는 한강 도하 이후 남쪽으로 계속 진군을 명령하면서도 여러 가지 면에서 전쟁 자체에 무지_{無知}하다는 면모를 드러내고 만다. 그는 단순히 국군과 급히 부산에 상륙한 미군을 밀어 붙이면 전쟁을 끝낼 수 있다고 믿었다.

서울 점령 이후, 그리고 1950년 한강을 마침내 도하한 뒤 수원을 공격해 오던 1950년 7월 4일 이후의 북한군 전체가 보이는 전투의 고정적인 패턴이 하나 있다. '독전督戰에 의한 신속한 공격'이었다. 그가 열심히 독전을 하는 장면은 여러 기록으로 나타난다. 서울에도 왔고, 수안보까지 내려와 그는 남진하는 북한군을 열심히 독려했다. 그러나 전체 상황의 전개, 있을지 모를 위험에 대비하는 전쟁 지휘자로서의 면모는 좀체 볼 수 없다.

그는 남한의 점령지에서 수를 헤아릴 수도 없이 많은 젊은이들을 강제 징용해 남쪽에 만들어지는 전선으로 내몰았다. 그들의 뒤통수에 총을 들이대고, 기관총 사수의 발을 쇠사슬로 묶으면서 말이다. 김일성은 그런 원시적인 방식의 독전을 거듭했다. 그로써 생긴 한반도 사람들의 인명 희생이 얼마나 혹심했는지는 많은 전쟁 기록이 증명하고 있다.

김일성의 전쟁 계획은 단순했다. 국방부 군사편찬연구소의 『6.25 전쟁사』에 따르면 그는 개전 초기 한강까지의 종심 90km를 5일 만에 뚫고, 다음 2주 동안은 140km, 다시 이후의 10일 동안 80km를 돌파해 남해안의 모든 항구를 접수한다는 구상을 세웠다고 한다.

전쟁이 수많은 변수에 대응하는 과정이라는 '기본'을 안다면 그런 계획을 세우기가 매우 어렵다. 소련으로부터 지원받은 T-34 전차와 각종 무기를 앞세우고 그저 진군하면 승리를 잡을 수 있다는 단순한 생각의 극치다. 뚫고 내려오는 종심이 깊어져 보급에 문제가 생기는 점을 전혀 고려치 않은 구상이다.

전투방식에도 변화가 없었다. 그냥 밀면 된다는 생각이 강했다. 상대의 의표를 찌르는 대담한 기동機動이 없었으며, 부대를 집중해 운용하는 안목도 없었다. 그러니 재편을 했다고 하더라도 아직 혼란스럽

기만 했던 국군 병력을 포위해 섬멸하는 작전 방식은 아예 눈을 씻고 찾아봐도 없었다. 그러나 작전 단계마다 김일성은 반드시 나서서 모든 것을 좌지우지했다. 당시 벌어진 북한군의 작전 모두가 김일성의 결정을 따른 것이었다.

그런 김일성은 북한군이 서울을 점령하고 며칠 뒤에 나타났다. 7월 초로 추정할 수 있다. 한강 도하를 망설이고 있던 북한군에게 그가 무슨 지시를 내렸는지는 분명치 않다. 빨리 강을 넘으라는 독촉이 있었을 법하다. 그런 김일성이 보인 특이한 면모가 있다. 전쟁 자체를 이해하지 못했으나 그는 권력에는 매우 민감했던 듯하다.

미국 트루만 행정부의 긴급 명령으로 1950년 7월 3일 한국 해역으로 진입한 미 항공모함에서 탑재기들이 발진을 준비하고 있다. (출처: NARA)

서울 경무대에 들렀을 때

바빴던 전쟁터 속 상념

나는 6.25전쟁의 복판을 누비면서 싸움 외에는 많은 것을 생각할 겨를이 없었다. 내가 펴낸 회고록에서 이미 여러 차례 밝혔듯이, 나는 개전 초에는 임진강 전선의 국군 1사단장으로서, 이어 이듬해에는 강원도 삼척의 1군단장으로서, 지리산 빨치산 토벌의 '백 야전사' 사령관으로서, 그리고 휴전에 임박해서는 육군참모총장으로서 전쟁에 임했다.

전선은 늘 분주하다. 그곳의 아군 병력을 이끄는 지휘관은 아침 일찍부터 저녁 늦게까지 많은 일을 챙겨야 한다. 우선은 불붙고 있는 전선의 갖가지 상황, 수많은 인사와 병참의 업무까지 모두 관리해야 한다. 따라서 전선에 서서 그 전쟁을 승리로 이끌거나, 적어도 적의 공격에 처참하게 무너지지 않기 위해서는 최고의 집중력을 발휘해야 한다.

그러니 내가 60여 년 전 벌어진 동족상잔의 처참한 싸움터에서 적진의 최고 지도자를 생각했다면 거짓이다. 나는 당시 김일성을 떠올릴 여유가 없었다. 그를 차츰 떠올렸던 것은 전쟁이 휴전으로 일단 막을 내린 뒤였다. 그는 왜 이 전쟁을 벌였을까, 그는 도대체 어떤 인물일까, 그는 전쟁을 제대로 이해하면서 이 처참했던 전쟁을 벌였던 것일까 등에 관한 물음이었다.

그러나 급히 돌아가는 전쟁의 한복판에서 김일성을 떠올린 적이 한 번 있다. 국군이 김일성의 초반 공세에 낙동강 전선으로 몰렸다가 맥아더 장군이 지휘한 인천상륙작전으로 북진의 대열에 올라 서울에 들렀을 때였다. 나는 국군 1사단장으로서 예하의 병력을 이끌고 북진의 선두에 섰다. 그 과정은 나중에 소개할 기회가 있을 것이다.

국군 1사단은 낙동강 다부동 전투에서 김일성의 최정예 3개 사단이 벌인 막바지 총공세를 잘 막았다. 이어 북진의 대열에 올라 대전과 청주를 거쳐 서울에 입성했다. 우리의 우선 공로攻路는 직접 평양을 향했다.

1950년대 이승만 대통령이 머물던 서울의 경무대 모습이다. 공습을 피하기 위해 건물 외벽에 두른 그물이 눈에 띈다.

국군 1사단은 한강을 건너 임진강으로 향했다. 서울은 많이 무너져 있었다. 눈에 띄던 높은 건물은 많이 주저앉았고, 일부는 전화戰火의 잿더미로 변해 있었다. 평양을 탈환하기 위한 공격을 서둘러야 했던 나는 1사단 병력과 함께 서울에 오래 머물지 못했다. 하루를 머문 뒤 곧장 임진강 문산 일대에서 벌어지는 미군의 공정대空挺隊 공격 후방을 받쳐주기 위해 길을 떠났다.

경무대와 김일성

그 때 나는 개전 초반 서울에 왔던 김일성이 어디에 있었을까를 잠시 생각했다. 그러나 답을 찾기 힘든 때였다. 일설에는 북한군의 지도부가 용산에서 사령부를 운영해 김일성이 그곳에서 머물렀다는 얘기가 있다. 그러나 그도 확실하지는 않다. 그들은 서울을 점령한 뒤 얼마 머물지 못하다가 남쪽으로 내려갔기 때문에 그 흔적을 확인하는 일도 쉽지 않다.

나는 잠시 그런 생각이 들었지만 그저 길을 떠나야 했다. 자세히 헤아려 볼 시간적인 여유가 없었다. 서울에 머무는 동안 김일성이 어디서 있었는지에 대해서는 아직도 딱히 내세울 만한 정설이 없다. 용산에 있었을지도 모를 북한군 사령부가 그가 묵었던 숙소일 수도 있고, 아니면 이승만 대통령의 숙소인 경무대에 머물렀을 수도 있다.

전쟁이 소강상태에 접어들었을 때다. 1953년 초로 기억을 하는데, 그 때 서울에서 김일성이 보였던 면모를 이야기하는 내용이 내 귀에 들려왔다. 이승만 대통령의 부인 프란체스카 여사가 직접 거론했던 이야기다. 여사는 김일성의 조금은 미묘한 행동을 거론했다. 경무대에 관한 내용이었다.

프란체스카 여사가 외빈을 만나면서 이런 내용의 이야기를 했다고 한다. "김일성이 경무대를 다녀갔다고 하는데, 신기하게도 경무대의 모든 것을 거의 완벽하게 보존했다"는 내용이었다. 이를테면, 경무대의 아주 사소한 집기부터 중요한 물품, 가구와 건물의 안팎을 하나도 손상시키지 않았다는 얘기였다. 경무대 살림을 직접 이끄는 대통령의 부인으로서 프란체스카 여사는 김일성의 그런 행태가 큰 다행이었다는 점을 말하고 있었던 것이다.

나는 그런 이야기를 들었을 때 묘한 감정에 젖었다. 김일성은 추측건대, 아마 경무대에서 잠을 잤을 것이다. 그는 권력에 민감한 인물이었다. 해방 뒤 조만식 선생의 비서로 일할 때 그를 서너 번 보면서 들었던 생각이었다. 그는 권력을 자신의 몫으로 쟁취하기 위해 신속하고 과감하게 움직였다. 당시 북한을 접수했던 소련군 지도부에 김일성이 취한 비굴하다 싶을 정도의 처신魔身은 지금까지 많은 사람들의 입에 오르내릴 정도다.

전쟁 전 소련의 스탈린을 찾아갔을 때 그가 보인 행각도 그랬다. 그는 스탈린의 눈에 들기 위해 아주 낮은 자세를 보였다고 한다. 전쟁을 일으키려는 북한이 사회주의 종주국 소련의 환심을 사야 했던 당시 상황은 이해할 수 있다. 그러나 김일성의 자세는 지나칠 정도였다고 한다. 권력을 손안에 넣기 위해 물불을 가리지 않는 김일성의 성격을 짐작할 수 있는 대목이다. 전쟁 뒤 함께 싸웠던 지휘관들을 모두 잔인하게 숙청하고 북한을 강력한 1인 지배 체제로 묶은 점도 마찬가지다.

권력에 밝은 자의 불장난

그런 그가 서울에 머물면서 경무대를 거의 완벽하게 보존했다는 이야기는 뭘 의미할까. 전쟁을 다루는 사람의 눈으로 보면 김일성의 서울 점령은 그가 벌인 당시의 싸움에서 일단 확실한 승기勝機를 잡았다고 할 수 있는 대목이다. 그런 김일성이 서울에 들렀을 때 머물렀거나, 아니면 적어도 직접 와서 살폈을 경무대를 '이제는 내 것'이라고 생각하지 않았을까.

프란체스카 여사가 경무대의 완벽에 가까운 보존을 다행으로 생각한 점은 그곳 살림을 주무르는 주부로서는 당연한 반응이다. 그러나 김일성이 이승만 대통령 내외를 생각해 그곳을 보존한 것은 아니다. 동물적으로 권력에 민감한 김일성이 '경무대가 곧 내 차지'라는 생각에서 그를 아끼고 보존했으리라고 보는 게 합리적인 해석일 것이다.

남북한을 제외하고 김일성에 관한 이야기가 가장 많이 떠도는 곳은 중국일지 모른다. 나중에 안 사실이지만, 개혁개방 뒤의 중국 사람들이 김일성을 보는 시각은 그리 곱지만은 않았다. 중국에서는 6.25전쟁 중에 한반도에 참전한 병력을 이끌었던 펑더화이彭德懷가 김일성의 뺨을 때렸다는 이야기가 나돌았다.

그럴 가능성은 거의 없다. 참전 중공군의 총사령관이 북한의 최고지도자였던 김일성의 뺨을 때린다는 것은 있을 수 없는 일이다. 더구나 내 경험으로 볼 때 중국인들은 화가 치밀어 상대를 가격하더라도 웬만해서는 상대의 얼굴을 때리지 않는다. 얼굴이 곧 체면面子의 핵심이라고 여기는 문화적 이유 때문이다.

그럼에도 그런 이야기가 떠도는 것은 김일성이 펑더화이를 비롯한 참전 중공군 지도부와 적지 않은 마찰과 갈등이 있었음을 보여주는 대목이다. 전쟁의 상황이 저에게 유리한 쪽으로 흐를 때야 그런 마찰과 갈등이 있을 수 없다. 문제가 도져 전황戰況이 기울면서 패배의 참혹함에 직면할 때는 그런 갈등이 불거질 수 있다. 그 점은 어디서나 다 마찬가지다.

나는 그런 자료를 읽었다. 김일성은 종종 펑더화이 등 참전 중공군과 적지 않은 갈등을 벌였다는 내용이다. 펑더화이는 젊었을 적 지방 군벌軍閥의 하급 장교로서 출발해 적지 않은 전쟁터를 전전했던 인물이다. 그 밑의 덩화鄧華와 훙쉐즈洪學智 등 고위 지휘관도 다 마찬가지였다. 20여 년 가까운 세월을 싸움터에서 보냈던 사람들이었다. 그들 모두는 전쟁을 잘 알았고, 전쟁을 잘 이해했다.

문제는 김일성이었다. 그는 아무리 봐도 전쟁을 이해하지 못하는 측면이 많았다. 전술과 전략의 구상에 있어서도 그와 중공군 지도부는 현격한 차이를 보일 수밖에 없었다. 전쟁이 가져다주는 참혹함에 대한 이해도 마찬가지였다. 중공군 지도부는 그 점에 매우 신중했다. 불필요한 피해를 줄이기 위해 고심한 흔적도 역력했다.

그러나 김일성은 아주 모질었다. 내가 마주쳤던 북한의 군대는 그의 독한 독전督戰에 밀려 전선을 내달렸다. 뒤로 물러서는 장병들의 머리를 뒤에서 직접 총으로 겨냥하는 방식의 독전이었다. 그는 서울에서 머물다가 수안보까지 내려와 독전을 거듭했다.

그런 김일성의 성정性情을 어떻게 표현해야 옳을까. 나는 '잔인殘忍'이라는 단어를 떠올리지 않을 수 없다. 전쟁이 휴전으로 잠시 단락을 맺었을 때서야 나는 적군의 전쟁 지휘관 김일성을 생각했다. 잔인하고 권력에 집요한 사람, 그러나 전쟁을 제대로 이해하지 못한 인물…. 그가 일으킨 전쟁이 어떤 참상을 낳았는지는 우리 모두가 다 아는 일이다.

북한군이 점령했다가 물러난 뒤의 서울 중앙청 일대 모습 (출처: NARA)

잔인하기만 했던 북한군 지휘부

비겁한 도망과 후퇴

적을 보면서 앞으로 나아갈 때, 그리고 적을 두고 내가 등을 보일 때는 상황이 아주 다르다. 공격을 할 때와 후퇴를 할 때의 차이다. 전쟁에서는 둘 다 중요하다. 일방적으로 상대를 밀어 붙여 승패를 가르는 일은 매우 드물다. 힘의 일방적인 쏠림이 있는 경우가 아니라면 전쟁은 공방攻防이 갈마들며 벌어지는 경우가 대부분이다.

김일성은 개전 초반에 있어서 그야말로 파죽지세破竹之勢의 공격력을 보였다. 1950년 6월 25일 전쟁 도발 이후 낙동강 전선에서 막바지 공세를 벌일 때까지 그랬다. 그러나 낙동강에 도달할 무렵 김일성의 전력은 이미 '바닥'에 다가서고 있는 상태였다. 힘이 부치기 시작했던 것이다.

그러나 전쟁에서의 세勢라는 것은 함부로 몸체를 드러내지도 않지만, 한 번 이뤄진 다음에는 곧바로 없어지지도 않는다. 김일성 군대가 보인 개전 초의 막강한 공격력은 국군의 한강방어선 구성과 병력 재편, 이어 벌어진 지연전, 곧바로 상륙한 미 24사단의 2주 동안에 걸친 저항으로 다소 꺾이고 말았다.

그럼에도 그는 전쟁의 '주도권'을 쥐고 있는 상황이었다. 그의 군대가 장악하고 있던 주도권이 말하자면 당시 전쟁의 세勢에 해당했다.

그러나 미국의 힘은 강했다. 제2차 세계대전이 끝난 뒤 100개가 넘었던 사단을 10개 이하로 줄이면서 보였던 허약해진 체력의 문제가 있었으나, 최고 지휘부를 이루고 있던 고위 엘리트 장교들은 그대로 건재했다. 그들은 발 빠른 조직력, 물자 동원, 화력의 재구성을 통해 신속하게 미군의 '실력'을 한반도 남단의 부산항에 올리고 있었다.

그 다음에 벌어진 전황戰況은 다 아는 사실이다. 국군은 미군의 힘을 빌려 낙동강 전선에서 분투를 거듭했고, 미군의 압도적인 화력도 전선 곳곳에 신속하게 당도했다. 이어 벌어진 맥아더의 인천상륙작전은 김일성 군대의 허리를 끊고 말았다. 전광석화電光石火와도 같은 단호하면서도 의표를 찌르는 작전이었다.

서울 탈환에 성공한 미군 병사가 1950년 9월 18일 신당동에서 붙잡힌 북한군 소년병 포로를 심문하고 있다.
(출처: NARA)

그 때 김일성은 등을 보였다. 낙동강 전선에서 양측이 치열한 공방을 벌일 때 그는 앞서 말한 것과 같이 수안보에 내려와 독전을 거듭했다. 내가 듣기로 김일성의 조바심은 그 때 극도에 달했다. 그는 당시 "8월 15일 해방 기념일까지는 부산을 점령하라"는 최고의 전략 목표를 제시했다.

그러나 전선은 그의 뜻과는 달리 움직였다. 국군의 저항이 날로 강해졌고, 부산에 오르는 미군의 병력은 나날이 증가했다. 낙동강 전선이 자신이 의도한 대로 뚫리지 않자 그는 마구 호통을 쳤다고 한다. 다급했던 김일성은 휘하 지휘관들에게 "큰 길만 다니지 말고 소로小路를 활용해 어떻게 해서든지 공격을 펼쳐라"고 다그쳤다고 한다.

적의 전선을 넘었을 때

전세戰勢가 뒤집어진 것은 결국 맥아더 장군의 인천상륙작전 때문이었다. 9월 15일 맥아더 장군이 직접 인천상륙작전을 감행하면서 전쟁의 세勢라고 할 수 있는 '주도권'이 김일성 군대에서 미군과 국군에게 넘어왔던 것이다. 수안보까지 내려왔던 김일성은 급기야 등을 보이며 북쪽으로 내달렸다.

김일성은 당시 북한 공세의 최고 지휘탑이었다. 그러나 일선에서 모든 전투를 지휘한 전선 사령부는 김책이 맡고 있었다. 그 김책은 낙동강 전선의 북방인 김천에 내려와 있었다. 그 또한 등을 보이고 마냥 북쪽으로 내달린 흔적이 있다. 전선의 공세에 모든 역량을 투입했으나, 나머지 상황에 대해서는 전혀 준비를 하지 않았다는 인상을 주기에 충분했다.

나는 당시 낙동강 전선 다부동에서 방어전을 마친 뒤 인천상륙작

남북연석회의 참석한 김구 선생(오른쪽)이 김일성과 걸어가고 있다.

전에 대비해 대구 북방 팔공산에서 사단을 이끌고 전선 돌파를 감행하고 있었다. 나는 치열했던 북한의 전선 공세를 직접 몸으로 막았다. 따라서 그들의 후방이 몹시 궁금했다. 격렬했던 전선 공세 못지않게 그 후방에 도사리고 있는 적의 병력이 만만찮게 반격을 펼칠 것이라 짐작했다.

그러나 김일성의 군대는 전쟁의 모든 구석을 관리하며 싸움을 벌였던 군대는 아니었다. 아주 허탈하다 싶을 정도로 그들의 반격은 보잘 것이 없었다. 당시에 김일성이라는 인물을 떠올릴 여유는 없었지만, 북한의 군대가 최소한 전쟁을 제대로 알고서 싸움을 벌인 게 아니라는 생각이 먼저 떠올랐다.

나는 휘하 1사단의 12연대가 과감한 포격과 진격으로 적진을 뚫고 나가면서 과분할 정도의 칭찬을 들었다. 월튼 워커 미 8군 사령관은 국군 1사단 12연대가 낙동강 전선의 아군 부대로서는 최초로 북한의 방어선을 뚫고 진격에 성공하자 내게 두 차례나 전화를 걸어왔다. "정말로 뚫은 것이냐" "어떻게 뚫었다는 말이냐"는 내용이었다.

이로써 인천에 상륙한 미 10군단의 뒤를 받쳐주기 위한 아군의 링크업(link-up) 작전이 9월 19일부터 본격적으로 펼쳐졌다. 인천으로 상륙한 미 병력은 남쪽 낙동강 전선에 있던 아군 병력이 신속하게 뒤를 받쳐주지 못하면 후퇴하는 북한군 병력에 의해 고립될 수 있었다. 따라서 낙동강 전선의 아군 병력이 북상하는 일은 미군의 인천상륙작전 못지않게 중요했다.

나는 곧장 북진 길에 올랐다. 그러면서 나는 전선 후방의 북한군 진지와 상황이 매우 궁금했다. 그러나 기대 밖이었고, 아울러 커다란 다행이었다. 그들은 일거에 모두 무너진 상태였다. 전선 지휘부만을 중심으로 그대로 줄행랑을 놓고 말았다는 인상이 역력했다.

한심했던 적진敵陣의 풍경

나는 지프로 길을 지나면서 몇 가지 광경을 목격했다. 곳곳에 남아 있던 북한군은 결코 저항을 하지 않았고, 적이 주둔했던 진지와 부대 지휘소에는 중화기와 탄약, 그리고 보급품이 그대로 버려져 있었다. 그들이 얼마나 황망하게 도망을 쳤는지 보여주는 장면이었다.

포로로 붙잡힌 북한군은 아군의 인천상륙작전을 전혀 모르고 있었다. 북한군 지휘부가 장병들의 사기가 꺾일까 두려워 전황 자체를 알려주지 않았던 것이다. 내가 9월 19일 북한군의 한 전방 진지에 들어섰을 때 직접 목격한 일이다. 적의 기관총 사수들은 밀어닥치는 아군에게 순순히 항복을 했다. 아주 고분고분하기까지 했다.

살아 있던 다른 병력은 도망을 쳤는데 그들만 남아 있는 점도 이상했다. 그러나 이유는 아주 간단했다. 그들의 발목에는 쇠사슬이 묶여 있었기 때문이었다. 미군이 인천에 상륙했다는 상황도 알려주지 않은 채 남아 있는 기관총 사수들의 발목에 묶인 쇠사슬을 풀어주지 않고 도망친 북한 김일성 군대의 진면목眞面目이었다.

그들의 공산주의는 적어도 사람을 살리는 주의主義와 이념理念이 아니었다. 그들이 말하는 민족과 동포라는 것도 결국은 공산당 집권을 전제로 한 허울뿐이었다. 그들은 민족과 동포를 이야기하기에는 매우 이기적이었고, 아울러 잔인하며 무도無道했다. 전쟁을 직접 지휘한 내 경험으로 볼 때 그 점은 아주 분명했다.

사느냐 죽느냐의 생사生死를 다루고, 남느냐 없어지느냐의 존망存亡을 다루는 영역이 바로 군대다. 따라서 군대가 나서서 치루는 전쟁은 신중에 신중을 거듭해야 한다. 그런 전쟁에 나서면서 김일성 군대가 보였던 허술함은 그 이후 벌어진 전쟁터의 곳곳에서도 눈에 띄었다. 그들은 전쟁이 가져오는 가혹함을 전혀 염두에 두지 않았던 듯싶다. 그저 펼치면 이룰 줄 알고 벌인 전쟁이었다는 생각이 들었다.

이후 펼쳐진 상황은 기회가 닿으면 나중에 소개하기로 하자. 북진은 그렇게 이어졌다. 나는 영광스럽게도 북진의 대열 선두에 서서 평양을 처음 탈환했다. 그 과정 역시 피와 땀의 노력으로 이뤄졌음은 물론이다. 그러나 다행인지, 허망함인지는 모르나 북한군의 저항은 거의 없었다. 평양 탈환까지의 과정은 앞에 있을지 모를 북한군의 저항을 염려하면서 벌인 미군과 국군의 속도전에 가까웠다. 뒤집어서 말하자면, 북한군은 한 번 등을 보인 뒤 그저 도망치기에 바빴다는 얘기다.

김일성이 선두에 섰고, 그를 따라 북한 왕조 권력의 초반 기틀을 형성했던 북한군 지도부가 뒤를 따랐다. 수안보에서 호통을 쳐댔던 김일성의 쫓기는 모습을 생생하게 전해주는 증언은 없으나 여러 정황으로 볼 때 그는 물에 빠진 생쥐와도 같았다.

전선 사령관 김책도 김천에서 조치원을 통해 황망하게 도주하기에 바빴다. 그들 중 자신이 거느린 장병들과 물자 또는 화력을 제대로 건지면서 도망친 지휘관은 아주 소수에 불과했다. 전쟁을 쉽게 생각한 자들이 벌인 전쟁이었다. 그러나 그 싸움은 이 땅에 너무 많은 것을 남겼다.

권력에만 밝았던 사람

어지러웠던 평양의 김일성 집무실

내가 국군 1사단을 이끌고 평양으로 진격할 때 김일성을 비롯한 북한 수뇌부가 그곳에서 황급히 빠져나갔던 정황은 앞서 소개한 내용 그대로다. 나는 평양 도착 전 북한군의 통신선 하나를 잡을 수 있었고, 그를 통해 내가 직접 북한군 사령부의 통신 교환원과 통화를 하면서 들은 내용이다.

그 때 김일성은 자신의 승용차에 올라타 청천강을 넘은 뒤 자동차를 버리고서는 도보로 산길을 헤쳐 압록강에 황급히 도망쳤던 것으로 보인다. 미군의 공중 폭격이 두려웠기 때문일 것이다. 그뿐만이 아니었다. 김일성의 주변을 형성했던 수뇌부 모두가 그런 발걸음으로 황망하게 도주했다. 그들은 방송 등을 통해 평양 시민들에게 "우리는 평양을 사수한다"고 공언했던 것으로 알고 있다.

당시 나는 대동강 철교를 넘어 평양에 입성했다. 그곳으로부터 더 북진을 하기 전에 내가 들렀던 곳의 하나는 평양 만수대에 있던 인민위원회의 김일성 집무실이었다. 그는 짐을 제대로 챙기지도 못했다. 스탈린과 자신의 커다란 초상이 걸려 있던 그의 사무실 여기저기에는 서류 등이 마구 흩어져 있었다. 도주할 당시의 다급함이 그대로 느껴지는 분위기였다.

전쟁을 도발한 두 주역 김일성(왼쪽)과 박헌영(가운데)

　김일성의 군대도 등을 보이고 후퇴할 때 제대로 후퇴하지 못했다. 그의 휘하 군대 중 병력과 화력을 그대로 챙기면서 후퇴한 군대는 없었다. 지리멸렬支離滅裂이라고 해도 좋을 정도로 형편없이 찢기고 무너진 채로 그저 제 목숨 하나 건사하기 위해 내뺀 부대와 부대장이 대부분이다. 각 부대의 도주로와 상황은 일일이 다 적을 수는 없다. 그 세세한 사정을 내가 다 알지도 못한다. 단지, 큰 틀에서 볼 때 북한군은 당시 아군의 북진으로 인해 철저하게 무너지고 말았다.

　6.25전쟁의 3년여 동안 북한군이 전쟁의 핵심 요소要素로 활동했던 기간은 그때까지였다. 김일성 군대가 1950년 10월 이후로부터 휴전협정이 맺어지는 1953년 7월까지 맡았던 역할은 '중공군의 향도嚮導'에 불과했다. '향도'는 어쩌면 좋은 말이다. 솔직하게 표현하자면 그들은 10월 이후 한반도에 참전한 중공군의 길잡이에 불과했던 것이다.

방호산의 부대만 제대로 후퇴

김일성의 무너진 군대 중에서 가장 눈에 띄는 병력은 방호산方虎山이 이끌었던 6사단이었다. 그 방호산의 6사단은 개전 초기에 내가 임진강에서 이끌었던 국군 1사단의 전면을 치고 들어온 부대였다. 또 다른 인민군 1사단과 함께 기습적으로 개성을 넘어 임진강으로 남하한 뒤 다시 한강을 건너 김포에 밀려든 군대였다.

그는 이후 충청도를 거쳐 전라남북도를 휩쓸었다. 이어 진주와 마산을 향해 공격을 펼치면서 결국 낙동강 전선까지 내려왔던 군대다. 그는 중국 공산당 계통인 팔로군八路軍에서 10여 년 있으면서 전쟁의 경험을 쌓았던 인물이다. 1949년 마오쩌둥毛澤東의 양해에 따라 팔로군에 있던 한인韓人 병력의 166사단을 이끌고 북한에 입북해 6사단장을 맡았다.

그는 대한민국의 전남북 일대를 휩쓸면서 가혹한 학살을 단행했던 인물이기도 하다. 그런 점에서 방호산에 대한 혐오가 가실 리는 절대 없지만, 전쟁의 측면에서 보면 방호산은 그나마 싸움에서 나아가고 물러날 때를 잘 이해했던 사람이다. 그는 낙동강 전선에서 아군에 밀려 후퇴할 때 거의 유일하게 제 병력을 건사해 산맥의 줄기를 타고 북상했다. 그런 공로로 그는 그 직후 군단장으로 승진했다.

중국 팔로군에서 전투 경험을 쌓았던 일부 북한군 지휘관도 사정은 비슷했다. 김일성과 소련 출신으로 북한군 지휘관이 된 장성들과는 달리 팔로군 소속이었던 북한군 지휘관의 '후퇴 성적'은 비교적 괜찮았다. 1951년 첫 휴전회담 테이블에서 나와 마주쳤던 장평산張平山도 제법 질서를 유지하면서 후퇴했던 지휘관으로 꼽힌다. 그 역시 팔로군 경력자였다.

당시 김일성의 나이는 서른여덟이었다. 마흔에 채 미치지 못한 나이였으나 김일성은 아주 영리했다. 단지, 전쟁에 관한 이해를 빼놓고서는 말이다. 그가 아주 빼어난 재주를 선보인 영역은 역시 '정치'였다. 그는 자신이 결정한 모든 일의 결과를 농단壟斷할 줄 알았다. 그 농단이란 게 뭔지는 독자들 대부분이 잘 안다. 자그마한 언덕에 올라서서 이쪽과 저쪽의 이해利害를 따져 자신에게 상황을 유리하게 이끌어가는 행위다.

그는 우선 책임으로부터 자유로워지는 방법을 잘 알았다. 농단과 같은 행위로 그 책임이라는 것을 남의 어깨에 교묘히 얹는 재주를 지녔기 때문이었다. 그가 안아야 했던 책임은 여러 가지였다. 전쟁을 무모하게 벌인 점, 미군의 개입 가능성을 무시했다는 점, 전쟁의 이치理致를 미리 깨닫지 못한 채 초기 공세를 주도한 점 등이 모두 그렇다.

국방부 군사편찬연구소의 『6.25전쟁사』를 보면 이런 대목이 나온다. 전쟁 도발 직전에 마오쩌둥을 비롯한 중국 지도부는 초기 공세의 개념을 '상대의 유생有生 역량 소멸'에 두도록 충고했다. '유생 역량'이라는 개념은 살아서 전쟁을 펼칠 수 있는 힘을 지칭한다. 쉽게 말하자면, 중국 지도부는 초기의 공세에서 상대의 저항능력을 없애는 일에 주력하라고 충고한 셈이다.

그러나 김일성이 오로지 보인 관심과 욕심은 '땅'에 있었다. 대한민국의 영토를 재빨리 점령함으로써 전쟁에서 승리를 거두자는 생각이었다. 당장 눈앞에 보이는 것에 대한 무모한 집착이었다. 단견短見이기도 했으며, 대롱으로 하늘을 살피는 관견管見이기도 했다. 아주 작은 규모의 병력을 운용하며 상대의 거점을 잠식해 뺏는 비적匪賊 수준의 싸움만을 이해하는 사람의 소견所見에 지나지 않았다.

권력의 농단에는 뛰어났던 김일성

잘 알려져 있다시피, 김일성은 그 책임을 남로당의 지도자로 있다가 월북해 당시 북한 권력 서열 2위를 차지하고 있던 박헌영朴憲永에게 모두 뒤집어 씌웠다. 아군의 북진에 밀려 압록강으로 도망쳤을 때 김일성과 박헌영이 서로 이를 두고 다투다가 김일성이 급기야는 박헌영을 향해 재떨이까지 집어던졌다는 일화는 아주 유명하다.

김일성은 당시 박헌영에게 "전쟁을 일으키자마자 남한 전역에서 남로당과 인민들이 모두 봉기해 우리를 맞을 것이라고 하지 않았느냐"면서 공세를 벌였다고 한다. 박헌영 또한 김일성의 오류를 지적하며 맞섰으나 결국 그는 김일성이 추후에 벌인 정치적 공격으로 숙청당했고, 마침내 비참하게 생을 마감한다.

그뿐이 아니었다. 중공군의 참전이 결정된 뒤 자리에서 쫓겨나는 무정武亭이 대표적인 사례다. 그는 특이한 경력의 소유자다. 중공군 총사령관 펑더화이彭德懷와의 관계 때문이다. 무정과 펑더화이는 팔로군에서 함께 지낸 아주 각별한 사이였다. 무정의 결혼을 펑더화이가 주선했을 정도였다고 한다.

김일성은 무정을 2군단장 직위에서 해임했다. 중국과 가까운 팔로군 소속, 흔히 연안파延安派라고 불리는 북한 권력 내 친親 중국계에 대해 김일성이 벌인 첫 솎아내기 작업이었다. 당정黨政의 여러 실력자도 같은 이유로 쫓겨났다. 김일성은 "내 지시를 어겼다"면서 이유를 들었는데, 그를 인정할 근거는 아주 박약했다.

북한군 6사단을 이끌고
호남 지역으로 남하했던 방호산

김일성은 다른 누구보다 대한민국의 '땅'에 집착했다. 단기적으로 급히 몰아붙이면 대한민국을 수중에 넣을 수 있을 것이라고 본 사람이다. 서울 점령 뒤 경무대를 찾아왔고, 전선 상황에 진척이 없자 수안보까지 내려와 "작은 길을 이용해 빨리 쳐라"고 다그쳤던 그였다.

그럼에도 그는 아군의 북진에 밀리자 모든 책임을 박헌영과 무정 등에게 전가했다. 자신의 휘하에 있던 사람들에게 모든 책임을 옮기면서 김일성은 끝내 전쟁 전과 개천 초기에 빚고 말았던 자신의 커다란 실책에 대해서는 한 마디의 언급도 하지 않았다고 했다.

제 손에 넣을 수 있는 권력에는 매우 민감했던 자가 김일성이다. 아울러 교묘한 술책이 돋보이는 사람이었다. 그러니 져야 할 책임은 가급적 지지 않는다. 그로부터 벗어날 갖가지 아이디어와 배짱이 있기 때문이다. 그렇게 김일성은 살아남았다. 중공군이 참전을 결정한 게 가장 큰 이유였다.

결코 책임을 지지 않으려는 자, 자신의 잘못을 성찰해 인정하지 않는 자, 그러면서 권력으로부터 오는 사리私利를 지독히 탐하는 자, 아울러 남에게 책임을 뒤집어씌울 정도로 간지奸智에 뛰어난 자. 김일성은 이런 면모를 다 지녔다. 그러면서 그는 전쟁을 벌였다. 전쟁 자체의 참혹함을 전혀 이해하지 못하고서 말이다.

"중공군 참전"에 술 석 잔 원샷

이승만은 '김일성'을 입에 담지 않았다

60여 년 전 신생 대한민국을 이끌고 북한이 일으킨 전쟁의 참화 앞에 서야 했던 이승만 대통령은 김일성을 가능한 한 언급하지 않았다. 그에 대한 원망이 깊었을 텐데도 이승만 대통령이 전쟁 중반을 넘어선 뒤 육군참모총장을 맡으며 그의 곁을 보좌했던 내게 김일성을 직접 거론한 적은 없었다.

아주 신기할 정도였다. 김일성이라는 이름 자체를 거의 입에 올리지 않았고, 설령 북한의 사정을 이야기할 때도 마찬가지였다. 무능했던 조선말의 풍진 가득한 세상에서 개혁을 외치다 사형수로 갇혀 죽을 뻔했고, 일제 강점기에는 독립을 위해 힘을 다했으며, 결국 대한민국을 가까스로 건국하는 데 성공했던 그에게 김일성은 도대체 어떻게 비쳤을까.

입에 올리지 않는다는 것은 몇 가지 이유 때문일 게다. 우선 기억하고 싶지 않은 대상이었을 수도 있고, 언급을 함으로써 내가 불리해질 수도 있기 때문이다. 그러나 사람의 정감情感적인 측면에서도 상대를 굳이 입에 올리지 않고 싶은 경우도 있다. 상대가 인격人格이나 품격品格 등에서 나와 어울리지 않는다고 판단할 때 가능하면 그에 관해 언급을 회피하는 경우다.

이승만 대통령이 김일성의 이름 석 자를 가능한 한 입에 올리지 않았던 이유는 아무래도 후자에 속할 것이다. 소련을 등에 업은 정체불명의 젊은 공산주의자, 급기야 신생 대한민국과 한반도 전역에 전쟁의 참화를 몰고 온 자, 경솔함에 야비함과 잔인함을 지닌 인물…. 이승만 대통령의 눈에는 김일성이 이런 정도로 비쳤으리라는 게 내 개인적인 추측이다.

김일성은 위기에 몰렸을 때 아주 간절하게 제 몸을 낮출 줄 알았다. 다른 말로 우리는 그런 행위를 비굴卑屈이라고 한다. 위기를 모면하기 위해 갖은 수를 다 쓰는 사람이다. 그러나 김일성은 전후戰後에 연안파 등 잠재적인 정치 맞수들을 모두 제거하고 왕조의 권력을 세웠으니 펴는 일에도 능했다고 볼 수 있다. 낮추고 펴는 일, 즉 굴신屈伸이 자유로웠던 인물이라는 얘기다.

그가 납작 땅에 엎드려 누군가의 도움을 청할 때는 적지 않았다. 해방 시기의 북한 권력을 쥐고 있던 군정軍政 소련 장군들에게 그랬고, 전쟁을 벌이기 전 소련의 지도자 이오지프 스탈린을 찾아갔을 때도 그랬다. 김일성이 또 그렇게 몸을 바짝 엎드린 적이 있다. 국군과 유엔군이 평양을 향해 북진을 거듭할 때였다.

비굴과 군림에 다 능했던 사람

1950년 10월에 접어들면서 김일성은 공황恐慌에 빠져들고 있었다. 아군의 공세가 거세져 평양을 더욱 옥죄고 들어갈 때였다. 북한 김일성 정권은 그야말로 바람 앞의 등불 신세였다. 스탈린은 미국과의 전면전 가능성 때문에 직접적인 개입을 계속 회피하고 있었다. 마오쩌둥毛澤東의 중국 지도부도 북한의 이어지는 참전 요청에 고민만 거듭하고 있던 상황이었다.

김일성은 당시 평양에 주재하고 있던 중국의 대사관을 통해, 종국에는 측근 박일우를 베이징에 보내면서 적어도 두 차례에 걸쳐 중국의 참전을 요청하고 나섰다. 아주 절박한 심정으로 말이다. 그 시기는 아군이 38선을 넘어 북진하는 시점인 1950년 10월 1일 전후였다.

특히 김일성이 측근 박일우를 베이징에 급파해 자신의 친필 서한을 보냈다는 기록이 나온다. 박일우는 급히 평양을 떠나 10월 2일 베이징의 중국 지도부 거주지인 중난하이中南海에 도착했다. 국방부 군사 편찬연구소가 수집한 기록에 따르면 김일성은 박일우에게 전달토록 한 친필서한에서 다급하게 중국의 참전을 요구했다.

"적이 38선을 넘어올 경우 우리의 불리한 상황을 개선하지 못하

김일성(오른쪽)이 1958년 마지막으로 철수하는 중공군을 환송하는 장면

면 적의 기도가 성공할 것"이라며 "이 때문에 중국인민의 지원을 간곡히 요청한다"는 내용이다. 일설에는 박일우가 중국 지도부를 면담하는 자리에서 눈물을 흘리기까지 했다는 소문도 나온다. 어쨌든 베이징 중난하이에 급히 특사를 보낸 김일성의 절박한 심정이 느껴진다.

박일우가 베이징에 도착하는 시점을 따져 보면 김일성이 당시 얼마나 급했는지를 알 수 있다. 그 때 소련 스탈린은 중국의 참전에 대해 명확한 입장을 표시하지 않았던 상태였다. 자국의 병력을 파견하지 않는다는 입장에는 변화가 없었고, 중공군이 참전할 경우 그들을 지원하기 위한 공군 전력 또는 화력 지원 등의 문제에 대해서도 결단을 내리지 못했다. 그럼에도 김일성은 소련 스탈린의 의사결정과는 상관없이 먼저 베이징에 박일우를 보냈던 것이다.

마오쩌둥이 끝내 김일성의 요청에 따라 미리 준비시킨 동북지역 변방군邊防軍과 다른 병력을 동원해 한반도 전쟁에 개입하는 과정은 이미 소개했다. 오랜 고민 끝에 내려진 중국의 참전 결정은 전보電報로 평양 주재 중국 대사관에 전해졌다. 이를 다시 김일성에게 직접 통보한 사람은 당시 북한 주재 중국 대사 니즈량倪志亮과 참찬 차이청원柴成文이었다.

『6.25전쟁사』에는 그 대목이 생생하게 나온다. 니즈량과 차이청원은 10월 8일 마오쩌둥이 보낸 전보를 지참하고 김일성이 머물던 모란봉 밑의 지하 지휘소를 찾아갔다. 그 둘은 마오쩌둥의 '참전 결정'에 관한 소식을 전했다. 아울러 "박일우를 선양瀋陽으로 보내 사령관 펑더화이彭德懷 등과 협의하라"는 설명도 들었다.

다른 두 성격의 도망逃亡

당시 김일성의 나이 서른여덟. 전쟁을 제대로 이해하지 못한 채 전쟁을 불러, 이 한반도 전역에 참혹한 살육전을 펼쳤던 젊은 김일성의 반응은 아주 격렬했다고 한다. 그는 옆에 있는 술을 따라 연거푸 세 잔을 들이켰다고 한다. 자세한 발언은 전해지지 않지만 너무 기뻐 어쩔 줄 모르며 우선 술을 찾아 마셨다는 것이다.

김일성은 당시 자신이 후퇴할 곳을 미리 물색했다. 중공군 참전 여부와는 상관없이 말이다. 그들이 임시 수도로 정한 곳은 압록강변의 강계였다. 김일성의 발길은 이미 그곳을 향하고 있었다. 중공군 참전 통보를 받은 지 얼마 지나지 않은 시점이었다.

정확하게 김일성은 10월 13일 평양을 빠져나와 도망쳤다. 그에 앞서 김일성은 10일 밤과 11일 이틀 동안 평양에서 "소련과 중국의 지원을 받고 있으니 끝까지 저항하라"는 방송을 했던 것으로 기록에는 나온다. 전쟁을 직접 계획하고 집행했던 김일성의 도주였다.

1950년 6월 25일 그로부터 기습 남침을 받았던 대한민국 정부도 며칠 뒤 서울을 빠져 남하했다. 후퇴와 도망이라는 점에서 당시 남북한 지도부가 보인 행동은 같다. 그러나 이승만 대통령이 서울을 빠져나간 경우와, 김일성이 아군의 북진에 밀려 평양에서 도망친 상황은 다르다.

적에게 사로잡힐 가능성이 있으면 최고 지도부가 우선 그 위기로부터 벗어나는 게 상책이다. 그 점은 누구도 부인할 수 없다. 단지 이승만 대통령은 북한의 전면 기습을 예상치 못했고, 대한민국 정부는 전쟁에 전혀 대비하지 못한 상황이었다.

이 대통령은 대구까지 내려갔다가 다시 대전으로 돌아온 뒤 유엔

평양에 처음 당도한 국군 1사단에게 포로로 붙잡힌 북한군이 이동하고 있다.

안보리의 참전에 관한 결의를 듣고 국민을 안심시키기 위해서 전화 녹음을 통해 육성을 서울 시민과 국민 전체에게 내보냈다. 유엔 안보리 결의와 미 해군 및 공군의 작전지역 철폐에 관해 설명하면서 국민의 사기를 북돋기 위한 내용이었다.

지울 수 없는 실책이 있었다면 대통령의 육성 녹음 방송에 이어 공보처가 "정부는 수원으로의 이동을 중지하고 중앙청에서 근무 중"이라는 방송을 거듭 내보냈다는 점이다. 이는 명확한 실수였다. 그래서 이승만 대통령이 먼저 도망치면서 서울 시민을 사지死地에 버렸다는 지적을 받고 있다. 그것은 한강 인도교 조기 폭파와 함께 대한민국 정부가 드러낸 대표적 무능無能과 안일함이라고 해야 옳지, 그저 비겁함만으로 보기는 어렵다.

그러나 김일성은 제가 기획하고 벌인 전쟁의 주체였다. 그러면서도 아군에 밀리자 결국 평양의 사수를 촉구하면서 먼저 그곳을 빠져나갔다. 중국의 참전 소식을 듣고 뛸 듯이 기뻐하며 술을 세 잔 연거푸 들이키는 점은 어떻게 보면 치기稚氣다. 그런 면모에다가 제가 벌였던 전쟁의 후과後果를 끝까지 책임지지 않으려는 모습의 평양 탈주가 보인다.

그런 김일성의 인격과 품격을 당시로서는 제대로 알 수가 없었겠으나, 사람의 여러 면모에서 드러나는 분위기는 느껴졌던 모양이다. 이승만 대통령은 정말 이상하리만큼 김일성이라는 이름 석 자를 입에 올리는 법이 없었다. 입에 담지 않는 일은 한자 단어로 불치不齒다. 이 대통령의 그 리스트에는 '김일성'이라는 이름이 들어 있었다.

중국 사료 속의 김일성

중공군에게 넘어간 작전권

전쟁에 대한 김일성의 이해는 깊이가 없다. 그 점은 여러 대목에서 느낄 수 있다. 전쟁 도발을 하던 상황, 전쟁이 벌어진 뒤 벌였던 단순한 행동, 후퇴에서 쫓기며 갈팡질팡하던 모습이 다 그랬다. 그 말고도 더 있다. 나중에 공개한 중국 측 자료가 그를 잘 말해주고 있기도 하다.

앞서 잠시 소개를 했지만, 중공군은 마오쩌둥毛澤東의 거듭된 고민과 스탈린의 교묘한 배후 조종에 의해 1950년 10월 한반도에 뛰어든다. 그 뒤 중공군이 벌였던 공세는 앞서 소개한 내용 그대로다. 그 해 10월 말과 11월 초까지 벌인 1차 공세, 11월 말부터 12월 초순까지 벌인 2차 공세에서 중공군은 적지 않은 성과를 거뒀다.

압록강으로 진군하는 국군과 유엔군에게 상당한 타격을 가했으며, 결국 평양을 회복했으니 세계 최강의 미군이 주축을 이룬 유엔군을 상대로 제법 멋진 승리를 거뒀던 셈이다. 그 점에서 마오쩌둥은 한껏 기분이 좋아졌다고 한다. 한때 자신을 유린했던 막강한 미군을 물리쳤다는 승리감에 도취했던 것이다. 그런 점 때문에 마오쩌둥은 멀리 떨어진 베이징北京에서 전세戰勢를 관망하면서 전선의 총사령관 펑더화이彭德懷에게 지속적인 공세를 주문하고 있었다.

그런 무렵에 북한과 중국 사이에서는 미묘한 변화가 있었다. 중공군 참전 뒤 그들이 줄곧 해결을 요구했던 통합 지휘권에 관한 문제였다. 이미 지리멸렬해서 전투력을 상실했던 북한군을 중공군이 통합적으로 지휘하겠다는 구상이었다. 그런 작전 통합 지휘권에 관한 문제 해결의 실마리를 얻은 계기가 12월 9일의 '조중朝中 연합사령부' 설립이었다.

북한은 이에 합의함으로써 북한군 전군의 지휘권을 연합사령부 최고 사령관인 펑더화이에게 넘겨줬다. 당시 북한군의 병력은 제대로 남아 있는 부대가 없을 정도로 무너져 있는 상태였다. 아군에 밀려 지리멸렬의 상태로 쫓기면서도 목숨을 부지한 많은 북한군 장병, 그리고 새로 징모徵募한 새 병력들은 대개 압록강 너머의 중국 동북지역으로 갔다. 그곳에서 북한군 병력은 부대 재건再建을 위한 교육에 들어간 상황이었다.

6.25전쟁이 끝난 뒤 베이징에서 함께 모습을 드러낸 마오쩌둥(오른쪽)과 중공군 총사령관 펑더화이

나머지 극히 일부 병력이 중공군과 함께 전투에 나섰는데, 당장 이들을 통합적으로 지휘하는 문제, 게다가 길게는 중국 동북지역에서 건제建制를 회복한 북한 병력까지 이끌기 위해 중국은 이 통합지휘를 강력하게 요구했다. 중공군의 초기 1~2차 공세가 승리로 이어지자 북한도 아무런 군말 없이 북한군 병력의 지휘권을 중국에 넘겨줬던 것이다.

마오쩌둥과 펑더화이의 이견

이로써 명실상부하게 중공군과 북한군을 모두 이끄는 전선 총사령관의 자리에 오른 사람이 펑더화이다. 그는 앞에서 소개한 대로 호號를 石穿(석천)으로 적는 사람이다. '바위를 뚫는 물방울'이라는 뜻을 담은 호다. 그는 그렇게 집요하고 고집이 센 인물이다. 그리고 강렬한 성정性情이 돋보이는 중국 후난湖南 출신답게 직선적이면서 할 말은 하고마는 성격의 소유자였다.

멀리 떨어진 베이징에서 전쟁을 지휘하는 마오쩌둥, 그리고 1~2차 공세에서 승리를 거뒀지만 전선의 혹심한 상황을 잘 알고 있는 펑더화이는 그 무렵에 작은 갈등을 빚는다. 이 역시 앞서 잠시 소개했던 내용이다. 마오쩌둥은 일선의 전쟁을 치러본 적이 많지 않은 사람이다. 그러나 권모權謀에는 매우 뛰어나 전쟁의 큰 판을 요령 있게 지휘할 수 있는 인물이다.

그에 비해 권모와 술수術數에서는 뒤떨어지지만 펑더화이는 작고 큰 전쟁터를 무수하게 누볐던 중국 공산당 군대, 홍군紅軍의 핵심 지휘관이었다. 둘이 한반도에서 벌어진 전쟁을 보는 시각에도 조금 차이가 있다. 큰 싸움의 판을 읽는 데서 둘의 차이를 정확하게 짚을 수는 없으나, 마오쩌둥은 아군을 공격하는 스케일을 크게 짰다.

전쟁을 다룬 기록들에 따르면 마오쩌둥은 한반도 전쟁 개입 초반부터 아군을 공격할 때 '대단위 섬멸殲滅'을 지시했다. 공격력과 수비력이 약한 국군을 집중적으로 공격해 개입 초반에 "몇 개의 한국군 사단을 없애라"는 지시였다. 그에 비해 펑더화이는 훨씬 조심스러웠다. 아무리 실력이 떨어진다고 해도 국군 몇 개 사단을 한꺼번에 없애는 게 가능하지 않으리라 봤기 때문이다. 대신 펑더화이는 국군의 연대 단위를 공격해 상대의 피해를 점차 확산하는 전략으로 나왔다.

결과적으로 볼 때, 마오쩌둥은 큰 전쟁의 흐름을 주도했으나 초반 공세에서 그가 구상한 '대단위 섬멸'은 불가능했다. 중공군 자체의 실력이 그 정도는 아니었기 때문이다. 화력과 보급에서 열세인 데다가 공군력을 갖추지 못했던 것이다. 마오쩌둥이 그렇게 개입 초반의 전쟁을 상정한 까닭은 있다. 그는 장제스蔣介石 정부와의 국공國共 내전 상황을 염두에 두고 있었던 것이다.

그는 운이 좋게도, 당시 부패와 무능에 절어 있던 국민당 군대를 상대로 싸움을 벌여 단 며칠 만에 국민당 군대 20개 사단을 무너뜨린 경험이 있다. 중공군이 잘 싸운 측면도 있지만, 그 점은 국민당 군대의 무능 때문이라고 봐야 옳다. 그럼에도 마오쩌둥은 국민당 군대의 '일거 섬멸'에 관한 환상을 한반도 전쟁 개입 초반에 품었다고 볼 수 있다.

그에 비해 펑더화이는 전선 사령관으로서의 직무에 충실한 편이었다. 당장에는 승리를 거뒀으나 그 안에 숨어 있는 전쟁의 진짜 요소要素를 간과하지 않았던 것이다. 기습과 매복, 우회 등의 전술에 익숙하지 않아 미군이 전선에서 밀리기는 했으나 그들이 지닌 고도의 현대화한 역량을 봤던 것이다. 1~2차 공세에서 드러난 중공군의 피해 또한 막심했다.

우세를 점했던 병력으로 인해전술人海戰術을 구사하긴 했으나 뒤떨어진 무기체계, 낙후한 보급 능력 등으로 병력의 사상死傷과 이탈이 혹심했기 때문이다. 따라서 2차 공세를 마친 뒤 펑더화이의 고민은 매우 깊어갔다. 12월 초 공세를 끝낸 뒤 그는 급히 베이징에 '공세 지속'의 어려움을 토로했다.

마오쩌둥은 노련한 인물이었다. 그런 펑더화이의 보고에 귀를 기울였다. 그러나 승세勝勢를 포기하는 것도 어려웠던 모양이다. 마오쩌둥은 그런 펑더화이의 보고에 관심을 기울이면서도 결국 지속적인 공세를 주문한다. 공산진영의 사령탑이었던 소련의 이오지프 스탈린도 공세 지속에 손을 들어줬던 것은 물론이다.

펑더화이에게 불만 품은 김일성

그렇게 해서 벌어진 게 중공군의 3차 공세였다. 우리는 당시 서울을 내주고 북위 37도인 평택과 안성으로 밀리면서 그 공세를 '1.4후퇴'로 부른다. 그러나 중국이 나중에 공개한 자료에 따르면 펑더화이는 서울 점령에 커다란 의미를 두지 않았다고 한다. 의미 없는 점령에 불과하며, 결국 그 너머의 남쪽으로 진격할 경우 1950년 9월의 인천상륙작전과 같은 미군의 '허리 자르기'에 또 당할 수 있다고 봤다.

그의 판단은 정확했다고 볼 수 있다. 적어도 마구 밀어붙이면 전쟁을 끝낼 수도 있다고 본 마오쩌둥에 비하자면 그렇다. 마오는 그나마 베이징이라는 먼 곳에 떨어져 있으면서 전쟁을 보고 있던 사람이다. 또 한 사람이 있다. 전쟁을 바로 옆에서 지켜보면서도 그 안에 담긴 여러 요소를 관찰하지 못했던 김일성이다.

내가 김일성을 언급하면서 "전쟁을 제대로 이해하지 못했다"고
하는 이유는 바로 이런 점들 때문이다. 그는 1950년 6월 25일 전쟁을
도발한 뒤 한반도에서 펼쳐진 싸움의 이치를 그때까지도 잘 알아채지
못했다. 눈에 드러나는 세勢가 있으면 그것이 고정적이라고 봤으며, 그
에 맞춰 행동하면 그만이라고 봤던 것이다.

싸우면 싸울수록 고민이 깊어지던 펑더화이였다. 서울을 다시 빼
앗기고 아군이 37도 선으로 후퇴했던 1951년 1월 8일 무렵이다. 그냥
그대로 밀어 붙이면 전쟁을 끝낼 수 있다고 봤던 김일성이 펑더화이
를 찾아갔다고 했다. 펑더화이는 평안남도 군자리에 주둔 중이었다.
서울을 점령한 중공군의 총사령부였다. 김일성은 평양에서 직접 그곳
으로 갔다고 했다.

김일성은 평양을 떠나면서 그곳에 주재하고 있던 중국 대사관의
차이청원柴成文 참찬에게 잔뜩 불평을 털어놓았다고 했다. "도대체 왜
망설이고 있는 것이냐"는 내용이었다고 한다. 고민이 깊어가던 전선
사령관 펑더화이를 향한 불만이었다. 이미 53세의 펑더화이는 39세의
젊은 김일성을 그렇게 맞았다. 마침 펑더화이는 참모로부터 전선의 피
해 상황을 듣고 난 직후였다.

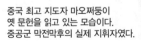

중국 최고 지도자 마오쩌둥이
옛 문헌을 읽고 있는 모습이다.
중공군 막전막후의 실제 지휘자였다.

김일성과 펑더화이의 논쟁

이긴 뒤 더 불안했던 중공군 사령관

중공군 총사령관 펑더화이彭德懷는 김일성을 어떻게 봤을까. 그는 어디까지나 군인 신분이었고, 김일성이 벌였으나 제대로 수습하지 못한 전쟁을 돕기 위해 한반도에 뛰어들었던 중공군의 최고 책임자였다. 따라서 그가 김일성의 여러 가지 면모를 다 보기는 어렵다. 보았다 하더라도 그를 함부로 발설할 수도 없다.

그러나 군사적인 영역에서는 펑더화이가 김일성을 평할 수 있다. 대단히 많은 부하 장병들을 이끌고 한반도에 들어와 북한군을 대신

1950년 10월 말 중공군 참전 직후 김일성(오른쪽)이 펑더화이 중공군 총사령관을 찾아와 이야기를 나누고 있다.

해서 싸워주는 입장이었으니 그렇다. 사람의 목숨을 두고 벌이는 게 전쟁이다. 그러니 병력 손실을 감수해야 하는 전쟁 자체에 대해서는 다른 양보가 있을 수 없다. 그런 점에서 펑더화이는 김일성의 여러 면모를 관찰했고, 심지어 불만을 표출했으며, 때로는 그와 심하게 다투기까지 했다.

두 사람의 알력과 갈등이 크게 두드러졌던 경우가 있다. 1951년 1월 4일 중공군이 서울을 점령한 직후였다. 서울을 뺏은 중공군의 공세는 제3차였다. 앞에서 잠시 언급했지만, 당시의 중공군은 겉으로 서울을 점령하는 대단한 성과를 거둔 것처럼 보였으나 실제로는 상당한 골병을 앓고 있었다.

병력 손실이 너무 많았던 것이다. 게다가 보급력이 떨어져 전선 장병들의 체력이 기진맥진할 정도로 추락해 있었다. 그래서 펑더화이는 자신의 상관이자, 막후에서 전쟁을 지휘하고 있는 베이징北京의 마오쩌둥毛澤東에게 급히 보고한 뒤 전 부대에게 휴식을 취할 수 있도록 했다.

사실 펑더화이 본인은 중공군이 3차 공세에 나서는 것에도 상당한 불만을 지녔다. 그는 2차 공세 뒤 마오쩌둥에게 병력 운용상의 여러 문제점을 들어 3차 공세에 나서는 것을 늦추자고 건의했다. 마오쩌둥은 펑더화이의 건의가 현장의 문제점을 충분히 반영하고 있음을 알면서도 3차 공세에 나서도록 지시했다. 자국의 군대가 38선을 넘는 일이 국제정치의 무대에서 상당히 큰 의미가 있다고 봤기 때문이다.

나중에 다 드러난 결과이기는 하지만, 당시 펑더화이의 판단이 옳았다. 현장에서 얻은 정보와 지식으로 그는 사태를 정확하게 파악하고 있던 지휘관이었다. 그에 비해 마오쩌둥은 정치적 판단이 앞섰다. 상징적인 차원에서 서울 점령을 이끌어 내기 위해 마오는 서둘렀지만,

벌어진 전쟁에서의 실제 상황을 다뤄야 했던 펑더화이는 머뭇거릴 수밖에 없었다.

상징성만 앞섰던 중공군 서울 점령

당시 중공군의 서울 점령, 우리 입장에서의 '1.4후퇴'는 사실 상징성이 돋보였다. 우리에겐 서울을 다시 내주고 말았다는 상실감, 또 적지 않은 사람들의 피난 등이 있었다. 그러나 승리를 거둔 중공군은 어딘가 석연치 않은 기분에 휩싸이고 말았다. 바로 국군과 유엔군의 신속한 후퇴 때문이었다. 펑더화이는 상대의 병력을 충분히 없애야 전쟁에서 실질적인 승리를 거둔다고 봤다.

그러나 리지웨이 신임 8군 사령관이 등장한 뒤 전쟁의 양상은 중공군 1~2차 공세와 달라졌다. 리지웨이는 신속한 판단력으로 우선 서울 이남으로 물러난 뒤 강력한 반격작전을 구상하고 있었다. 따라서 중공군이 3차 공세를 벌이자 신속하게 남쪽으로 이동했다. 그러니 병력 손실은 거의 없었다고 해도 좋을 정도였다.

펑더화이는 못내 그 점이 불안했을 것이다. 등을 떼밀려서 결국 3차 공세에 나서기는 했으나 도무지 실익이라고는 없는 공격이었다. 더 이상 싸울 자신감도 점차 없어지고 있었을지 모른다. 그는 결국 전군에 상대를 더 이상 추격하지 말라는 정지 명령을 내리고, 일부 병력 운용을 제외하고는 모두 휴식을 취하도록 했다. 그는 약 3개월 정도를 쉬면서 병력과 화력을 보충해야 한다고 봤다.

마오쩌둥 또한 그런 펑더화이의 고충을 이해하는 편이었다. 서울 점령 뒤 전군에 내려진 휴식 명령에 대해 별다른 발언을 하지 않았다. 그에 대해 강력한 불만을 품은 사람이 바로 김일성이었다. 김일성은 그에 앞서 1월 3일 펑더화이로부터 "공세로 거둔 게 별로 없다. 적이 신속하게 후퇴했기 때문이다. 포로 3,000여 명이 전부다. 서울과 인천, 수원, 이천을 잇는 선에서 멈춰야 한다. 이제 휴식과 보충이 정말 필요하다"는 내용의 전황보고를 받았다.

　이런 내용은 중국 자료에서 제법 상세하게 나온다. 중국 정부가 펴낸 것은 아니지만, 선즈화沈志華라는 중국학자가 오랜 기간 공을 들여 발굴한 자료에는 이런 곡절들이 상세하게 등장한다. 그는 정부의 공식 문건, 보고자료, 개인 회고록을 모두 수집한 사람이다. 따라서 그의 연구 결과는 매우 신빙성이 높은 자료에 해당한다.

아군에게 붙잡힌 중공군 포로 모습

그에 따르면 김일성은 '노동신문' 등을 통해 이를 교묘하게 반박하면서 중공군을 압박하는 조치도 취한다. 당시 외무상을 맡고 있던 박헌영과 평양 주재 소련 대사의 명의로 "적극적인 추격전이 필요" "결정적인 전투를 벌여야 한다" 등의 내용을 발표토록 한다. 펑더화이가 주장하고 있는 '몇 개월의 휴식과 보충'을 조금이라도 막아보려는 의도였다.

그러나 펑더화이는 그런 김일성의 의도는 무시한다. 그리고 1월 8일에는 마침내 전군에 휴식과 보충에 관한 명령을 내렸다. 김일성이 다급해지지 않을 수 없었을 것이다. 그래서 김일성은 평양에서 펑더화이가 머물고 있던 평안남도 성천군 군자리의 연합사령부로 급히 찾아왔던 것이다.

이 군자리라는 곳은 중공군 참전 병사의 기록으로 보면 조그만 광산이 있는 곳이었다. 미군의 가공할 만한 공습空襲을 피하기 위해 중공군은 참전 초기부터 광산이 있는 곳에 사령부 자리를 만들었다. 이 군자리도 규모는 크지 않으나 미군의 공습을 피할 수 있을 정도로 눈에 띄지 않는 산속에 들어 있는 곳이라고 했다.

땅에만 관심 쏟았던 김일성

김일성은 평양 주재 중국 대사관의 차이청원柴成文 참찬을 대동하고 왔다. 1월 10일 밤이었다. 처음 두 사람의 대화는 점잖게 펼쳐졌다. 펑더화이는 당시 중공군이 맞이하고 있는 상황을 침착하게 설명했다. 그리고 전군에 휴식과 보충이 반드시 필요하다는 점을 강조했다.

그러나 김일성은 토를 달기 시작했다. "우선은 휴식과 보충에 동의한다"면서 말을 꺼낸 김일성은 "그러나 일부 병력만 후방에 남겨두고 1개월 정도 쉬도록 해야 한다"고 분위기를 바꿨다. 중국 선즈화 교수가 밝힌 내용에는 두 사람의 대화가 자세히 나온다. 비록 길기는 하지만 이 부분을 여기에 옮기도록 하겠다. 내용이 중심이다. 말의 구체적인 표현은 다를 수도 있다.

펑더화이 "지금 출동해 봐야 적군이 지역 일부를 포기하는 정도의 효과만 거둔다. 지나칠 정도로 이른 시간에 적군을 부산 등으로 몰아가면 분할해서 섬멸하는 작전을 펼칠 수 없다."

김일성 "적을 섬멸할 수 없다면 땅이라도 늘려야 하지 않나?"

펑더화이 "땅 늘리기보다는 적군을 없애는 게 먼저다. 적군을 없애야 땅을 얻는 것 아니냐?"

김일성 "당장은 땅을 더 점령하고 인구도 늘려야 한다. 정전 뒤의 선거에도 유리하다."

펑더화이 "그런 걸 지금 따질 때가 아니다. 당장의 핵심 목표는 승리를 많이 거두면서 적군을 없애는 일이다."

전쟁을 보는 시각에서 많이 차이를 드러내는 두 사람이었다. 김일성이 언급한 '정전 뒤의 선거'는 무슨 의미인지를 잘 모르겠다. 그러나 그는 분명히 땅 넓히기와 인구 확보에 혈안이었다. 전쟁의 성격을 잘 모르고 있다는 점은 분명해 보인다. 미군이 참전하지 않을 것이라고 큰 소리를 쳤으나, 정작 뭍에 올라온 미군의 성격을 전혀 헤아릴 만한 안목이 없었다고 보인다.

그에 비해 펑더화이는 노련하다 싶을 정도로 미군의 의도를 들여다보고 있었다. 전쟁이 주는 참혹함을 잘 이해해 늘 위기에 대비하려는 신중함도 보인다. 나중에 드러난 결과가 그를 잘 말해주고 있다.

신임 미 8군사령관 리지웨이는 37도선으로 신속하게 물러나 아주 강한 공격력을 다듬고 있는 중이었다. 펑더화이는 전쟁의 흐름을 정확하게 읽고 그에 맞춰 군대를 지휘했던 것이다.

그런 두 사람은 타협할 수 없었다. 땅과 사람을 확보하기 위해 신속하게 공격을 펼치자며 계속 우기는 김일성에게 펑더화이는 마오쩌둥이 보내온 전문을 꺼내 보였다고 한다. 휴식과 보충을 허용한다는 내용이었다. 그러자 김일성은 "내가 말한 내용도 개인적인 의견이 아니다. 노동당 정치국의 전체 의견이다"라고서는 전화를 걸어 박헌영에게 "급히 오라"고 했다.

"요행만 믿고 전쟁 일으켰다"

박헌영까지 참석한 전쟁 토의

선즈화沈志華 교수가 발굴한 자료에 따르면 김일성은 박헌영을 평남 성
천군 군자리에 있던 펑더화이彭德懷의 사령부에 불러들여 이튿날인 1월
11일 회의를 다시 이어갔다. 이 자리에서는 전날의 다툼이 더 번지고
말았다. 꽤 격렬한 논쟁이 벌어졌다는 것이다.

11일 황혼 무렵에 다시 열린 펑더화이, 김일성, 박헌영의 3자 회동
은 초반부터 분위기가 냉랭했다. 박헌영은 특히 소련 측이 제공한 정
보를 들어 "미군이 곧 철수할 것"이라며 "이 같은 분위기에서 우리가
추격을 하지 않으면 미군이 철수 계획을 철회할지도 모른다"는 주장
을 펼쳤다. 미군에게 한반도에서 철군할 핑계거리라도 마련해주기 위
해서는 급히 추격에 나서야 한다는 논리였다.

그러나 펑더화이는 꿈쩍도 하지 않았다고 한다. 그는 "미군이 철
군할 요량이라면 우리가 추격하지 않아도 물러날 것"이라며 전날과
같은 입장에 변화가 없음을 강조했다. 박헌영은 남로당 총책답게 공
산주의자로서의 논리로 맞섰다고 한다. 그는 "추격을 펼쳐야 미국의
자산계급 내부의 모순을 이용할 수 있다"고 주장했다. 그러나 펑은
"미군 몇 개 사단이라도 없애고 나서야 그런 미국의 모순을 심화할 수
있는 법"이라며 단순하게 땅을 확보하는 전략으로는 어림도 없다고

맞섰다. 아울러 펑은 "지금은 우리 군대가 휴식과 보충을 취해야만 전장에 나설 수 있다"며 다시 선을 긋고 나섰다.

그러자 김일성이 끼어들었다고 한다. 그는 "당장에 3개 군軍을 진격시켜야 한다. 다른 부대는 한 달 정도 쉬도록 한 다음에 공격에 나서도록 하자"고 거듭 주장을 펼쳤다. 그러면서 분위기는 매우 험악해졌다는 것이

중공군 총사령관 펑더화이

다. 펑은 앞서 소개한 대로 중국 후난湖南성 출신이다. 그곳 사람이 다 그렇지는 않겠으나, 지역적 특성으로 볼 때 그곳 출신 중에는 할 말은 해야 직성이 풀리는 사람들이 많다.

결국 펑더화이는 하고 싶은 말을 모두 쏟아냈던 모양이다. 아주 혹심할 정도로 김일성과 박헌영을 몰아세웠다고 한다. 선즈화 교수는 펑더화이가 김일성 등에게 퍼부은 발언의 내용을 자세히 소개하고 있다. 그 내용은 대개 이렇다. 꽤 격앙했던 듯 우선 높은 목소리였다고 한다. 길지만 모두를 인용하겠다.

"당신들의 관점은 틀렸다. 모두 기대와 바람에서 출발하고 있다. 당신들은 예전에도 미국은 절대 개입하지 않는다고 하지 않았느냐. 그러면서도 당신들은 최소한 미국이 설령 개입한다면 어쩔 것이냐를 전혀 생각지 않았다. 지금은 미군이 반드시 한반도에서 철수할 것이라고 이야기하는데, 역시 미군이 물러나지 않을 경우에는 어쩔 것이냐를 전혀 고려치 않고 있다. 전쟁에서 빨리 승리를 거두려고 하면서도 구체적인 준비는 하지 않아 결국 전쟁을 연장시켜 놓지 않았느냐. 당

신들은 전쟁을 요행儉倖으로만 보고 있다. 국민들을 가지고 도박을 벌이는 일과 같은데, 이러면 앞으로의 전쟁을 또 실패로 몰고 갈 공산이 크다. 우리 군대는 앞으로 두 달을 휴식하며 보충할 예정이다. 여기서 하루도 줄일 수 없다. 어쩌면 그 기간이 3개월에 이를지도 모른다. 상당한 수준의 준비가 없으면 우리는 1개 사단도 남진하지 않을 것이다. 나는 결단코 적을 우습게 보는輕敵 당신들의 착오에 동의하지 않는다. 나 펑더화이가 직무에 충실치 않는다고 하면 심판해라, 그리고 나를 죽여라!"

"우리는 후방만 방어하겠다"

이어서 펑더화이는 마오쩌둥이 자신에게 보낸 전문을 꺼내 들었다고 한다. 이어지는 그의 발언 내용이다.

"인천으로부터 양양 선 이북까지 전체 해안 경계와 후방 교통 유지는 우리 지원군이 담당하겠다. (북한) 인민군 4개 군단 12만 병력은 이미 두 달 동안 휴식을 했으니 당신들 지휘로 돌리겠다. 미군이 정말 당신들 상상한 것처럼 한반도에서 출군한다면, 나는 당연히 조선의 해방을 축하할 것이다. 그러나 미군이 물러나지 않으면 지원군(중공군)은 우리 스스로가 미리 정한 계획에 따라 작전을 펼칠 것이다."

펑더화이와 김일성, 그리고 박헌영까지 참석한 면담에서 나왔던 대화 내용들이다. 펑더화이는 매우 화가 났던 것으로 보인다. 김일성의 명색이 그래도 북한의 정부 수반인데, 아무리 지원군 총사령관이라고 하지만 이렇게까지 김을 몰아붙였다는 점이 신기하다 싶을 정도다. 전선의 상황이 그랬을까. 충분히 그러리라고 보인다.

당시 펑더화이의 고민은 매우 깊어지고 있었다. 상징적으로 대한민국 수도 서울을 점령하는 데는 성공했지만 아무래도 자신이 없었을지 모른다. 강력한 미군의 공격력을 직접 체험했기 때문일 것이다. 그리고 자신이 이끄는 군대의 사정 또한 훤히 꿰고 있었다. 그는 전체적인 정황으로 볼 때 당시의 전쟁에서 중공군이 미군을 이길 수 없다는 점을 잘 알고 있었던 듯하다.

그런 와중에 제가 이끄는 장병들의 희생이 점차 늘어가고, 보급력과 화력에서도 뚜렷한 열세가 드러나면서 당장 이를 개선할 기미가 보이지 않던 상황이었다. 그러니 철부지처럼 "빨리 공격하면 이긴다"고 우기는 김일성에게 화가 치밀 법도 하다. 그러나 그런 단순한 이유로 펑더화이가 북한의 실질적인 최고 권력자인 김일성에게 "요행에만 기댄다"며 몰아붙일 수 있었을까.

1월 11일의 펑더화이와 김일성, 박헌영의 회동은 우직하면서 불같은 성격을 지닌 펑더화이의 압승이었다. 김일성은 더 이상 펑더화이를 설득할 수 없었다. "전쟁의 '전'자라도 좀 알고 다녀라"는 식의 면박까지 하는 펑더화이에게 맞설 수 있을 만큼 김일성은 전쟁을 잘 알지 못했다. 그리고 작전을 펼칠 병력과 화력에 관한 지휘권은 엄연히 펑더화이의 수중에 있었다.

게다가 공산주의 진영의 최고 지도자인 이오지프 스탈린이 펑에게 큰 힘을 실어줬다. 그는 전문을 통해 "아무런 의심도 할 수 없을 만큼 진리는 펑더화이 동지의 손에 있다"며 그가 1~2차 공세에서 미군을 격퇴한 공로를 칭찬했다고 한다. 스탈린의 동향에 민감했던 마오쩌둥 또한 그런 내용의 전문을 김일성에게 보냈다고 한다.

스탈린을 제외한 소련 고위급은 사실 김일성을 도왔던 듯하다.

1945년 해방과 함께 북한에 진주했던 소련군 사령관 테렌티 슈티코프는 당시 평양 주재 소련 대사로 있었는데, 그 역시 김일성의 편에 서서 "더 공격해야 한다"고 주장했던 모양이다. 아울러 펑더화이의 진격 정지에 관한 조치를 스탈린에게 보고도 했다. 그 말고도 베이징 주재 소련 대사도 중국 군부를 찾아와 "진격 중지 명령이 합당치 않다"며 김일성의 입장을 지원했다.

펑의 뿌리 깊은 불신

그럼에도 펑더화이는 김일성의 주장을 완전히 꺾어 버리고 말았다. 김일성이 펑더화이에게 결코 좋은 감정을 품을 수 없었던 계기이기도 하다. 그러나 전사의 여러 구석을 훑다 보면 김일성에 대한 펑더화이의 시각은 일찌감치 만들어졌던 것으로 보인다. 단지 김일성뿐만이 아니라 펑더화이는 한반도 전쟁에 참전하면서 북한 수뇌부가 어떤 실력을 바탕으로 이 참혹한 전쟁을 벌였는지를 두고 깊이 회의懷疑에 젖었던 흔적이 나타난다.

중공군이 한반도 전쟁에 뛰어든 초기에 평양과 베이징을 오가면서 분주하게 양국 수뇌부의 의사를 소통시킨 사람이 중국의 초대 평양 대사관 참찬 차이청원柴成文이다. 나는 전후에 그와 두 차례 만났다. 그는 군인 출신이면서 당시 평양 주재 중국 대사관에 나와 있어서 김일성을 직접 만나고 대화를 나눴던 사람이다.

개인적으로 그는 내게 "당시 가장 무서웠던 것은 미군의 공습"이라고 회고했다. 자신의 아내가 개성을 방문한 적이 있었는데, 돌아가는 길에 직접 경험한 미군의 공습이 대단한 두려움 그 자체였다고 소개했다. 그는 각종 기록에 자주 등장한다. 전쟁 전과 그 이후의 중공군 참전 과정에서 아주 역할이 두드러지기 때문이다.

따라서 그의 관찰과 증언은 아주 중요한 가치가 있다. 김일성이 아군에 밀려 압록강 부근으로 도망칠 때 차이청원도 함께 있었기 때문이다. 아울러 김일성이 간절하게 요청한 중공군 파병도 그를 통해 베이징에 전해지고 있었다. 그의 회고에 따르면 김일성은 전쟁 자체를 단순하게 봤던 듯하다.

그는 김일성이 중공군 참전을 요청하면서 "그냥 군대를 보내줘서 전선을 막아줬으면 좋겠다"는 생각에 젖어 있었다고 했다. 자신의 요청에 따라 중공군이 오면 전선에 나가 미군의 공세를 꺾을 수 있겠다는 생각이었다. 그러나 중국이 몇십만 명의 '대군'을 보낸다는 점을 알고 당황했다고 한다. 동네 싸움 수준으로 전쟁을 봤던 김일성의 시야가 드러난다.

6.25전쟁 도발 직전의 김일성

"군사적으로 아주 유치하다"

중공군 참전 초기에 벌써 '삐걱'

중공군이 압록강을 넘었던 시점은 1950년 10월 하순이었다. 대규모 병력을 한반도에 파견하기까지 베이징北京의 마오쩌둥毛澤東이 심사숙고한 흔적은 역력하다. 아주 신중하게 참전 문제를 고민했다는 점은 앞에 소개한 그대로다. 그 상황은 국방부의 『6.25전쟁사』가 생생하게 그려냈다.

외국의 군대가 내 땅에 들어오는 일은 정치적으로 매우 중대한 의미를 지닌다. 나라의 주권을 직접적으로 위협하는 존재가 바로 외국의 군대다. 이념적으로 동맹 또는 그에 준하는 관계가 있는 나라라고 하더라도 그 군대가 자국의 영토에 들어올 때는 민감한 주의가 필요하다.

그러나 1950년 10월의 김일성이 그를 따질 상황은 아니었다. 스스로 다급하고 간절하게 중공군의 참전을 요청했으니 말이다. 그러나 앞에서 잠시 소개했듯이 김일성은 그 점을 충분히 고려치 않은 듯하다. 그저 중공군이 압록강을 넘어와서 자신의 절박한 문제를 해결해주면 좋겠다는 식의 생각을 했던 정황이 드러난다.

중공군은 당초 김일성이 예상한 규모보다 더 거대한 병력으로 이 땅에 들어섰던 모양이다. 당연히 그 뒤를 따라 생기는 문제가 지휘권에 관한 사안이다. 몇 차례 설명했듯이, 당시의 김일성 군대는 아주 철저하게 무너져 있던 상황이었다. 개전 초기에 파죽지세의 공격으로 낙동강 전선까지 밀고 들어왔으나, 그 후에 벌어진 맥아더의 인천상륙작전과 아군의 북진으로 위기에 몰려 있었다.

급히 바람처럼 왔다가 또 그런 바람처럼 휙 사라지는 군대의 모습이었다. 질기고 모진 싸움의 속성을 아는 군대라기보다 '한반도 적화赤化'에 혈안인 지도부의 지시에 따라 바람처럼 그저 오락가락했던 군대였다. 최신예 소련제 T-34 전차 등 고급 무기와 소총으로 무장은 했지만 전쟁을 충분히 이해하며 전쟁터를 내달린 군대는 아니었다. 특히 그 지휘부에게서는 막연한 야욕 말고는 전쟁의 숙련성이라고는 눈을 씻고도 찾아볼 수 없었다.

김일성은 그래도 오기傲氣가 남아 있었던 듯하다. 처절하게 제 부대가 무너졌음에도 그는 중공군의 개입 뒤 군사 지휘권을 두고 좀체 양보할 자세를 보이지 않았다. 워낙 다급했던 10월 말의 상황은 중공군의 기습과 매복 등 전술로 인해 어느 정도 진정시킬 수 있었다.

그러나 그 다음이 문제였다. 서서히 불거지기 시작한 것은 '누가 북한군과 중공군을 함께 지휘하느냐'는 사안이었다. 중국 지도부와 김일성 사이의 의견소통을 전달하던 중국의 북한 주재 대사관 참찬 차이청원柴成文의 목격담은 그래서 중요하다. 그는 김일성이 중공군의 참전 자체를 단순하게 생각했음을 전하고 있다. 따라서 당시 김일성은 한반도로 뛰어든 중공군을 자신이 지휘할 수 있다고 봤을 가능성이 있다.

통합 지휘권을 둘러싼 갈등

중공군을 지휘했던 펑더화이의 총사령부는 처음 평북의 대유동에 있었다. 이곳에서 10월 21일 펑더화이와 김일성이 처음 만났다고 한다. 이 자리에서 둘은 북한군과 중공군 통합 지휘권에 관해서는 의견을 나누지는 않았던 것으로 알려져 있다. 당시 김일성에게는 건제建制를 유지한 부대가 거의 없었다. 아군의 북진에 밀려 쫓겨 흩어진 병력은 대부분 중국의 지린吉林 등 지역으로 넘어가 재편再編을 위한 과정에 들어가 있는 상태였다.

따라서 중공군 참전으로 벌어진 공산군의 1~2차 공세는 모두 중국이 주도할 수밖에 없었다. 그러나 1차 공세가 끝난 뒤인 11월에 들어서면서 이 문제는 펑더화이와 김일성 사이에서 민감한 현안으로 등

김일성(멀리 보이는 사람 중 오른쪽)이 중공군 총사령부를 찾아와
펑더화이 총사령관과 이야기를 나누는 장면

장한다. 그에 앞서 김일성은 중공군 최고 사령부를 자신이 있는 곳에 함께 두자고 요청하면서 통합 지휘권을 자신이 행사하겠다는 뜻을 여러 번 비쳤다고 한다.

그런 김일성의 의도를 중공군 최고 사령관 펑더화이는 어떻게 봤을까. 역시 이 분야에서 최고의 전문성을 인정받고 있는 선즈화沈志華 교수의 글을 인용키로 하자. 그는 펑더화이가 압록강을 넘은 뒤 여러 차례에 걸쳐 중국 공산당 중앙의 군사위원회에 이런 내용의 전문을 보냈다고 했다.

"북한의 징병 문제가 아주 이상하다. 16~45세의 남성들을 모두 징병하고 있다…대부분은 밥조차 제대로 먹이지 못하고 있다."

"군사적인 지도 역량이 아주 유치하다고 해야 할 정도다. 10월 19일 (유엔군에 밀려) 평양을 내줄 때 부하 장병들에게 사수死守 명령을 내려 3만 정도의 병력이 빠져 나오지 못했다."

참전한 중공군 지도부가 단체 촬영을 했다. 앞줄 오른쪽에서 다섯째가 부사령관 덩화

차이청원은 당시 펑더화이가 자신에게 "나는 중국과 조선(북한)의 인민人民, 그리고 수십만 명의 장병들에게 책임을 다할 것"이라고 말했다는 것이다. 펑더화이 역시 '통합 지휘권'에 대해 어떤 우려를 담아 김일성을 견제하고 있었던 셈이다. 당 중앙 군사위원회에 보낸 펑더화이의 전문에 "군사적 지도 역량이 유치하다"는 표현에도 주목할 필요가 있다.

평양을 사수하도록 부하 장병들에게 지시해 놓고 자신들은 허겁지겁 평양을 빠져 나온 점에 주목했던 것이다. 아울러 전체적으로 북한 지도부의 군사적 재능을 인정할 수 없다는 태도도 느껴진다. 일거에 바람처럼 몰려갔다가, 일거에 다시 바람처럼 몰려 나가는 북한군의 전쟁 방식에 대한 강한 불만으로도 보인다.

욕심만 앞섰던 김일성

그런 펑더화이가 김일성의 지휘 아래에 놓이는 상황을 달가워할 리 없었다. 달갑기는커녕 전술과 전략의 부재로 갈팡질팡하면서 무모한 전쟁을 벌였던 김일성을 처음부터 믿지 않았다고 봐야 한다. 그러니 김일성에게 통합 지휘권을 넘겨주는 일은 펑더화이에게는 일종의 악몽이랄 수밖에 없었을 테다.

김일성은 그럼에도 여러 차례 통합 지휘권에 대한 욕심을 드러낸다. 주로 "내가 있는 곳에 함께 사령부를 설치해라"는 권유를 통해서다. 그러나 김일성을 결코 좋은 눈길로 보고 있지 않았던 펑더화이는 그런 제의에 응하지 않는다. 시간이 지나면서 이 문제는 민감한 사안으로 무게를 더해 간다. 그러나 '대세'는 김일성이 손을 댈 수 있는 게 아니었다.

그런 김일성이 통합 지휘권에 연연하는 이유가 있을지 모른다. 전쟁 자체에 대한 이해는 없더라도 권력에는 매우 민감하다는 점이 그의 특징이다. 그러나 그런 문제를 두고 소련 최고 지도자 스탈린의 의중을 잘 읽지 못했으며, 아울러 중국의 공식적인 언급마저 제대로 이해하지 못한 점이 결국 김일성으로 하여금 '통합 지휘권 장악'에 대해 환상을 지니게 만들었을 수도 있다는 게 선즈화 교수의 분석이다.

중국은 참전 뒤 김일성으로부터 "이 사실을 대내외에 공표해 사기를 진작토록 하게 허용해 달라"는 요구를 받았다. 그러나 중국은 대외적으로 이 사실을 공표하기 꺼려했다. 대신 중국의 인민들이 자원해서 조선(북한)을 도우러 나섰다면서 중공군을 '인민지원군人民志願軍'으로 표현했다. 김일성의 요구를 받은 중국 지도부는 그 문구도 "중국의 인민지원군이 조선 인민군 총지휘부의 지휘에 따라 참가해 작전을 벌였다"로 한정했다.

김일성은 이 점을 오해했던 모양이다. '조선 인민군 총지휘부의 지휘에 따라…'라는 표현 말이다. 그러나 이는 중국이 한반도에 직접 개입하는 모양새를 최대한 줄이기 위해 동원한 레토릭에 불과했다. 그럼에도 김일성은 이를 믿었던 것으로 보인다. 그러나 김일성의 앞에는 고집이 세고, 제 소신을 웬만해서는 굽히지 않는 펑더화이가 버티고 있었다.

1차 공세를 끝낸 뒤인 11월 15일 김일성은 당시 북한 주재 소련 대사 슈티코프를 대동한 채 대유동에 머물고 있던 펑더화이의 중공군 총사령부를 방문했다고 한다. 중국 동북 지방을 책임지고 있던 가오강高崗이라는 인물도 선양瀋陽에서 급히 대유동으로 왔다. 가오강은 협소하지만 산악이 매우 발달한 한반도에서 작전을 제대로 펼치기 위해서는 북한군과 중공군을 통합 지휘하는 일이 반드시 필요하다는 점을 역설했다.

슈티코프 또한 "북한군은 우수한 소련의 무기로 무장했으면서도 결국 이런 지경에까지 몰리지 않았느냐"며 "중공군은 열악한 무기에도 불구하고 1차 공세에서 미군을 물리쳤다"고 말했다. 사실상 모스크바에 있던 스탈린의 의중을 담아 중국의 통합 지휘에 편을 들었던 것이다. 그러나 김일성은 이에 가타부타 말이 없었다. 단지 현재 북한군의 사정만을 설명했다고 한다. 김일성은 그렇게 집요한 사람이었다. 펑더화이와의 관계는 그러면서 점점 멀어졌다.

중 비밀전문 속 김일성의 수준

화교를 보내 탐지한 중공군 사정

중공군 총사령관 펑더화이와 김일성 사이에 벌어진 틈이 당시 전쟁터에 섰던 내게는 전혀 보이지 않았다. 나중에 중국에서 나온 자료 등을 보면서 그 때 벌어진 둘 사이의 갈등과 마찰이 심상치 않았다는 점을 비로소 알 수 있었던 것이다.

아군의 어느 누구도 적군의 지도부에서 일기 시작한 그런 문제를 제대로 알 수 없었다. 그러나 전쟁의 흐름에서 적군, 특히 중공군 주도의 공산군 진영에 문제가 적지 않다는 점을 명확히 관찰한 사람은 매슈 리지웨이였다. 그는 앞서 소개한 대로 교통사고로 사망한 월튼 워커 장군의 후임으로 한국 전선의 미 8군 사령관에 부임한 뒤 그때까지 벌어진 중공군 공세의 몇 가지 특징을 재빨리 파악했다.

가장 두드러진 점은 중공군의 공세가 1주일을 넘기지 못한다는 사실이었다. 보급에서 우선 커다란 문제점을 드러낸 중공군의 정체를 정확히 본 셈이었다. 아울러 화력도 크게 달리는 중공군의 문제점도 명확히 봤다. 그래서 그는 아군을 안성의 북위 37도선으로 신속히 후퇴시킨 뒤 조직력을 재정비하면서 반격의 칼을 갈고 있었다.

역시 미리 소개한 내용이지만, 경기도 지평리에서 벌어진 미군 2사단 23연대와 프랑스 몽클라르 대대가 중공군 몇 개 사단을 상대로 싸워 이긴 전투는 당시 중공군 공세를 크게 꺾어 전체 국면을 전환하는 싸움이었다. 중공군은 그 전투로 인해 사실 전의戰意가 크게 꺾이고 말았다. 그로써 아군은 서울을 향해 진격하고 있었다.

서울 탈환 작전에는 내가 이끄는 국군 1사단도 선봉에 섰다. 우리는 수원을 거쳐 영등포와 흑석동 방면으로 진출한 뒤 강을 넘어 서울에 입성할 계획이었다. 그 때 1사단은 한국에 거주하고 있던 중국인, 화교華僑들의 도움을 얻기로 했다. 이들을 서울로 잠입시켜 도심에 중공군이 얼마나 남아 있는지를 확인하기 위해서였다. 1951년 3월 14일 우리는 흑석동에서 서울의 상황을 파악하느라 여념이 없었다.

강을 미리 넘었던 화교 정보원들이 보내온 소식은 놀라웠다. 중공군이 전혀 눈에 띄지 않는다는 내용이었다. 우리는 그 정보에 따라 미군이 보내준 상륙주정을 타고 마포나루 쪽으로 병력을 올렸다. 화교 정보원들이 보내준 정보 그대로였다. 서울은 텅 비어 있었다. 중공군의 그림자는 눈을 씻고 찾아보려 해도 찾을 수 없었다.

급히 귀국한 펑더화이

펑더화이는 당초에 3차 공세를 벌여 서울을 점령하는 일이 군사적으로는 전혀 의미가 없는 행동이라는 점을 잘 알고 있었다. 아울러 자신이 이끄는 대병력의 머리 위로 곧 닥칠 리지웨이의 칼날이 얼마나 가혹할 것인가를 미리 생각했다. 따라서 서울을 점령한 뒤에도 펑더화이는 매우 전전긍긍했다고 알려졌다.

일부 자료에 보면 펑더화이는 중공군의 3차 공세에 이은 서울 점령 사실을 대대적으로 보도하는 일에 아주 신경질적으로 반응했다고 한다. 별로 의미도 없는 일을 과대하게 외부에 알릴 경우 군사적 행동

참전 뒤 3차 공세를 벌여 1951년 1월 4일 서울을 점령한 중공군이 중앙청에서 환호하고 있다.

에 불필요한 제약을 가져온다는 점을 알았던 것이다.

펑더화이의 우려는 합당했다. 그는 군사軍事의 흐름을 잘 알았다. 무엇보다도 자신의 역량으로 미군을 제압한다는 일이 불가능하다는 점을 초기 공세에서 깨달은 사람이었다. 전술적 우세를 통해 초반의 승리를 일궜으나, 그는 전쟁에서 거둔 잠깐의 승리 뒤에 가려진 싸움의 실實에 주목해야 했던 입장이었다. 허상虛像에 취하다가 결국 전선 사령 관으로서 그가 맞아야 할 현실은 매우 혹독할 수 있었기 때문이었다.

펑더화이는 2월 말에 급히 베이징北京으로 귀국했던 것으로 알려졌다. 막후에서 모든 사안을 지휘하는 마오쩌둥毛澤東에게 전선 뒤에 가려진 '불편한 진실'을 알리기 위해서였다. 그가 전선 상황을 뒤로 두고 비행기를 탄 시점은 1951년 2월 21일이라고 했다.

우선 지금의 압록강 너머 단둥_{丹東}에 도착한 펑더화이는 비행기 편으로 선양_{瀋陽}을 경유해 베이징으로 곧장 날아갔다. 식사를 하고 휴식을 취한 뒤에 가라는 주위의 권고를 모두 뿌리쳤다고 했다. 전선의 상황을 다른 누구보다도 암울하게 보던 그의 심정이 드러나는 대목이다.

중국 지도부가 머무는 곳인 베이징의 중난하이_{中南海}로 곧장 찾아간 펑더화이는 마오쩌둥을 만날 수 없었다. 마오는 교외의 한적한 곳으로 나가 휴식을 취하는 중이라고 했다. 펑더화이의 성정_{性情}은 그랬다. 가슴에 품은 이야기를 쏟아내야 직성이 풀리는 성격이었다. 그는 마오쩌둥이 머무는 교외의 별장으로 직접 향했다고 한다.

경호원들이 펑더화이를 당연히 제지했을 것이다. 그러나 펑더화이는 곧장 마오쩌둥이 휴식을 취하고 있다는 방문을 직접 열고 들어갔다. 무례한 행동이었다. 그러나 마오쩌둥과 같은 고향인 후난_{湖南}성 출신으로 대장정_{大長征}, 국민당과의 내전 등을 함께 겪은 사이라는 점을 펑은 믿었던 모양이다.

마오쩌둥은 장기전 구상

방문을 불쑥 열고 들어오는 펑더화이의 출현에 마오쩌둥도 놀랐을 법하다. 관련 자료를 보면 마오쩌둥은 바짝 야위었을 뿐 아니라 피로와 고심으로 눈까지 빨개진 펑더화이를 보고서는 먼저 식사를 한 뒤에야 대화를 나누겠다고 했다는 것이다. 그렇게 둘은 대화를 나눴다고 한다.

펑더화이는 그 전에 여러 차례에 걸쳐 전문보고를 통해 중공군 보급의 문제와 사상자 및 이탈자 증가 등의 어려움을 토로했다. 그럼에도 3차 공세가 벌어졌고, 서울 점령은 이뤘으나 곧 미군의 강력한 반격에 직면해 커다란 희생을 감수해야 하는 상황을 맞고 있었다. 펑더화이는 이런 속사정을 마오쩌둥에게 직접 알린 뒤 당시까지 나타난 상황을 해결하지 못하면 더 이상 싸울 수 없다는 점을 설명했다고 한다.

그러나 마오쩌둥의 생각은 조금 달랐다. 이를 스케일이 크다고 해야 할지, 아니면 인명人命의 희생에 둔감하다고 해야 할지 모르겠다. 어쨌든 마오쩌둥은 한반도 전쟁의 장기화를 내다보면서 자국의 군대를 현대전에 적응하게끔 하려는 구상을 펑에게 설명했다는 것이다.

자료에 따르면 이는 펑더화이가 마오쩌둥에게 직보하기 위해 베이징에 도착하기 전인 1951년 2월 7일 공산당 중앙 군사위원회가 이미 결정한 내용이었다. 중국 내에서 훈련 중인 보병과 소련으로부터 장비를 받아 교육 중인 포병, 제한적이나마 역시 소련의 지원을 받아 훈련 중인 공군 등을 축차적으로 한반도 전선에 투입한다는 계획이었다.

쉽게 말하자면 마오쩌둥은 한반도 전쟁을 장기전으로 보고 자국의 병력을 나

1951년 3월 북한 주민들이 4차 공세에 나서는 중공군을 격려하고 있다.

름대로 훈련시킨 뒤 전선의 병력과 교체하면서 전체 병력의 대부분을 한반도에 보내 미군과 싸워보도록 한다는 구상이었다. 이 점에서 펑더화이의 직접 보고와 작전 계획 변경은 수포로 돌아간 듯하다. 별로 소득이 없었다는 얘기다.

그러나 서울을 내주고 다시 38선 이북으로 물러난다는 점에 대해서는 양해가 이뤄졌던 듯하다. 이유는 간단했다. 지평리에서 당시 전쟁의 흐름을 뒤바꾼 패배를 맞이했고, 아울러 계절도 좋지 않았다. 곧 봄이었다. 겨울 내내 얼었던 땅이 풀리는 초봄에는 병력의 이동이 쉽지 않았다. 무거운 장비를 끌고 다니기 힘들 뿐 아니라, 병력의 이동에도 상당한 지장을 초래할 수 있었다. 펑더화이는 결국 서울을 쉽게 아군에게 내주기로 했던 모양이다.

펑더화이가 베이징에 가기 한 달 전인 1951년 1월 25일 평남 성천군 군자리에 있던 중공군 사령부에서 김일성을 비롯한 북한 수뇌부가 모두 참석하는 합동 회의가 있었다. 향후의 양측 협력 문제 등 전쟁 전반을 다루는 자리였다. 중공군 측이 자신들의 작전 계획을 두루 설명하고, 북한 측은 보급과 철도 및 비행장 보수에 관해 어떤 노력을 할 것인지 등을 설명했다고 한다.

한 연구학자의 주장에 따르면 5일 동안 열린 이 회의에서 펑더화이가 김일성을 겨냥해 심상찮은 발언을 했다고 한다. 펑더화이가 김일성을 어떻게 보고 있었는지를 알게 해주는 대목이다. 펑은 "일본군과 싸우던 시기에 나는 팔로군의 부사령관으로 병력 3만 2,000명을 데리고 싸움에 임했다. 그러나 김일성은 그 시기에 부대를 이끌었다고 하지만 병력이 350명 정도에 불과했다"는 내용의 발언이었다.

이 내용이 맞는지는 잘 모르겠다. 사실이라면 펑더화이는 군사 분야에서 김일성을 인정할 수 없다고 본 것이다. 자신과 격이 다른 사람으로 치부했으며, 따라서 그의 군사적 판단을 믿을 수 없다고 비판한 것이다. 그런 발언이 아니더라도, 두 사람은 전쟁 초반부터 사이가 벌어지고 있었다. 그 거리는 전쟁을 진행하면 할수록 더 벌어졌다.

인간 김일성의 그릇 크기

펑더화이의 관상

전쟁을 보는 시각은 사람마다 다르다. 지휘관도 어떤 사람이 그 자리에 오르느냐에 따라 다양한 취향을 보인다. 내가 60여 년 전 전선을 두고 마주했던 펑더화이라는 인물은 몇 가지 특징을 드러낸다. 오랜 기간 다양한 전선을 다니면서 크고 작은 싸움을 몸소 겪었던 사람답게 그는 전쟁이 가져다주는 참혹함을 잘 알았던 듯하다.

그래서 펑더화이는 일시적인 싸움의 승리 뒤에 가려진 전쟁의 요소에 먼저 주목하는 신중함을 보였다. 전쟁은 상승上昇과 하강下降을 반복하면서 벌어지는 경우가 많다. 싸움에서 늘 이긴다는 상승常勝은 말만 그럴듯하지 실제는 이루기 힘든 일이다. 전혀 예기치 않은 우연, 상황의 변수變數가 어딘가에는 늘 잠복하고 있다가 돌연 닥치는 게 전쟁이다.

늘 승리를 꿈꾸는 지휘관은 그래서 위험하다. 그보다는 수시로 닥칠지도 모를 변수에 대응하기 위해 자신이 갖출 수 있는 유리한 조건을 최대한 확보하는 신중한 사람이 전쟁에서 크게 당하지 않고 살아남는 지휘관으로 성장할 수 있다. 그 토대는 병력과 화력이다. 그래서 자신이 거느린 장병들의 손실에 민감할 수밖에 없다.

펑더화이는 그런 지휘관의 면모가 있는 사람이다. 그러면서도 나

중공군 총사령관 펑더화이가 전선의 장병들을 격려하고 있다.

는 전쟁이 휴전으로 끝을 맺은 뒤 그 펑더화이의 사진을 들여다보며 '이 사람이 어떤 성격의 인물일까'를 곰곰이 생각해본 적이 있다. 내 나름대로 생사生死를 넘나드는 전장을 거치면서 쌓은, 일종의 '관상법觀相法'이었다. 나는 휴전 뒤 그의 얼굴을 보면서 '말을 많이 해서 일을 불러들일지도 모르겠다'는 막연한 생각을 했다.

　내가 운명론에 기운 '관상'을 믿는 것은 아니다. 그러나 인생을 살아오면서, 그리고 사느냐 죽느냐를 다투는 전쟁터를 거치면서 체득한 '사람 인상 관찰법'은 있다. 내가 말하는 '관상'은 그런 나름대로의 인상 관찰법이다. 그러나 나중에 밝혀진 내용들을 보면 펑더화이는 심한 막말을 자주 하는 편이었다고 한다. 실수를 저지른 부하에게 특히 그랬던 모양이다. 마음속에 품은 생각을 감추지 못하고 결국은 말로 풀어내는 스타일이었던 듯하다.

그의 혹독한 질책은 꽤 유명했다고 한다. 참모들에게도 그랬고, 일선 지휘관에게도 그랬다고 한다. 그러나 뒤끝이 있던 사람은 아니었던 듯하다. 솔직하고 담백하면서도 불의不義라고 생각하는 것들, 그리고 합당치 못하다고 여기는 것들에 대해서는 불같은 성격으로 마음에 담은 생각을 쏟아 뱉는 사람이었다고 보인다.

그런 펑더화이의 눈에 김일성이 곱게 비칠 리가 없었다. 전쟁을 모르면서 전쟁을 일으켰고, 그 안에 담긴 각종의 요소들을 알지도 못하면서 헤게모니에는 특히 관심이 많았으니 말이다. 같은 공산주의자라고는 하지만, 아마도 펑더화이의 눈에는 그런 김일성이 결코 좋은 인상으로 받아들여졌을 리 없을 것이다.

낙마한 중공군 총사령관

그런 펑더화이의 말로는 아주 비참하다. 휴전 뒤 그는 귀국해 국방부장에 오르면서 승승장구한다. 그러나 1959년이 문제였다. 그해 열린 중국 공산당의 뤼산廬山회의라는 게 있다. 중국 공산당 최고 의결 기구인 정치국政治局 확대회의이자 중간 당대회였다. 이 자리에서 펑더화이의 솔직하고 우직하지만, 동시에 물불을 안 가리는 성격이 그대로 드러난다.

그는 당시 마오쩌둥이 추진하고 있던 대약진운동大躍進運動의 병폐를 신랄하게 지적한다. 모두 알고 있으면서도 다들 이야기하지 않던 내용이었다. 당시 마오쩌둥의 1인 지배 체제는 아주 견고했다. 정치적으로 마오를 쫓아내려는 의도는 아니었고, 그가 벌인 극좌極左의 실험 대약진운동이 몰고 온 참화慘禍를 있는 그대로 밝혀 시정해 보자는 충정이었다. 대약진운동으로 인해 굶어죽은 사람이 수천만 명에 이르렀다는 내용은 나중의 이야기다.

결국 뤼산 회의에서 그의 발언은 화를 불렀다. 마오에 의해 심각하게 공격을 당했고, 그의 정치적인 위상은 일거에 급전직하急轉直下하고 만다. 그는 결국 마오쩌둥이 뒤이어 벌인 문화대혁명文化大革命의 소용돌이 속에서 비운의 운명을 맞이한다. 마오를 따르는 극좌의 홍위병紅衛兵들이 그를 비판의 대상으로 삼아 모진 굴욕과 고초를 가했다.

중국 현대사의 여러 장면을 여기서 다 소개할 필요는 없겠다. 단지, 내가 전선에서 마주쳤던 적장敵將의 운명이 아주 모질고 험했다는 점을 이야기하고자 함이다. 마오의 이야기도 여기서 다 풀 필요는 없다. 마오와 펑이 권력의 자장磁場에서 벌인 갈등은 다 우리와는 직접적으로 상관이 없는 국외國外의 일이다.

그러나 펑더화이에게 닥친 운명과 관련해 부연코자 하는 사람은 역시 김일성이다. 이 김일성은 앞에서 줄곧 소개했던 대로 한국 전선에 뛰어들었던 펑더화이와 열심히 대립각對立角을 형성했던 인물이다. 전쟁을 벌였으면서도 전쟁을 잘 이해하지 못해 그로부터 책망 비슷한 일을 당했고, 제 뜻대로 펼치려다 그의 제동에 걸려 전쟁의 흐름을 좌지우지 못했다.

그런 김일성은 활달한 겉모습에 아주 잔인한 성정을 감춘 사람이다. 이 한반도에 몇백만 명의 생령들이 숨진 전쟁의 참화를 안긴 인물이어서 그 점은 어느 누구도 부정할 수 없다. 그런 김일성의 성정이 다시 드러나는 대목이 몇 있다.

우선 펑더화이의 정치적 부침을 지켜보는 그의 시선이다. 펑더화이는 휴전협정이 이뤄진 이튿날인 1953년 7월 28일 협정 조인식에 사인을 한 주인공이다. 이어 그는 김일성으로부터 '조선인민공화국 영웅' 칭호까지 받는다. 귀국 뒤의 관운은 아주 좋았다. 앞서 적은 대로 국방부장을 맡았다.

김일성이라는 인물의 그릇

그는 한반도 전쟁에 뛰어들면서 다른 누구보다 자국의 군대가 지닌 약점을 잘 살폈다. 그래서 그는 중국군 근대화의 기틀을 다지는 데 매우 열심이었다. 가장 크게 드러났던 약점, 즉 보급력의 낙후를 개선하기 위해 분주했고, 현대전에 필요한 무기 체계의 도입에도 적극적이었다. 1954년에는 대표단을 이끌고 소련의 원폭原爆 실험을 지켜보기도 했다.

1959년의 뤼산 회의가 있기 전까지 그는 그야말로 중국 국방의 주역으로서 흠잡을 데 없는 활동을 펼쳤고, 그 점은 중국 공산당 내부

1953년 7월 27일 휴전협정서에 붓글씨로 사인을 하고 있는 펑더화이

에서 모두 인정하는 업적에 해당한다. 그러나 솔직하면서도 우직하고, 물불을 가리지 않는 그의 성정이 결국 화를 불러들이고 말았다. 1959년의 뤼산 회의에서 그는 결국 최고의 권력자 마오쩌둥에게 '반당反黨 분자'로 몰렸다. 김일성은 그러나 그런 펑더화이의 낙마落馬를 흐뭇하게 바라본 흔적이 있다. 선즈화沈志華 교수가 밝힌 자료에 따르면 김일성은 중국 외교부에 축전祝電 형태의 전문을 보냈다고 한다. 내용은 "펑더화이에 대한 처리는 아주 합당하다. 마오쩌둥 주석을 직접 만나고 싶다. 그(펑더화이)에 대해서 더 할 말이 있다"는 내용이었다고 한다.

펑더화이가 문화대혁명의 와중에 모진 고초를 당하다가 세상을 뜬 시점은 1974년이다. 그는 죽기 전까지 줄곧 가혹한 마오쩌둥의 정치적 공세에서 벗어나지 못한다. 실제 김일성이 중국을 방문해 마오쩌둥을 만난 뒤 펑더화이에 대해 '더 할 말'을 했는지는 분명치 않다. 그의 성정으로 미뤄 짐작컨대 무슨 메시지를 전하기는 전했을 가능성이 높다.

의견의 엇갈림은 있었을지 몰라도 펑더화이는 김일성에게는 고마운 인물이 아닐 수 없다. 국군과 유엔군의 북진에 밀려 곧 없어질지도 모를 북한의 운명을 살린 인물이 펑더화이였다. 전쟁의 방식을 두고 벌인 논쟁에서 비록 자신의 입장을 관철할 수는 없었다고 하더라도 김일성이 선즈화 교수의 증언대로 '축전'과 같은 내용의 전보로 기쁨을 표시했다면 이는 우리가 새삼 옷깃을 매만지며 살펴야 할 대목이 아닐 수 없다.

김일성은 사실 펑더화이에게 많은 것을 배워야 했다. 전쟁의 가혹함, 전쟁의 어려움, 그 밑을 따르는 부하 장병들이 지닌 목숨의 소중함 등을 말이다. 아울러 전쟁을 벌임으로써 닥치는 수많은 사람들의 죽음 앞에서도 숙연해져야 했다. 그러나 김일성에게는 그런 점이 전혀 보이지 않는다.

더할 나위 없이 위험한 순간에 자신을 도와줬던 사람이 커다란 곤경에 처하는 장면을 그런 시선으로 바라보았다는 점은 김일성이라는 사람의 내면이 어떤 요소로 이뤄져 있는지를 고스란히 보여주는 대목이다. 그런 김일성이라서 전쟁의 참혹함을 알지도 못하면서 전쟁을 벌였을 것이다.

아울러 전쟁이 번지는 참혹한 지경 속에서도 그는 끊임없이 권력을 탐했다. 휴전 뒤에 벌어진 상황도 마찬가지다. 중국에서 활동해 이름을 얻었던 연안파延安派와 박헌영 계통의 남로당 소속 인원 등이 그에 의해 모두 숙청당하는 운명을 맞았다. 그 잔인한 성정은 그침 없이 이어졌던 것이다. 전쟁의 막바지, 휴전을 앞두고 벌인 중국 및 소련과의 협상에서 그가 드러낸 성격도 다를 게 없었다.

중공군 반공포로 송환엔 냉담

휴전에 대한 입장 차이들

휴전 이야기가 처음 나온 때는 1951년이다. 리지웨이 신임 미 8군 사령관의 신속한 반격작전이 펼쳐져 우리가 다시 서울을 되찾은 뒤였다. 트루만 대통령의 미 행정부는 한반도에서 전쟁이 확산하는 상황을 우려했다. 이 점은 잘 알려져 있다. 한반도에서 전쟁이 더 번져 사회주의 종주국 소련과 본격적인 대결이 펼쳐지는 상황을 걱정했던 것이다.

이런 미국의 제한적인 전쟁 의지는 서방 진영의 일부 국가들이 나서서 공산진영에 휴전을 제의하는 형식으로 나타났다. 소련 또한 전체적인 틀에서 한반도의 전쟁이 미국과의 본격적인 이념전쟁으로 번지는 상황을 피하고자 했다. 따라서 서방 진영의 일부 국가에 의한 휴전 제의는 공산 진영에도 매력적이었다.

이승만 대통령은 그런 서방의 휴전 제의를 처음부터 아주 못마땅하게 생각했다. 그는 항상 "미국이 휴전을 추진한다면 나는 결코 그에 따를 수 없다. 한국군 단독으로라도 북진하겠다"는 입장을 강조했다. 이승만 대통령은 이미 수많은 희생을 치른 전쟁에서 통일을 이루지 못한다면 그 의미를 찾을 수 없다는 생각이 분명했다.

이 대통령의 이런 입장에는 변화가 없었다. 그는 "한국군 단독으

휴전 뒤 베이징을 방문한 김일성이 마오쩌둥과 악수하고 있다.

로라도 북진한다"는 발언을 자주 했고, 이로써 미국 행정부와 상당한 파열음을 빚곤 했다. 휴전협정에 사인을 하기 직전까지 이 대통령은 줄곧 이 같은 의견을 굽히지 않았다.

김일성도 처음에는 마찬가지였다. 첫 휴전 제의가 서방 진영으로부터 나오자 김일성은 펄쩍 뛰었다고 한다. 대한민국 적화 야욕에 들떠 전쟁을 일으켰던 사람답게 그는 서방 진영의 휴전 제의를 결사코 반대했던 것이다. 그러나 수많은 병력을 한반도에 참전시킨 중국의 마오쩌둥毛澤東은 그와 달랐다. 병력 중 사상자가 많아지면서 피로감에 물들었던 점이 한 이유일 것이다.

김일성과 마오쩌둥의 입장은 서로 뒤바뀐다. 휴전회담이 1952년에 이어지면서 양 진영의 핵심 논쟁거리는 포로 교환문제로 모아지고 있었다. 서방진영의 포로 교환문제에 관한 입장은 명확했다. 포로의 개인적인 의지를 중시하자는 입장이었다. 한국이나 서방진영에 남기를 희망하는 공산군 포로는 그 의지대로 남게 해준다는 구상이었다.

그에 비해 마오쩌둥은 본국으로의 송환을 염두에 두고 협상을 벌였다. 중공군 포로의 수는 결코 적지 않았다. 2만여 명을 훌쩍 넘은 상태였다. 중국은 이들을 모두 자신에게 넘겨주는 방안을 고집했다. 김일성의 입장은 갈수록 모호해졌다. 북한 출신의 인민군 포로도 적지 않았으나 전쟁을 벌인 뒤 대한민국 땅에서 강제 징용한 포로도 많았다.

권력 장악에만 몰두했던 김일성

아울러 김일성에게는 당시 정치적 상황이 중요했던 것으로 보인다. 그는 1952년에 접어들면서 당초 "휴전에 결사코 반대"에서 입장이 180도 전환했다. "어서 빨리 휴전협정에 서명하자"는 식으로 말이다. 그와 관련해 살펴 볼 상황은 북한 내 권력구도다. 김일성은 하루 빨리 휴전을 이룬 다음에 내정內政에 치중해야 했다.

그 내정이라는 것은 북한 국가건설에 관한 내용도 일부 담고 있겠으나, 사실은 그의 권력 기반 강화가 핵심일 것이다. 전쟁의 도발에 관한 책임에서 하루 빨리 벗어나 자신을 중심으로 북한 권력 구도를 개편하는 작업이다. 그는 일찌감치 그런 점에 주목했던 듯하다. 북한 권력을 모두 휘어잡아 자신의 1인 지배 체제를 강화하기 위해서는 자신과 다른 사람들을 솎아낼 필요가 있었던 것이다.

중공군의 후광後光을 업은 팔로군 출신의 이른바 '연안파延安派'를 제거하고, 남로당 계통의 박헌영 일파를 축출하며, 소련을 배경으로 하고 있는 사람들도 없애야 했다. 1950년대 후반에 들어서면서 김일성의 1인 지배 체제는 매우 견고해지는데, 김일성은 그런 상황의 기반 조성 작업을 전쟁이 막바지에 들어서는 시점에 미리 착수했다는 게 관련 연구 학자들의 공통적인 시각이다.

중국은 그와는 다른 입장이었다. 전쟁을 일단 끝내자는 휴전 제의 자체를 거부할 수는 없으나, 북한과는 다른 주판을 튕기고 있었다. 소련으로부터의 지원을 더 끌어내야 중국은 전쟁에 뛰어든 대가로 쏟아 부어야 했던 막대한 재정과 물량의 손실을 만회할 수 있었다. 아울러 소련의 지속적인 지원으로 자국 군대를 무장해야 하는 입장이었다. 따라서 전쟁을 그대로 끝내기에는 어딘가 아쉬운 입장이었다.

아울러 미군 포로를 전쟁 중에 잡았다가 풀어주는 전술을 구사했던 데다가, 포로 자체보다는 상대 병력에 가하는 타격에 집중했던 터라 포로로 확보한 미군이 별로 많지도 않았다. 따라서 상대와 포로를 숫자에 맞춰 교환하는 방식에는 관심이 덜했고, 중공군 포로 모두를 귀환시키는 방안을 고집했다. 휴전 자체에 대한 의지도 약했다고 봐야 한다.

소련의 스탈린은 중국을 지지하는 입장이었다. 한국 전선에 미군을 더 묶어두면서 제한적으로 전쟁을 벌이기만 한다면 자국에게는 매우 유리했다. 동유럽 사회주의 국가들에 대한 미국의 간섭 역량이 크게 떨어진다는 점, 동아시아에서 공산주의 동맹을 강화할 수 있다는 점 등을 고려한 전략적 시각이었다.

그러니 김일성은 급했다. 휴전을 반대하는 입장에서 휴전을 하루빨리 이루자는 입장으로 변했으나 소련의 스탈린과 중국의 마오쩌둥을 설득할 카드가 별로 없었다. 이런 상황에서 김일성이 드러내는 면모는 어땠을까. 역시 이 분야에 정통한 선즈화沈志華 교수의 연구 자료를 인용하는 게 좋겠다.

중공군 포로 송환에 냉담

북한 주재 소련 대사였던 라주바예프가 모스크바에 보고한 내용이라고 했다. 라주바예프는 1952년 들어 휴전 관련 내용을 모스크바에 분주하게 보고했다고 한다. 그에 따르면 당시의 김일성은 "미군의 공습으로 계속 피해가 막심해지는 상황에서 휴전을 서두를 필요가 있다.

휴전 무렵 중공군 반공포로를 이송하고 있는 장면이다. (출처: 미 항공 박물관)

포로 교환문제로 휴전협상을 지루하게 끌고 가는 태도를 이해할 수 없다. 중공군 포로 문제로 논쟁을 거듭하고 있는데, 따지고 보면 중공군의 상당수는 과거의 장제스蔣介石 국민당 군대 출신 아니냐. 그들은 사상적으로 믿을 수 없는 사람들이다. 그들을 위해 (송환에) 힘쓰는 일은 아무런 의미가 없다"는 식의 입장이었다고 한다.

김일성은 그렇듯 아주 냉혹한 인물이다. 권력을 부여잡기 위해 모든 술수를 동원하면서도 사람에 대해서는 아무런 동정심을 느끼지 않으니 말이다. 권력이 그렇게 달콤할까. 혹자는 그의 입장에 동의할 수 있겠다. 권력 만능주의에 많은 사람들이 빠져들고 있으니 말이다.

그러나 제가 일으킨 전쟁에서 수많은 동족의 피를 불렀고, 제 정권이 꺼져가는 막바지에 부리나케 한반도로 뛰어든 중공군의 희생에 전혀 눈 한 번 깜짝하지 않는 그의 인간적 면모는 생각해 볼 일이다. 그런 김일성이 일으킨 전쟁은 그러나 휴전을 향해 한 발자국씩 움직이고 있었다.

이승만 대통령은 '단독 북진'을 공공연하게 언급하며 끝까지 통일을 열망했다. 정치적 요소를 고려치 않는 성격은 아니지만, 이 대통령은 북한의 도발로 인해 생겼던 민족의 거대한 비극을 통일로나마 치유해 보겠다는 순수함을 품은 인물이었다. 군사적으로 볼 때 이승만 대통령의 '국군 단독 북진'은 불가능했다. 나를 포함한 당시 한국군 장성들은 모두 그 점을 알았다.

그럼에도 우리는 대통령의 그 순결한 뜻을 존중했다. 그 뜻에 따라 우리는 미군의 지휘를 받아가면서 국군의 역량을 조금이라도 높이기 위해 절치부심할 수밖에 없었다. 그런 이 대통령은 휴전협정이 이뤄지기 직전에 '반공포로 전격 석방'이라는 강수强手를 뒀다.

중국이 가장 경악했음은 물론이다. 그에 따라 벌어진 일이 이 글의 앞부분에서 소개한 '금성 돌출부 전투'다. 우리는 나름대로 중공군 최후의 그 대공세를 잘 막았다. 금성 전투에서 드러난 한국군의 가능성에 주목한 미군이 국군의 현대화 계획에 박차를 가할 수 있도록 도운 점은 다행이었다.

　김일성은 그 와중에 제 권력 기반을 착실히 다졌다. 결국 그는 왕조 식 통치체제로 북한을 이끌었다. 권력 다지기의 과정에서 드러난 그의 면모는 나중에 언급할 기회가 있을 것이다. 어쨌든 그의 내면에 숨겨진 냉혹함과 잔인함, 나아가 독기毒氣는 아직 한반도 북부에 큰 그늘을 드리우고 있다. 그 점에서 김일성은 한반도 현대사의 큰 화근禍根이었다. 그것이 우리가 벼리는 칼날이 늘 향해야 할 깊고 어두운 환부라는 점을 결코 잊지 말아야 한다.